本书为教育部人文社会科学重点研究基地重大项目
"丝绸之路经济带战略背景下西部沿线省区与城市的经济发展绩效评价研究"
（项目号：19JJD790007）阶段性成果。

中国西部经济发展研究文库

Research Collection on the Economic Development in Western China

丝绸之路经济带与西部大开发新格局

THE SILK ROAD ECONOMIC BELT AND THE NEW PATTERN OF WESTERN DEVELOPMENT IN CHINA

丝绸之路经济带

沿线西部省区和主要城市经济发展绩效评价研究

The Economic Development Performance Evaluation of Provinces Autonomous Regions and Major Cities along the Silk Road Belt in Western China

任保平　李梦欣　王思琛　等 ｜ 著

社会科学文献出版社
SOCIAL SCIENCES ACADEMIC PRESS (CHINA)

总　序

　　2013 年 9 月，习近平主席在哈萨克斯坦纳扎尔巴耶夫大学发表演讲时，倡议亚欧国家共同建设丝绸之路经济带，这一提议得到国际社会的高度关注。2015 年 3 月 28 日，国家发展改革委、外交部、商务部经国务院授权联合发布了《推动共建丝绸之路经济带和 21 世纪海上丝绸之路的愿景与行动》，提出"发挥陕西、甘肃综合经济文化和宁夏、青海民族人文优势，打造西安内陆型改革开放新高地，加快兰州、西宁开发开放，推进宁夏内陆开放型经济试验区建设，形成面向中亚、南亚、西亚国家的通道、商贸物流枢纽、重要产业和人文交流基地"。不言而喻，继西部大开发之后，丝绸之路经济带建设将为西部地区经济社会实现新一轮的跨越式发展提供难得的契机。因此，借助经济增长、发展经济学、区域经济学、国际贸易和产业组织等理论，对丝绸之路经济带建设背景下西部地区开发开放问题进行研究，无疑具有深远的意义。

　　"十三五"期间，教育部人文社会科学重点研究基地——西北大学中国西部经济发展研究院围绕丝绸之路经济带建设中的重大理论与实践问题，凝聚全国对此问题研究的专家学者，以设立重大招标项目的形式，开展跨学科、跨地域联合攻关研究，做出高质量的研究报告与智库产品，为国家及各级政府推进丝绸之路经济带建设提供决策参考。本丛书是中国西部经济发展研究院"十三五"期间的标志性成果，整体研究成果形成系列丛书"中国西部经济发展研究文库"之"丝绸之路经济带与西部大开发新格局（2020）"五部专著。

（1）丝绸之路经济带建设背景下西部省区及主要城市的经济发展绩效评价研究。对丝绸之路经济带西部沿线地区的省区及主要城市的发展绩效进行客观评价，评价的结果能够为西部地区未来经济发展绩效的提升提供客观依据和实践参考；有利于我们发现丝绸之路经济带建设背景下西部地区经济发展的"短板"，在此基础上研究相应的提升对策，从而充分发挥我国西部地区的地缘优势、资源优势和文化优势，更大程度上在丝绸之路经济带建设背景下发挥区域经济合作的影响力。同时，西部地区经济发展本身存在结构性差异，而本课题针对主要省区和主要城市的发展绩效进行评价，也能够针对不同的地区提出差异化的改善路径，从而为西部地区全面提升经济发展绩效提供实践基础。

（2）丝绸之路经济带建设背景下西部地区经济增长潜力开发推进全面建成小康社会研究。全面建成小康社会是"十三五"末期我国经济发展的目标，西部地区要完成这一目标，就要推进西部地区经济增长潜力开发和新动能培育。西部地区虽然近年来发展势头强劲，抓住丝绸之路经济带建设和第二次西部大开发机遇，以"创新、协调、绿色、开放、共享"的发展理念为指导，继续加大基础设施投资，积极开展经济对外开放，经济增速保持全国领先水平；但是西部地区仍然存在一系列历史遗留的结构性矛盾，又面临新的发展机遇，所以研究丝绸之路经济带建设背景下西部地区经济增长潜力开发和新动能开发具有现实意义。

（3）丝绸之路经济带建设背景下西部地区金融资源配置效率提升研究。西部地区是我国的经济欠发达地区，区域内金融资源整体规模较小，在开发利用中封闭性较强，且开放合作及彼此的包容性不够，金融资源的配置效率还处于较低层次，对区域经济增长的推动作用还十分有限。因此，本课题研究对于做大做强西部地区金融业，提升其对西部地区经济增长的引擎功能，依据优势互补、适当分工、风险共担的原则，对西部地区金融资源进行有效整合，提升西部地区金融资源的综合效率，具有重要的决策参考价值。本研究基于西部地区及其他国家金融资源的现状，出于提升西部地区金融资源配置效率目标而提出的西部地区与共建丝绸之路经济带国家之间金融合作的框架与模式，将为推进共建丝绸之路经济带国家之间的金融合作提供决策参考。

（4）丝绸之路经济带建设背景下西部地区产业升级研究。产业结构调整与升级困境是西部地区长期以来亟须破解的重大实践课题。在已有理论研究未能形成突破性认识从而无法为实践提供有效指导的情况下，虽然经过长期的政策实践探索，但西部地区仍然未能克服资源与低端要素依赖，产业结构失衡，从而陷入产业升级的困境。本课题在形成重大理论认识的基础上，关于政府产业政策创新及全面的对策建议的研究，对于丝绸之路经济带建设背景下西部地区突破产业结构调整与升级困境具有十分重要的实践意义。

（5）丝绸之路经济带建设背景下西部内陆开放新体制研究。利用开放环境拉动西部内陆地区转型升级，不仅是西部而且是国家发展方式转变过程中的重大实践课题。改革开放前三十年，西部在体制转轨、开放格局建设等方面，都相对滞后，这使本就不具有优势的西部更处于不利地位。面对新的发展机遇，西部要从自身具体情况出发，利用新科技革命浪潮下产业演进原理，创新开发开放格局与体制，为分工深化和产业升级提供外部驱动力，由此为西部内陆地区转型与发展积累经验、开辟路径，这对于国家的繁荣稳定与可持续发展意义重大。本课题通过跟踪比较不同区域的开发开放实践，结合理论推导和逻辑演绎，总结出具有可操作性的政策措施和方案，这对于西部地区制定和选择适应性体制与政策具有显著的实践价值与意义。

本丛书是教育部人文社会科学重点研究基地——西北大学中国西部经济发展研究院在"十三五"期间的标志性成果，本丛书的出版得益于西北大学学科办、社科处、经济管理学院的大力支持。感谢社会科学文献出版社丁凡老师认真细致的编辑。感谢五个课题组负责人做出的努力，同时也感谢西部经济发展研究院副院长李文斌在联络、协调方面付出的辛苦。

中国西部经济发展研究院院长　任保平

2019 年 8 月

目 录
CONTENTS

导　论

一　本课题研究的价值和意义

丝绸之路经济带建设是新时代对外开放的重大战略部署，是形成东西互济的全方位开放新格局的战略举措。这一倡议将会扩展中国面向欧亚大陆的空间，成为形成西部大开发新格局、打造西部大开发升级版的契机。因此，本课题主要研究丝绸之路经济带沿线西部省区及其主要城市经济发展绩效；如何提升沿线西部省区及其主要城市建设绩效，推进向西开放；如何优化西部地区的产业结构，提升承接东部产业转移的能力，促进区域经济发展，从而提升西部地区整体经济发展和开放开发水平。

本课题研究的主要内容是"丝绸之路经济带沿线西部省区及主要城市的经济发展绩效评价"，以及对丝绸之路经济带建设提出以来（2013～2020 年）的沿线西部地区的经济发展绩效进行客观评价。深入分析丝绸之路经济带建设背景下西部地区发展的区域性、阶段性与结构性特征，客观定量评估丝绸之路经济带上西部地区的经济发展绩效，在系统化定量评估的基础上分析丝绸之路经济带上西部地区提升发展绩效的主要制约因素，进一步研究其提升对策。

（一）本课题的学术价值

基于丝绸之路经济带建设背景下西部地区区域和城市的实践，结合经济发展绩效评价的理论与方法，建立一套在丝绸之路经济带建设背景下沿线西部省区市经济发展绩效评价体系。丝绸之路经济带建设提出已经有 6 年多的时间，但至今仍然没有一套系统的评价体系能够用来对丝绸之路经济带建设、对西部地区经济发展的影响进行全面和客观的评估。因此，本课题的学术价值就在于，通过研究丝绸之路经济带对西部地区经济发展的影响，提出系统化的丝绸之路经济带建设背景下西部地区经济发展绩效评价体系；通过理论维度的确立和评价指标体系的构建，为丝绸之路经济带沿线西部地区的经济发展绩效评价提供理论和方法基础。

（二）本课题的实践意义

对丝绸之路经济带沿线西部地区区域和主要城市的发展绩效进行客观评估，评估的结果能够为西部地区未来经济发展绩效的提升提供客观依据和实践参考。这有利于我们发现丝绸之路经济带建设背景下西部地区经济发展的"短板"，在此基础上研究相应的提升对策，从而充分发挥我国西部地区的地缘优势、资源优势和文化优势，最大限度地在丝绸之路经济带建设背景下发挥区域经济合作的影响力。同时，西部地区经济发展本身存在结构差异性，而本课题针对主要省区市的经济发展绩效做出了评价，同时，对不同的地区提出差异化的改善路径，从而为西部地区全面提升经济发展绩效提供实践基础。

二 本课题研究的文献述评

丝绸之路经济带建设是社会各界关注的热点问题，也是国内外学术界研究的热点问题。自丝绸之路经济带建设提出以来，学术界从各方面进行了研究。总体来说，近年来学术界在这一领域研究了以下问题。

（一）丝绸之路经济带建设对我国西部地区的影响研究

Shu Y. (2013) 认为丝绸之路经济带能够加强中国西部地区和中亚、欧洲之间的经济交流，提升沿线西部地区和城市的发展水平。Abudureyimu A. 等 (2014) 认为丝绸之路经济带在生态安全、经济增长、能源开发、金融合作和旅游发展等方面对西部地区的经济发展产生了影响。Zhi－zhong 等 (2014) 认为丝绸之路经济带能够促进中国西部地区和中亚国家的贸易合作。章妍 (2017) 研究了丝绸之路经济带沿线中国西部区域金融中心建设。[1] 苏耀华 (2018) 研究了丝绸之路经济带中国段西部九省份经济差异，分析了西部各省区市在投资、消费与净出口方面的优势与劣势，提出了利用丝绸之路经济带建设契机，缩小经济差异、实现经济一体化协调发展的方向。[2] 文红刚 (2019) 研究了丝绸之路经济带基础设施建设的投资方式。[3]

---

[1] 章妍：《丝绸之路经济带西部区域金融中心建设研究》，西安电子科技大学硕士论文，2017。

[2] 苏耀华：《丝绸之路经济带中国段西部九省经济差异分析》，《生产力研究》2018 年第 3 期。

[3] 文红刚：《丝绸之路经济带基础设施建设方式探析》，《科技经济市场》2019 年第 10 期。

（二）丝绸之路经济带建设背景下我国西部地区发展对策研究

Xincai G. 等（2014）认为中国西北五省份应该积极促进绿色物流发展，强化物流资源的合作和再分配。Zhi - zhong 等（2014）从中国 – 中亚国家自由贸易区的方面提出了对策。胡鞍钢等提出了丝绸之路经济带建设是集向西开放与西部开发为一体的政策综合版。[1][2] 任保平等从构建现代产业体系、城市化、基础设施建设等角度提出了丝绸之路经济带建设背景下打造西部大开发升级版的政策取向。[3] 何爱平等（2016）研究了丝绸之路经济带背景下西部地区生态文明建设的对策。[4] 高煜和张雪凯（2016）研究了推动丝绸之路经济带沿线我国中西部地区承接产业转移与产业升级的对策建议。[5] 安公平（2019）通过对丝绸之路经济带中国西部城镇化进程中存在问题的分析，研究了丝绸之路经济带中国西部城镇化进程中生态文明道路的选择。[6]

---

[1] 胡鞍钢：《"丝绸之路经济带"：战略内涵、定位和实现路径》，《新疆师范大学学报》2014 年第 4 期。

[2] 胡鞍钢、马伟、鄢一龙：《"丝绸之路经济带"：战略内涵、定位和实现路径》，《新疆师范大学学报》（哲学社会科学版）2014 年第 2 期。

[3] 任保平、周志龙：《丝绸之路经济带建设中打造西部大开发升级版的战略选择》，《兰州大学学报》（社会科学版）2015 年第 6 期。

[4] 何爱平、赵仁杰：《丝绸之路经济带背景下西部生态文明建设：困境、利益冲突及应对机制》，《人文杂志》2016 年第 3 期。

[5] 高煜、张雪凯：《政策冲击、产业集聚与产业升级——丝绸之路经济带建设与西部地区承接产业转移研究》，《经济问题》2016 年第 1 期。

[6] 安公平：《"丝绸之路经济带"中国段（西部）城镇化进程中的生态选择》，《天水行政学院学报》2019 年第 2 期。

（三）丝绸之路经济带建设背景下我国西部地区发展绩效的定量研究

目前这一类研究主要从科技创新、基础设施建设、物流等不同的角度展开。崔巍平、何伦志（2014）通过构建科技创新与经济增长的系统动态耦合模型，定量分析了西部地区科技创新与经济增长的趋势。[1] 孙海荣（2014）分析了各省（区、市）的科技创新能力及其专利竞争力，为丝绸之路经济带的未来发展提出了对策建议。[2] 魏修建等（2014）在探析物流发展与经济增长机理的基础上，应用面板数据固定效应变系数模型，选取丝绸之路经济带西北地区 5 省份 1952～2012 年的数据，实证研究丝绸之路经济带物流发展对西北地区 5 省区经济增长的贡献。[3] 高新才等（2015）利用城市流模型，研究了丝绸之路经济带沿线城市的对外联系功能。[4] 谢婷婷、马洁构建了包含开放环境、开放规模、开放潜力的指标体系，对丝绸之路经济带西部 10 省份开放型经济发展水平进行评价研究。[5] 张利、童舟（2018）从科技投入、产出和环境支撑角度对丝绸之路经济带西部 9 省份的高技术产业创新效率进行测算，

[1]　崔巍平、何伦志：《科技创新、经济增长与丝绸之路经济带构建》，《开发研究》2014 年第 6 期。

[2]　孙海荣：《丝绸之路经济带九省份专利竞争测度》，《重点社会科学》2014 年第 3 期。

[3]　魏修建、陈恒：《物流发展驱力要素对经济增长贡献度的区域差异研究》，《上海经济研究》2014 年第 6 期。

[4]　高新才：《丝绸之路经济带城市经济联系的时空变化分析》，《兰州大学学报》2015 年第 1 期。

[5]　谢婷婷、马洁：《丝绸之路经济带西部 10 省开放型经济发展水平评价》，《新疆农垦经济》2017 年第 2 期。

为丝绸之路经济带西部 9 省份高技术产业创新效率提升提供了建议。[①]李娟 、王琴梅（2019）构建了物流业全要素生产率的评价指标体系，对丝绸之路经济带核心区物流业 TFP 进行测度。[②]

从目前国内外对丝绸之路经济带建设与西部经济发展问题的研究来看，当前的研究状态是定性研究多，而定量研究缺乏；一般性的对策研究多，系统化评估的研究缺乏；对丝绸之路经济带沿线西部地区总体发展进行研究的多，而对重点区域和重点城市发展绩效进行评价的研究缺乏。基于以上问题，本课题主要从经济发展绩效评价的一般原理出发，基于丝绸之路经济带建设与西部地区经济发展的实践，构建丝绸之路经济带沿线西部地区经济发展绩效评价指标体系，在此基础上分别针对西北地区、西南地区，以及西北地区重点城市和西南地区重点城市的经济发展绩效进行评价，从中找出制约因素，进而研究其提升对策。

三　本课题的结构、研究目标和基本内容

（一）本课题的结构

本课题结构主要包含以下四个层次。

第一层次：理论基础研究。主要是结合国家经济发展规划要求，尤其基于丝绸之路经济带经济开放与发展背景，探讨国家经济发展规划背景下地处丝绸之路经济带沿线的西部省区以及主要

---

① 张利、童舟：《丝绸之路经济带高新技术产业创新效率研究》，《西安财经学院学报》2018 年第 12 期。

② 李娟、王琴梅：《丝绸之路经济带核心区物流业全要素生产率及其区域差异》，《统计与决策》2019 年第 20 期。

城市经济发展绩效评价的理论内涵和外延，并结合现有理论研究归纳影响丝绸之路沿线省区以及主要城市经济发展质量相关因素，为准确判断和分析丝绸之路沿线省区和主要城市经济发展绩效演变趋势和基本特征提供理论基础和依据。

第二层次：评价指标体系的构建与评价方法选择研究。主要是基于经济发展绩效的理论界定，结合丝绸之路经济带建设的基本要求，试图从政策沟通、设施联通、贸易畅通、资金融通以及民心相通5个维度对丝绸之路经济带沿线省区及主要城市的经济发展绩效进行评价，并根据丝绸之路经济带沿线各省区及主要城市可获得的统计数据，探讨不同维度对应指标的选取问题。

第三层次：丝绸之路经济带沿线省区市经济发展绩效评价研究。主要是利用已构建的指标维度和体系，选取科学准确的估算办法，对西部丝绸之路经济带沿线省区市落实丝绸之路经济带建设过程中经济发展绩效的演变趋势进行评价，分析丝绸之路经济带沿线省区市经济发展绩效的影响因素，并以此为基础讨论沿线西部省区市在丝绸之路经济带建设和发展过程中提升经济发展绩效的路径与政策体系。

第四层次：丝绸之路经济带沿线西部省区的主要城市经济发展绩效评价研究。该层次和第三层次属并列关系，主要是利用之前构建的指标维度和体系，选取科学精确的估算方法，对西部丝绸之路经济带沿线西安、重庆、西宁、乌鲁木齐等具有一定规模的城市，在落实国家丝绸之路经济带建设过程中经济发展绩效的演变趋势进行评价，分析这些主要城市经济发展绩效的影响因素，并以此为基础讨论沿线西部相应城市在丝绸之路经济带建设和发展过程中提升经济发展绩效的路径与政策体系。

（二）本课题的研究目标

本课题针对国家经济发展规划背景下丝绸之路经济带沿线西部省区及主要城市经济发展绩效评价问题展开研究，主要研究工作围绕以下两个目标展开。

一是试图建立丝绸之路经济带建设背景下丝绸之路经济带沿线西部省区及主要城市经济发展绩效的指标评价体系。丝绸之路经济带建设是当前我国面向西部地区提出的重大发展倡议，西部地区也可以依托丝绸之路经济带建设的平台，逐步提升经济发展绩效水平。本课题欲在现有经济发展绩效评价研究基础上，将丝绸之经济带的建设和发展纳入西部地区经济发展绩效的评价框架，并试图在理论上为国家经济发展规划背景下丝绸之路经济带沿线西部地区经济发展绩效的评价寻找依据。

二是试图在国家经济发展规划背景下对丝绸之路经济带沿线西部省区及主要城市经济发展绩效进行评价并探讨制约因素。主要是从政策沟通、设施联通、贸易畅通、资金融通以及民心相通"五通"角度分析丝绸之路经济带沿线西部省区及主要城市经济发展历程，对其经济发展绩效历史进行评价，探究制约提升丝绸之路经济带沿线西部省区及主要城市经济发展绩效的主要因素，并针对不同地区经济发展绩效的预测结果，制定提升其经济发展绩效以及落实丝绸之路经济带建设的相关政策。

（三）本课题的基本内容

本课题研究的基本内容主要包含以下六个方面。

第一，丝绸之路经济带沿线西部省区及主要城市经济发展绩效评价的理论框架。主要是从国家经济发展规划角度出发，按照丝绸之路经济带"五通"建设要求，将其纳入经济发展绩效评价的理论框架之中，为西部地区沿线省区及主要城市经济发展绩效评价提供理论依据。

第二，丝绸之路经济带沿线西部省区及主要城市经济发展绩效评价指标体系的构建。基于丝绸之路经济带背景下经济发展绩效评价的框架，从政策沟通、设施联通、贸易畅通、资金融通以及民心相通5个维度构建的指标评价体系，为准确评价丝绸之路沿线西部省区及主要城市经济发展绩效提供依据。

第三，丝绸之路经济带西北沿线省区经济发展绩效的评价与制约因素分析。选取可获得的数据，依据经济发展绩效评价体系，从"五通"角度对陕西、甘肃、青海、宁夏以及新疆五省区经济发展绩效进行评价并分析制约因素，为提升经济发展绩效提供参考。

第四，丝绸之路经济带西南沿线省区市经济发展绩效的评价与制约因素分析。选取可获得的数据，依据经济发展绩效评价体系，从"五通"角度对云南、四川、广西、重庆四省区市经济发展绩效进行评价并分析制约因素，为提升经济发展绩效的政策制定提供现实依据。

第五，丝绸之路经济带西北沿线主要城市经济发展绩效的评价与制约因素分析。选取可获得的数据，依据经济发展绩效评价体系，从"五通"角度对西安、西宁、乌鲁木齐、兰州等十余个城市的经济发展绩效进行评价并分析制约因素，为提升经济发展绩效的政策制定提供依据。

第六，丝绸之路经济带西南沿线主要城市经济发展绩效的评价与制约因素分析。选取可获得的数据，依据经济发展绩效评价体系，从"五通"角度对昆明、成都、南宁、桂林等十余个城市的经济发展绩效进行评价并分析制约因素，为提升经济发展绩效的政策制定提供依据。

四 本课题突破的重点、难点问题及主要创新之处

（一）本课题突破的重点

第一，丝绸之路经济带建设背景下西部省区及主要城市经济发展绩效评价的理论框架构建。需要根据丝绸之路经济带建设的内容和要求，将政策沟通、设施联通、贸易畅通、资金融通以及民心相通的相关指标纳入经济发展绩效的评价体系之中，在经济发展绩效评价过程中体现国家经济发展的思想，从而为本课题西部省区及主要城市经济发展绩效的评价提供理论基础。

第二，丝绸之路经济带建设背景下西部省区及主要城市经济发展绩效的评价与制约因素研究。需要以经济发展绩效理论维度为出发点，构建国家经济发展规划背景下丝绸之路经济带沿线西部省区及主要城市经济发展绩效指标体系，并利用动态计量模型对沿线西部省区及主要城市经济发展绩效进行预测，进而归纳影响丝绸之路经济带沿线西部省区及主要城市经济发展绩效的因素，从而为西部省区及主要城市落实国家、地区发展规划及相关决策的制定提供依据。

（二）本课题突破的难点

第一，丝绸之路经济带建设背景下西部省区及主要城市经济

发展绩效评价所需数据和指标构建的复杂性。由于对西部省区及主要城市经济发展绩效的评价需要结合丝绸之路经济带建设的"五通"内容，所以如何将丝绸之路经济带建设维度纳入现有评价框架，选取哪些指标对"五通"维度进行衡量，都将影响沿线西部省区及主要城市经济发展绩效的准确评价。同时，由于涉及地区范围较广，且统计数据的连续性较弱，数据获取难度较大，且各地数据差异较大，加工处理复杂。

第二，丝绸之路经济带建设背景下西部省区及主要城市经济发展绩效评价方法的科学性和准确性。结合丝绸之路经济带建设大背景，在确定评价维度的基础上，无论是选取层次分析法、因子分析法还是其他时间序列动态计量模型的预测与评价方法，都将直接影响沿线西部省区及主要城市经济发展绩效的准确性和客观性，也会影响对经济发展绩效影响因素的归纳，只有准确的评价方法才能为有效的政策制定提供可靠的依据。

（三）课题研究的创新之处

第一，在问题选择方面，从国家发展规划视角研究丝绸之路经济带沿线西部省区及主要城市经济发展绩效的评价问题。本课题主要是考虑国家发展规划背景，按照丝绸之路经济带建设过程中"五通"框架的要求，对现有经济发展绩效评价体系和框架进行完善和补充，构建包括规划发展维度的经济发展绩效评价体系，从而为沿线西部省区及主要城市经济发展绩效的准确评价提供理论基础。

第二，在研究框架方面，构建了以"理论—实证—政策"为主线的经济发展绩效评价与分析新框架。本课题立足于现有经济发展绩效和丝绸之路经济带建设研究的最新成果，结合沿线西部省区及主要城市发展的具体特征，构建了"五通"要求下丝绸之路经济带沿线西部省区及主要城市经济发展绩效评价框架，并以此为基础，在可获得数据的条件下，对沿线西部省区及主要城市经济发展绩效做了较为准确的评价，同时对其制约因素进行分析，为沿线西部省区及主要城市参与丝绸之路经济带建设、提高经济发展绩效的政策制定奠定基础。

第三，在研究方法方面，把动态增长模型和计量模型与经济发展绩效评价方法结合起来进行研究。从现有研究成果来看，对经济发展绩效分析主要是运用逻辑演绎和归纳进行定性分析，或是通过一些统计方法进行静态层面的定量分析，也没有纳入丝绸之路经济带建设背景。本课题在研究方法方面，试图把动态增长模型和计量模型与经济发展绩效评价方法结合起来进行研究，为丝绸之路经济带沿线西部省区及主要城市经济发展绩效评价提供分析工具。

第一章
丝绸之路经济带经济发展的状态描述

丝绸之路经济带以古丝绸之路为基础，依托交通干线，采取点、线、面相结合的推进方式，旨在促进共建国家生产、商贸等方面的大合作，实现区域融合发展。这一构想为我国经济转型、深化对外交流提供了有利契机，也是加快区域经济一体化进程、实现洲际经济协调发展的重要举措。与传统的区域经济一体化组织不同，丝绸之路经济带涉及的人口数目多、经济总量大，共建国家、地区以及主要节点城市的经济增长、产业布局、资源分布等经济发展状态明显不同。

一　范围与边界

古丝绸之路作为历史上连接东西方的交通大道，尽管不同时期的具体路线有所差异，但其走向基本一致：始于长安（今西安），沿着河西走廊依次经过敦煌、玉门关、阳关，到达新疆后继续沿帕米尔高原前行，穿越中亚与西亚，止于非洲、欧洲。[1] 这条

---

① 〔英〕吴芳思：《丝绸之路 2000 年》，赵学工译，山东画报出版社，2008，第 32 页。

路线跨越了遍布高山、沙漠的辽阔地域，承载着商贸运输与文化、历史、宗教传播的功能。

随着经济全球化趋势日益增强，涌现出一系列重要的交流、合作平台，2007 年召开的欧亚经济论坛首次提出了丝绸之路复兴计划。时隔一年，联合国开发计划署全面推动、实施，各国不断响应，相继提出一系列追求自身利益最大化的丝绸之路计划（见表 1 - 1），由于难以协调国家间的利益需求，这些计划多被延期或搁浅。2013 年 9 月，国家主席习近平在哈萨克斯坦纳扎尔巴耶夫大学发表演讲时，公开提出了中国版本的"丝绸之路经济带"构想，并表达了参与共建的强烈诉求。[1] 至此，丝绸之路经济带建设的相关问题，再一次引起国内外各界的高度关注。

表 1 - 1　各国提出丝绸之路计划汇总

国家	计划名称	年份	主要内容
俄罗斯	新丝绸之路	2002	建设中欧运输走廊，明确俄罗斯在新丝绸之路上的决定性作用
美国	新丝绸之路	2011	形成以阿富汗为中心，连接中亚、南亚的区域性发展战略，旨在通过地缘政治、经济结构合作加快战后重建
伊朗	钢铁丝绸之路	2011	以连通铁路线为核心目标，重点推进阿富汗、塔吉克斯坦和吉尔吉斯斯坦的铁路网络建设
哈萨克斯坦	新丝绸之路	2012	旨在恢复过境中心与欧亚桥梁的丝路核心地位；建立起统一、高水平的贸易物流、金融商务、工艺创新和旅游中心

---

[1]　王保忠、何炼成、李忠民：《"新丝绸之路经济带"一体化战略路径与实施对策》，《经济纵横》2013 年第 11 期。

续表

国家	计划名称	年份	主要内容
日本	丝绸之路外交	2014	以中亚五国以及外高加索三国作为核心地区，通过丝绸之路外交实现地缘政治目的、抢占该地区的经济能源

资料来源：根据相关公开资料整理。

丝绸之路经济带空间范围界定包括广义与狭义两个方面。其中，广义的丝绸之路经济带是以新亚欧大陆桥为依托，通过连霍高速与中亚铁路、公路相连，最终延伸至欧洲，涵盖了整个交通大动脉的沿线国家，旨在推进新兴经济的跨区域交流、合作，较古丝绸之路有所拓展，可以划分国内与国外两部分。

从国内来看，丝绸之路经济带的空间覆盖范围尚无定论，但是基本形成了将以下省区市纳入建设范围的共识：西北地区包括陕西、甘肃、青海、宁夏、新疆五省区；西南地区涉及四川、重庆、云南、广西四省区市；东部地区涵盖江苏、浙江、广东、福建、海南五省；除此以外，交通、地缘优势明显的地区，如山东、山西、湖南等省，均陆续提出丝绸之路经济带的发展构想与参与意愿。因此，未来丝绸之路经济带的国内覆盖范围将有可能进一步扩大。

就国外而言，从作为丝绸之路经济带起点的中国出发，沿着北线、中线、南线三条线路（见图 1 - 1），途经中亚、西亚与南亚，最终抵达欧洲、北非，具有自东向西的带状嵌套特征，主要包括中亚、环中亚与亚欧三个层次的经济带（见图 1 - 2）。[1] 其中，

① 胡鞍钢、马伟、鄢一龙：《"丝绸之路经济带"：战略内涵、定位和实现路径》，《新疆师范大学学报》（哲学社会科学版）2014 年第 2 期。

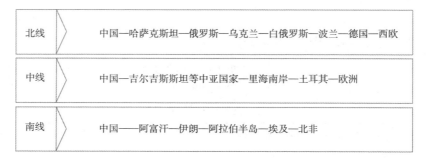

图 1－1　广义丝绸之路经济带三大路线汇总

资料来源：根据清华大学中国与世界经济研究中心《丝绸之路经济带——发展前景及政策建议》（中国经济网，http：//intl. ce. cn/specials/zxxx/201405/26/P0201405 26516141532455. pdf）工作论文整理。

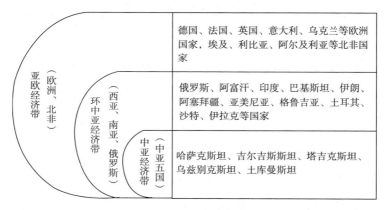

图 1－2　广义丝绸之路经济带空间区域划分及国家构成

资料来源：胡鞍钢、马伟、鄢一龙：《"丝绸之路经济带"：战略内涵、定位和实现路径》，《新疆师范大学学报》（哲学社会科学版）2014 年第 2 期。

中亚经济带的地理优势明显，处于丝绸之路经济带的核心区域。总体来看，以上海合作组织为依托，中国与中亚国家的经贸互动十分频繁，这不仅促进了西部大开发战略的深入实施，也有利于中亚五国的经济发展。扩展区域是南亚、西亚以及俄罗斯共同构成的环中亚经济带，整个区域的矿产资源十分丰富，经济发展的整体水平相对较低，但是发展潜力明显，属于中国对外经贸合作交流的重要伙伴,对我国能源安全具有十分重要的意义。欧洲与北非的部分国家共同构成亚欧经济带,属于丝绸之路经济带的最外围区域。其中,北非拥有非洲大陆的独特地位,诸多国家均与中国建立了良好的政治外交、经贸合作关系;以海陆通道为依托,欧盟与中国在文化、技术、经贸、人才等方面的交流也在不断加深。

考虑到地理要素、政治格局与经贸基础等因素,学界通常将中国与中亚五国的部分地区视为狭义范畴的丝绸之路经济带:以新亚欧大陆桥为脉络,自东向西从华北平原一直延伸至里海沿岸地区。除中国境内的西北五省区与东部五省外,主要涉及哈萨克斯坦的阿拉木图、塔吉克斯坦的北部、土库曼斯坦的西南部、乌兹别克斯坦的东南部、吉尔吉斯斯坦的中部等地区。不仅包括陇海—兰新铁路的大、中沿线城市,如连云港、福州、广州、重庆、西安、兰州、西宁、乌鲁木齐等,还涉及连通中亚的阿拉木图、塔什干、达莎古兹、阿特劳等城市。狭义丝绸之路经济带的空间范围与边界,构成本书的主要对象。

二 发展状态描述

(一) 经济增长状态

丝绸之路经济带共建国家处于亚太与欧洲两大经济圈的中间凹陷地带。[①] 经济发展呈现很强的区域性特征,尽管不甚繁荣,但是随着各国的不断努力,丝绸之路经济带共建国家的经济发展水平不断提高。就两个相邻的经济圈而言,欧洲经济圈并未被 2008

---

① 朱显平、邹向阳:《中国—中亚新丝绸之路经济发展带构想》,《东北亚论坛》2006 年第 5 期。

年欧洲债务危机击倒，其经济发展水平依旧位于世界前列，2018
年的人均 GDP 达到 3.65 万美元；而亚太经济圈同样表现良好，其
重要成员日本、韩国人均 GDP 分别达到 3.93 万美元、3.14 万美
元。尽管位于经济凹陷地带的中国与中亚地区经济基础较为薄弱，
但是经过 40 年的改革开放，2018 年中国人均 GDP 已经攀升至
0.98 万美元，早在 2010 年就已成为世界第二大经济体，增长动力
充足；而中亚五国发展愿望强烈，丰富的资源为其带来巨大的经
济增长潜力。

中亚地区与中国共享 3000 多公里的边境线，在功能上构成丝
绸之路经济带的核心区域，在空间上与中国西北五省区、西南四
省区市以及东部五省构成狭义的丝绸之路经济带。世界银行发布
的数据显示，2014 年至 2018 年，中亚五国的 GDP 规模由 663.08
亿美元上升至 2774.13 亿美元。在实现从计划经济向市场经济转轨
之后，该地区的对外开放程度逐渐提高，整体呈现较为稳定的经
济增长状态。

与此同时，中亚五国之间的 GDP 及其占比存在明显差距（见表
1－2）。哈萨克斯坦和乌兹别克斯坦的 GDP 规模相对较大，占到中
亚五国 GDP 总额的 85% 左右，土库曼斯坦居中，吉尔吉斯斯坦以
及塔吉克斯坦的 GDP 规模相对较小，仅占到中亚五国 GDP 总额的
5% 左右。而从 2004 年至 2018 年中亚五国 GDP 增长率来看，各国
的 GDP 增长率波动较大、差距明显。其中，土库曼斯坦的 GDP 增
长率相对较高，乌兹别克斯坦的 GDP 增长率相对稳定，哈萨克斯
坦、吉尔吉斯斯坦、塔吉克斯坦的 GDP 增长率有明显波动，在
2009 年五国除乌兹别克斯坦、土库曼斯坦外其余三国出现负增长
（见图 1－3）。

表 1 - 2 2004 ~ 2018 年中亚五国 GDP 及其占比

单位：亿美元，%

年份	哈萨克斯坦		乌兹别克斯坦		吉尔吉斯斯坦		塔吉克斯坦		土库曼斯坦	
	GDP	占比	GDP	占比	GDP	占比	GDP	占比	GDP	占比
2004	431.52	65.08	120.30	18.14	22.12	3.34	20.76	3.13	68.38	10.31
2005	571.23	67.76	143.08	16.97	24.60	2.92	23.12	2.74	81.04	9.61
2006	810.04	70.88	173.31	15.17	28.34	2.48	28.30	2.48	102.78	8.99
2007	1048.50	71.16	223.11	15.14	38.03	2.58	37.19	2.52	126.64	8.59
2008	1334.42	69.30	295.49	15.35	51.40	2.67	51.61	2.68	192.71	10.01
2009	1153.09	64.46	336.89	18.83	46.90	2.62	49.79	2.78	202.14	11.30
2010	1480.47	67.31	393.33	17.88	47.94	2.18	56.42	2.56	221.48	10.07
2011	1926.27	68.67	459.15	16.37	61.98	2.21	65.22	2.33	292.33	10.42
2012	2079.99	67.27	518.22	16.76	66.05	2.14	76.33	2.47	351.64	11.37
2013	2366.35	67.79	567.91	16.30	73.35	2.11	84.48	2.42	391.98	11.25
2014	2214.16	61.82	766.59	21.40	74.68	2.08	91.13	2.54	435.24	12.15
2015	1843.88	58.25	818.47	25.85	66.78	2.11	78.55	2.48	358.00	11.31
2016	1327.78	50.20	817.79	30.92	68.13	2.58	69.53	2.63	361.80	13.68
2017	1628.87	59.27	591.60	21.53	77.03	2.80	71.58	2.60	379.26	13.80
2018	1705.39	61.47	505.00	18.20	80.90	2.92	75.23	2.71	407.61	14.69

资料来源：世界银行数据库。

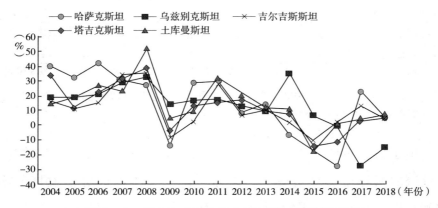

图 1 - 3 2004 ~ 2018 年中亚五国 GDP 增长率

资料来源：世界银行数据库。

中亚五国在经济发展过程中十分重视与中国、欧盟的贸易合作。其中，中亚与欧盟的经济往来涉及技术、民生、贸易等多个领域，根据 2018 年哈萨克斯坦公布的对外贸易数据，意大利以 21.3% 的占比成为其最大的出口国家。与此同时，以上海合作组织为平台，中亚五国与中国在贸易领域的合作不断加深，贸易额逐年上升，2018 年中国与中亚五国的贸易总额达到 418.64 亿美元（见图 1 - 4），是建交之初贸易额的 100 余倍，中国成为亚洲 16 个国家的最大贸易伙伴。哈萨克斯坦对华货物出口比重达到 11.44%，中国位居其对外出口国第二位。中国与中亚各国均形成了密切的贸易联系，并在哈萨克斯坦、吉尔吉斯斯坦的货物进口国家排名中靠前。

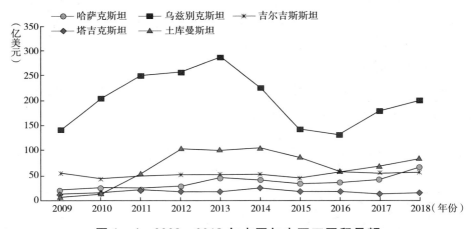

图 1 - 4　2009～2018 年中国与中亚五国贸易额

资料来源：世界银行数据库。

由于历史条件、资源以及经济发展模式等方面的约束和差异，在丝绸之路环中亚经济带上，中东、南亚各国间的经济发展并不均衡。以土耳其、埃及、伊拉克等为代表的少数海湾地区产油国，通过发展石油经济的方式实施进口替代发展战略，在经济发展、科学技术、工业化等方面有了很大的提高。但是，一些主要依靠出口初级产品、经济基础落后的国家，则在经济全球化进程中被推向了"边缘地带"。2018 年丝绸之路环中亚经济带人口约为19.07 亿，折算成美元的 GDP 规模约为 6.70 万亿美元，人均 GDP 约为 0.35 万美元（见表 1 - 3）。

表 1 - 3 2018 年环中亚经济带主要国家人口、
GDP 以及人均 GDP 情况汇总

主要国家	人口（百万人）	GDP（万亿美元）	人均 GDP（万美元）
俄 罗 斯	144.48	1.66	1.12
土 耳 其	82.32	0.77	0.93
伊 朗	81.80	0.45	0.55
沙特阿拉伯	33.70	0.78	2.32
巴 基斯坦	212.22	0.31	0.15
印 度	1352.62	2.73	0.20
合 计	1907.14	6.70	0.35

资料来源：世界银行数据库。

近年来，环中亚经济带上的南亚、西亚以及中东等地区，均与中国有十分密切的贸易往来。中巴经济走廊以及中缅孟印四国的经济交流，为中国与南亚地区经济合作提供了主要平台与推动力量。2013 年，中国与印度、巴基斯坦的贸易额分别达到 955.4 亿美元、132 亿美元，未来中国与南亚的经贸合作还有很大的发展潜力。西亚、中东地区与中国的贸易往来历史悠久，作为中国能源进口的主要地区，沙特、土耳其以及伊朗等国家与中国的贸易额一直保持较高水平。

从经济发展水平来看，丝绸之路亚欧经济带上的主要国家表现优良，对外贸易的活跃度较高，整体超出了中亚经济带与环中亚经济带上的主要国家。特别是具有世界经济集聚地之称的西欧地区经济高度发达。2018 年丝绸之路亚欧经济带人口约为 8.35 亿，折算成美元的 GDP 规模约为 30.55 万亿美元，人均 GDP 约为 3.66 万美元（见表 1-4）。

表 1-4　2018 年亚欧经济带主要国家和国际组织人口、
GDP 以及人均 GDP 情况汇总

地　区	人口（百万人）	GDP（万亿美元）	人均 GDP（万美元）
欧　盟	513.21	18.75	3.65
德　国	82.93	3.99	4.82
法　国	66.99	2.78	4.15
英　国	66.49	2.83	4.25
意大利	60.43	2.07	3.40
乌克兰	44.62	0.13	0.29
合　计	834.67	30.55	3.66

资料来源：世界银行数据库。

欧盟与中国、中亚的贸易往来也十分频繁。2018 年欧盟对中国的出口额高达 2099 亿欧元，而中国对欧盟的出口贸易额达 4.5 万亿元人民币。与此同时，欧盟还积极促进与哈萨克斯坦、乌兹别克斯坦以及土库曼斯坦的贸易往来，通过与中亚国家签订一系列条约以及给予技术、资金等层面的支持，实现经贸关系的稳定发展。

（二）产业状态

丝绸之路经济带国内段主要涉及西北五省、西南四省区市、东部五省。其中，我国西北地区自然条件多样，种植业与畜牧业的发展优势显著，已经形成以棉、蔬、瓜、果、药为主的经济作物以及畜牧业等农业优势产业。新疆、青海、陕西、重庆等西北、西南省区市依托丰富的矿产资源，相继形成了以采矿加工、装备制造、石油加工、金属冶炼等为代表的优势产业。而东部五省主要发展金融业、高新技术产业、运输业等优势产业，为西北、西南地区的产业发展提供了劳动、资本等多元支持。除此以外，丝绸之路经济带沿线的国内地区还利用自身独特的资源优势，形成了一批具有地方特色的农产品加工业、旅游业。

由于一些历史原因，如继承了苏联优先发展重工业的传统模式、过分强调专业化分工，中亚五国的产业发展呈现同质性强、结构不合理等特征，拥有较为发达的重工业以及农业，而生产日用品、生活必需品、服装等产品的轻工业相对落后，三大产业比例失衡。

其中，作为苏联加盟共和国之一的哈萨克斯坦独立以来发展最快，拥有较为发达的采矿业、冶金业、化工业等第二产业，在发挥资源优势的基础上，逐步形成了以冶金业、钢铁业、石油业、煤炭业、电力业、化工业、交通运输业为代表的优势产业，产值占到国内总产值的39%，成为哈萨克斯坦出口创汇、经济发展的主要动力源。与此同时，哈萨克斯坦还拥有较为发达的种植业、养殖业，是世界粮食、棉花、畜产品等出口的重要国家。但是哈萨克斯坦的加工业较为落后，无论是农业产品还是工业产品的出口，都停留在初级、低端产品的直接出口阶段，缺乏深、精加工。

塔吉克斯坦油气资源相对匮乏，对经济发展的推动作用十分有限，但是其北部地区作为丝绸之路经济带的途经地，也是吉尔吉斯斯坦、哈萨克斯坦、乌兹别克斯坦三国的交会处，拥有发展交通运输业的良好条件。除此以外，加工制造业、电力业也是塔吉克斯坦的优势产业。

乌兹别克斯坦的地理环境比较适合农业发展，拥有发达的水利基础设施，矿产等自然资源也十分丰富，基本形成以棉花、桑蚕、蔬菜、瓜果等为代表的农业优势产业，养殖业也比较发达，同时建立了以石油化工业、采矿业、机械制造业等为代表的工业优势产业。就传统支柱性产业而言，主要涉及"四金"，即白金（棉花）、黑金（石油）、蓝金（天然气）以及黄金。[1] 加工业发展较为落后，62%的日用品主要依靠进口。但是近年来乌兹别克斯坦国内工业体系不断调整，机械制造业取得了飞速发展，其产值已占到该国工业总产值的17%。

吉尔吉斯斯坦在过去的经济发展中形成了以农业、有色金属开采业、石油化工业等为基础的优势产业体系。为了实现多元化发展目标，吉尔吉斯斯坦于2012年提出"2017稳定发展战略"，明确将交通、电力、采矿、农业、轻工业以及服务业等作为未来发展的重点。[2]

土库曼斯坦的传统支柱性产业为能源产业，但是随着多元化经济发展战略的推行，其逐渐形成了以石油加工业、化工业、纺织业、农牧业等为主的优势产业。

表1-5为中亚五国的优势产业。

---

① 王沛主编《中亚四国概况》，新疆人民出版社，1993，第241页。
② 丁晓星：《丝绸之路经济带的战略性与可行性分析——兼谈推动中国与中亚国家的全面合作》，《学术前沿》2014年第4期。

表1-5　中亚五国优势产业汇总

国　家	优势产业
哈萨克斯坦	冶金业、钢铁业、石油业、煤炭业、电力业、化工业、交通运输业
塔吉克斯坦	加工制造业、交通运输业、电力业
乌兹别克斯坦	种植业、养殖业、石油化工业、采矿业、机械制造业
土库曼斯坦	石油加工业、化工业、纺织业、农牧业
吉尔吉斯斯坦	农业、有色金属开采业、石油化工业

　　资料来源：根据《中亚国家发展报告（2013）》，（社会科学文献出版社，2013）整理。

　　从丝绸之路沿线重要节点城市的产业布局来看，阿拉木图、比什凯克、塔什干、杜尚别、阿什哈巴德地理位置特殊，是沟通中亚、欧亚等地区的交通枢纽。① 其中，阿拉木图的商业、金融业十分发达，比什凯克以及塔什干均为十分重要的工业城市，杜尚别、阿什哈巴德则以纺织业、食品加工业、机械制造业为主导产业。与此同时，国内主要节点城市为促进丝绸之路经济带发展提出了一系列产业发展规划。其中，乌鲁木齐作为丝绸之路经济带进入国内段的第一个大城市，是沟通中亚、西亚与东欧、西欧的重要交通枢纽，它提出在资源型产业发展的基础上加快特色农产品、制造业的发展。内陆城市西安、兰州也陆续提出了产业规划方案。西安通过打造"一高地六中心"方案，在发挥航天航空、电子信息、能源化工、机械制造等传统优势产业的基础上，加快金融、商贸物流、文化旅游、能源运输、科技研发等领域的发展。兰州提出在畜牧业、种植业等农业传统优势产业的基础上加强矿产加工业、

————————

　　①　郭爱君、毛锦凰：《丝绸之路经济带：优势产业空间差异与产业空间布局战略研究》，《兰州大学学报》（社会科学版）2014年第1期。

农产品加工业以及汽车制造业等产业的发展。连云港作为连接国内东西部的重要节点城市，其交通枢纽作用也是沟通亚太经济圈与欧洲经济圈的重要保障。

由此可见，从资源分布来看，中亚五国与国内西北地区都有丰富的矿产资源。各个国家的产业布局都涉及石油化工、采矿、钢铁、冶金、机械制造等优势产业，具有在矿产资源领域合作的可能性。而第三产业发展较快的中国东部五省能够为中亚五国与中国西部地区提供巨大的生产要素市场，也包括生活必需品、服装等轻工业商品。从主要节点城市的产业布局来看，丝绸之路经济带发展应以这些节点城市的优势产业、交通网络为基础，科学、合理推进产业分工，最大限度地协调、发挥各个主要节点城市的优势。

（三）资源状态

狭义的丝绸之路经济带主要涉及国内段与中亚经济带。国内段资源最丰富的地区是新疆、青海、陕西、宁夏、甘肃、内蒙古等西北地区省区，资源包括煤、石油、天然气、各类有色金属、稀有金属以及非金属矿产等多个类型，且呈现储量高、质量好的特点。由于在地域上相对集中，资源还具有较大的空间组合潜力。就油气资源而言，西北地区集中了大规模的天然气田、油田（见表1－6），其天然气与石油资源储量分别占到全国总量的63%和33%。[1]

---

[1] 李琪：《"丝绸之路"的新使命：能源战略通道——我国西北与中亚国家的能源合作与安全》，《西安交通大学学报》（社会科学版）2007年第2期。

表1-6 西北地区油气资源汇总

类　　型	油气资源
大规模天然气田	塔里木盆地、柴达木盆地、陕甘宁盆地
油田	克拉玛依油田、塔里木油田、青海油田、长庆油田、怀东油田、吐哈油田等

资料来源：http://www.xjftec.gov.cn。

中亚地区在丝绸之路经济带上具有十分重要的地位，原因之一是该地区拥有充足的石油、天然气、水等自然资源，这些自然资源的开发与出口既是促进中亚地区摆脱贫困、走向富强的物质基础，也是丝绸之路经济带沿线地区国家经济进一步发展的重要资源保障。

与中国毗邻的中亚五国地处亚欧大陆腹地，是世界范围内重要的油气资源产地，这些油气资源不仅成为该地区的经济支柱，也使中亚在国际政治经济格局中拥有特殊的地缘战略地位。哈萨克斯坦作为亚欧大陆地区油气资源含量最多的国家之一，已探明的石油储量近130亿吨，天然气储量高达6万亿立方米。[①] 联合国货币基金组织的预测数据显示，2020年哈萨克斯坦的石油开采规模将达到123亿吨，天然气也将逼近650亿立方米。土库曼斯坦天然气年开采量约为700亿立方米，远景储量将达到22.8万亿立方米，在世界范围内仅次于中东与俄罗斯，排名第三；该国石油的远景储量也达到了120亿吨。乌兹别克斯坦境内的费尔干纳盆地、卡拉库盆地同样蕴含着丰富的油气资源，已探明的石油资源约为5.84亿吨，天然气年产量达300亿立方米。

---

① 孙壮志：《中亚五国的地缘战略地位》，《东欧中亚研究》2000年第4期。

此外，中亚地区作为世界矿藏资源重要富集区之一，已探明矿藏种类包括各类有色金属、黑色金属以及稀有金属（见表 1 - 7）。哈萨克斯坦已探明的矿产资源种类有 90 多种，可用于核燃料、核武器生产的铀产量居世界第一，哈萨克斯坦可谓名副其实的"铀库"；钨储量位于世界首位；铜、铅、锌三种矿产储量位于亚洲首位。乌兹别克斯坦已探明的矿产资源数目超过 100 种，储量蕴含的总价值约为 3.5 万亿美元，黄金储量位于世界第四位，钼、镉等矿产储量也位于世界前列。吉尔吉斯斯坦的锑储量居世界第二，汞储量占世界全部汞储量的 20%，并且还拥有被称为"世界十大金矿"的库姆托尔金矿以及远景储量高达 54 亿吨的亚洲最大铁矿。[①] 塔吉克斯坦盛产铅、锌、汞等矿藏资源，大卡尼曼苏尔银矿区是世界范围内第二大银矿区。

表 1 - 7　中亚五国矿产资源汇总

中亚五国	主要矿产资源
哈萨克斯坦	钨、铀、铬、锰、铅、铁、铜、锌、铝、金等
塔吉克斯坦	铅、锌、汞、锑、钼、钨、铜、银、金、萤石等
乌兹别克斯坦	钼、镉以及其他有色金属与非金属
土库曼斯坦	石油、天然气、芒硝、碘以及其他有色金属与稀有金属
吉尔吉斯斯坦	金、钨、锡、汞、锑、铁

资料来源：根据《中亚国家发展报告（2013）》（社会科学文献出版社，2013）整理。

尽管中亚地区矿产资源丰富，但是支撑工业发展的基础设施建设不足，特别是开采水平有限，出口产品多集中于低端领域，

[①] 丁兴安：《丝绸之路经济带建设中的中亚因素探析》，《新疆社科论坛》2013 年第 6 期。

深、精加工技术有待提高。而作为近邻，中国与中亚五国在能源领域存在较强的互补性。中国可以为中亚地区的矿产资源开采提供必要的技术、资金支持，中亚地区能够通过资源出口实现经济的快速发展。因此，中国与中亚成为最稳定的长期油气资源合作伙伴，2018 年中国天然气使用量的 17.2% 来自中亚五国。随着中国与哈萨克斯坦、土库曼斯坦以及乌兹别克斯坦的输气管线陆续投入使用，中国每年从哈、乌两国进口的天然气总量将超过 520 亿立方米。

除矿藏资源以外，中亚地区的水资源数量也十分可观。塔吉克斯坦境内的水资源储量达到 5270 亿立方米，居世界第八位。哈萨克斯坦拥有的地表水资源超过 530 亿立方米，有 7600 个湖泊、水库。由于吉尔吉斯斯坦境内是以高山为主的独特地形地貌，积雪、河流带给吉尔吉斯斯坦巨大的水力资源。与此同时，中亚地区还致力于利用地理优势大力发展太阳能、风能等可再生能源。

广义丝绸之路经济带的空间范围还涉及南亚、西亚、中东欧、北非等多个区域，包括伊朗、沙特、俄罗斯等一系列能源大国，其中大多数国家都与中国有长期的资源贸易往来。中亚地区与中国毗邻，在降低资源运输成本、实现进口多元化目标等方面具有明显优势。因此中国与中亚五国的资源贸易互动将成为丝绸之路经济带快速发展的重要基础。

（四）基础设施状态

古丝绸之路最重要的作用，在于创建了沟通中国与中亚各国间的贸易运输通道，而紧随其后的大航海时期，又将丝绸之路运输通道的重点由陆地转向海洋，成本的迅速上升导致丝绸之路面临前所未有的挑战，甚至一度走向衰落。由此可见，在相同的贸易条件下，交通基础设施的改善有利于缩短运输时间、降低运输成本，从而对区域经济一体化程度、贸易交流等产生一定的正向影响。随着丝绸之路经济带构想的提出，围绕交通基础设施的各项建设工作也在不断推进。经过沿线各国的努力，基本形成了多元化的网状运输格局，主要涉及铁路、公路、航空与管道四个方面。

丝绸之路经济带上最主要的铁路干线是途经中亚、连接中欧地区的新亚欧大陆桥，作为新丝绸之路经济带的形成基础，该线路于1992年正式投入运营，大幅提高了沿线的货物运输能力，运输里程较旧亚欧大陆桥缩短了2000多公里，运输费用降低了至少12%，运输时间缩短了近1个月。[①] 这些改进促使国际过境运输货物的数量不断增长。以阿拉山口口岸为例，2009年的过境货物运输量较17年前增长了21.5倍。而已建成的陇海—兰新铁路大动脉通过与中亚相连，成为新亚欧大陆桥新的组成部分。除此以外，中国、乌兹别克斯坦等沿线国家建设的可连通铁路在土耳其与欧洲铁路系统实现了顺利对接，至此，广义丝绸之路经济带中线也形成了连通欧亚的铁路网络。

丝绸之路经济带沿线的公路交通设施建设也在不断推进，各国的高速公路相互交织，形成泛亚公路网络，通过哈萨克斯坦以及土耳其分别实现与欧洲地区E40、E80以及E90高速公路的对接，最终实现泛亚公路网络与欧洲地区高速公路网络的一体化。

---

① 杨恕、王术森：《丝绸之路经济带：战略构想及其挑战》，《兰州大学学报》（社会科学版）2014年第1期。

于 2009 年启动的"西欧—中国西部"公路建设项目在建成后将实现连云港与圣彼得堡的顺利连通。除此以外，丝绸之路经济带沿线的公路还可以连接中国、埃及、中东、北非等多个国家或地区。

丝绸之路经济带沿线国家拥有较为发达的航空业，各重要节点城市均有航班连接，其中北京、上海、阿拉木图、迪拜、莫斯科以及法兰克福是沿线地理位置重要且具有较强辐射能力的航空中心。为加快与中亚国家的交流合作，中国已开通直飞阿拉木图、塔什干、杜尚别等中亚国家主要城市的航班。

由于丝绸之路经济带沿线国家的油气资源丰富，运输管道网络也就成为交通基础设施十分重要的一个组成部分。俄罗斯、中亚、中东以及欧洲都专门为运输石油、天然气建设了线路长、网络化的跨国运输管道，其中具有代表性的石油管道包括哈萨克斯坦—俄罗斯石油管道、中国—哈萨克斯坦石油管道以及阿塞拜疆—土耳其石油管道；天然气管道包括阿拉伯天然气管道、俄罗斯—土耳其天然气管道以及中国—中亚天然气管道。随着中亚成为中国实现能源进口多元化目标的重要战略伙伴，全长达 3088 公里的中国—哈萨克斯坦石油管道，以及世界最长的中国—中亚天然气管道已向中国运输原油 5000 多万吨、天然气 600 多亿立方米。

除此以外，丝绸之路经济带上的光缆、口岸、电信、电力等基础设施建设工作相继完善，连接亚欧、中俄的光缆已陆续铺设完毕。中国内陆省陕西通过建设国际内陆港，将运输范围辐射到甘肃、宁夏、内蒙古等省区，基本实现了与海港、边境口岸之间的无缝对接；新疆建设并开放了 12 个口岸，保障与中亚国家的物流运输。考虑到中亚地区长期以来在基础设施建设过程中面临资金、技术、人才等因素的制约，中国开始通过向中亚五国提供优惠贷款、对口援助等方式参与该地区的基础设施建设。

尽管丝绸之路经济带沿线的基础设施建设不断完善，但是由于投资主体单一、过度依赖国家的专项基础设施资金投入等，丝绸之路经济带国内段西部地区的资金投入严重不足。与此同时，西部地区的生态环境比较脆弱，长期以来基础设施建设耗能高，不考虑长期利益，未将环境因素纳入考量范畴。而国外段较为成熟、完整的铁路、公路网络大多位于欧洲。中亚、西亚、中东、北非等地区受经济发展落后、自然环境差、地形复杂等客观因素制约，交通运输网络建设与欧洲相比仍存在较大差距。以中亚地区为例，哈萨克斯坦的铁路线路密度低且分布不均匀，大多集中在南北线；尽管土库曼斯坦主要以公路作为交通运输方式，但是其境内的公路路况差、级别低，一级、二级公路仅占全部公路的不到2%；乌兹别克斯坦的铁路在2012年较2000年甚至出现了负增长，近年来运输业有所发展，但依旧以联合建设为主；土库曼斯坦的不少铁路设备、交通工具以及油气运输管道出现了老化、超龄使用的情况。

第二章
丝绸之路经济带建设中打造西部大开发
升级版的战略选择

丝绸之路经济带建设既是主动适应新时期、新阶段经济发展的对外开放的重大决定，也是对西部大开发战略的深化和延伸，为打造西部大开发升级版创造了难得的历史机遇。因此，我们要以丝绸之路经济带建设为契机助推西部大开发升级版的打造。

一 丝绸之路经济带为新阶段的西部大开发提供机遇

由于自然、历史、地理以及社会的因素，长期以来，西部地区经济社会发展的整体水平都远远落后于东、中部地区。为推动西部地区的经济社会发展，缩小东、中、西部地区的差距，实现全面建设小康社会的目标，2000 年国家开始实施"西部大开发"战略。2001 年 3 月，九届全国人大四次会议通过的《中华人民共和国国民经济和社会发展第十个五年计划纲要》对实施西部大开发战略进行了具体部署：实施西部大开发，就是要依托亚欧大陆桥、长江水道、西南出海通道等交通干线，发挥中心城市作用，以线串点，以点带面，逐步形成我国西部有特色的西陇海兰新线、长江上游、南贵、成昆等跨行政区域的经济带，并带动其他地区发展，有步骤、有重点地推进西部大开发。2012 年 2 月 20 日，国务院正式批复国家发展和改革委员会主任组织编制的《西部大开发"十二五"规划》，该规划提出了西部大开发的主要目标：经济保持又好又快发展、基础设施更加完善、生态环境持续改善、产业结构不断优化、公共服务能力显著增强、人民生活水平大幅提高、改革开放深入推进。2013 年 9 月 7 日，国家主席习近平在访问哈萨克斯坦时提出共建"丝绸之路经济带"的构想。习近平主席提出，为了使欧亚各国经济联系更加紧密、相互合作更加深入、发展空间更加广阔，我们可以用创新的合作模式，共同建设"丝绸之路经济带"，以点带面，从线到片，逐步形成区域大合作。

经济带是带状经济区的简称，属于经济地理学范畴。经济带的发展需要依托一定的交通运输线，并以其为发展轴，以轴上经济发达的城市为核心，发挥城市的集聚和辐射效应，联结带动周围不同等级、规模城市的经济社会发展，由此形成点状密集、面状辐射、线状延伸的生产、贸易、流通一体化的带状经济区。由此可见，丝绸之路经济带建设将为新阶段西部大开发升级版的打造提供一系列的发展机遇。

（一）为西部地区城市化发展带来了机遇

城市是经济社会发展的重要载体。西部大开发至今已经走过了 20 年的历程，然而西部地区的经济发展水平长期以来落后于中、东部及沿海地区的局面并没有彻底改变。西部地区发展缓慢的重要原因之一是大城市缺乏和城市化率过低。与东部发达地区相比，西部地区的城市化呈现两个明显的特征：一是城市化总体水平低；二是西部地区少数省会（首府）城市发展速度较快、规模较大，而中小城市发展缓慢、规模较小。导致的两个后果：一是西部地区整体经济社会发展水平远远落后于东部地区，这是区域间发展的不平衡；二是西部地区中小城市的经济社会发展水平明显落后于大城市，这是区域内发展的不平衡。建设丝绸之路经济带首先要加强沿线城市的基础设施建设，这将有利于提高西部地区的城市化水平，并为西部城市群的崛起带来良好的机遇。

（二）为西部地区基础设施建设带来了机遇

基础设施建设是经济社会发展的前提条件。西部地区尽管资源丰富，但基础设施建设严重滞后，西部地区的道路面积存量仅为中部地区的1/2、东部地区的1/7。基础设施建设的滞后制约了西部地区丰富的资源供给与东部地区广阔的市场需求的对接，无法将资源优势转化为经济优势；基础设施建设的滞后造成的不利市场环境降低了对外资的吸引力，制约了西部地区的招商引资；而且交通不畅、信息闭塞的状况限制了当地居民与外界的联系，不利于西部地区思想观念的创新。建设丝绸之路经济带，将有利于改善西部地区的基础设施建设和投资环境，并为思想观念的与时俱进带来良好的机遇。

（三）为西部地区向西开放带来了机遇

丝绸之路经济带在内容上是集向西开放与西部开发为一体的

政策综合版。① 自 20 世纪 70 年代末我国实行对外开放的基本国策以来，我国的对外开放由南到北、从东到西层层推进，基本上形成了"经济特区—沿海开放城市—沿海经济开放区—沿江和内陆开放城市—沿边开放城市"的宽领域、多层次、有重点、点线面结合的全方位对外开放格局。2013 年 9 月 29 日，中国（上海）自由贸易试验区的正式挂牌开张，更是预示着我国新一轮深化改革、扩大开放的战略时期的到来。建设丝绸之路经济带的提出，是我国深化向西开放、保障国家安全的重大举措，有利于拓展西部大开发的内涵和空间，使西部地区能够化区位劣势为区位优势，建立健全我国向西开放的体系。

（四）为新阶段中国西部的发展提供了新增长点

在丝绸之路经济带建设中，西部各省区市之间、西部地区与中亚国家之间将共同推进区域一体化进程，进一步加强资金流、物流、人流、价值流、信息流等方面的合作，构建铁路、公路、航空、管道、电信、电网的互联互通网络体系，在更大范围内促进生产要素的自由流动和优化配置，实现优势互补、互利共赢。丝绸之路经济带建设可以使西部地区的产业结构转型升级加快，城市化水平得到提高，基础设施和投资环境得到改善，资源得到有效开发利用，对外开放进一步扩大。在丝绸之路经济带建设的推动下西部将是我国最具经济增长潜力和活力的地区，将由我国区域发展的短板转变为平衡我国区域发展的新增长点。

---

① 胡鞍钢、马伟、鄢一龙：《"丝绸之路经济带"：战略内涵、定位和实现路径》，《新疆师范大学学报》（哲学社会科学版）2014 年第 2 期。

二　丝绸之路经济带建设新阶段西部大开发升级版的战略选择

西部大开发战略实施以来，经过 20 年的建设与发展，西部地区的经济社会发展取得了长足进步。但我们也应该清醒地认识到西部地区经济社会总体落后的状况仍然没有根本改变，具体表现为产业结构不合理、城市化水平偏低、基础设施建设落后、社会事业仍处于低位水平、对外开放程度不大。丝绸之路经济带将在未来引领西部地区的开放、开发与发展，借助丝绸之路经济带建设的契机可以打造西部大开发战略的升级版。在丝绸之路经济带建设中西部大开发升级版的打造要坚持共建"丝绸之路经济带"与推进"西部大开发"并举，将西部地区作为重要的生产力基地，以大城市为支点，以交通线为发展轴，遵循"点轴"开发模式，努力在加快产业结构转型升级、提高城市化水平、完善基础设施建设、发展社会事业和扩大对外开放方面实现战略升级。

（一）产业结构的升级战略

西部地区产业结构层次不高、门类不全、布局不合理、配套能力弱，产业结构的滞后制约了经济发展方式的转变。在丝绸之路经济带建设背景下，产业结构的升级是西部大开发的突破口。因此，西部地区产业结构的升级战略是利用资源禀赋条件和发挥比较优势，以培育特色优势产业为龙头，调整三次产业之间的比例关系，大力发展特色农牧业、新型工业和现代服务业，促使各产业协同快速发展，加快构建西部地区的现代产业体系。

（二）城市化的升级战略

西部地区城市化水平较低、发展缓慢、内部结构畸形失衡，城市化进程的滞后制约了西部地区的工业化进程。在丝绸之路经济带建设背景下，城市化的升级是西部大开发的重要内容。因此，丝绸之路经济带建设背景下西部地区城市化的升级战略是以大城市为支点，以交通线为发展轴，辐射带动周边中小城市发展，加强城市与城市之间的联系与合作，促进西部城市群的崛起。

（三）基础设施建设的升级战略

西部地区土地广袤，自然条件较为恶劣，人口分布比较稀疏，这增加了基础设施建设的难度和成本，基础设施建设的滞后制约了生产生活的需求。在丝绸之路经济带建设背景下，基础设施建设的升级是西部大开发的着力点。因此，丝绸之路经济带建设背景下西部地区基础设施建设的升级战略是以自然地理和社会条件为依据，结合当地经济社会发展需要，形成以铁路、公路、水路、航空、管道运输为主的立体型交通运输网络体系和编织通信、电力等信息畅通的网络体系。

（四）社会事业的升级战略

西部地区经济基础薄弱，政府财力不足，这限制了对社会事业的投入。社会事业发展的滞后制约了人民生活水平的提高。在丝绸之路经济带建设背景下，社会事业的升级是西部大开发的首要目标。因此，丝绸之路经济带建设背景下西部地区社会事业的升级战略是以保障和改善民生为重点，以满足人民群众日益增长的物质文化需要为目标，努力实现学有所教、劳有所得、病有所医、老有所养、住有所居，使广大民众共享改革发展成果。

（五）对外开放的升级战略

西部地区深居内陆，由于政策的原因，对外开放起步晚，开放程度不高。对外开放程度的滞后制约了其在更大范围、更高水平、更深层次、更多领域参与国际合作与竞争。在丝绸之路经济带建设背景下，对外开放的升级是西部大开发的必然要求。因此，丝绸之路经济带建设背景下西部地区对外开放的升级战略是以引领西部走向世界为目标，构筑以开放促进西部大开发、促进东部再改革的新的倒逼格局，完善沿海开放与向西开放、沿边开放与向西开放相适应的对外开放新格局。

三 丝绸之路经济带建设背景下打造西部大开发升级版的战略路径

以丝绸之路经济带建设为契机，打通向西开放的经济通道，加强西部地区与中亚、西亚、欧洲的经济交流与合作，坚持"引进来"与"走出去"相结合，充分利用国际国内两个市场、两种资源，促进要素有序自由流动、资源高效配置，推进欧亚大陆经济深度融合，维系我国陆海战略资源和市场平衡，推动西部地区开放开发向更大范围、更高水平、更深层次、更多领域发展。丝绸之路经济带建设背景下打造西部大开发升级版的路径：以构建现代产业体系为突破口，以促进西部城市群崛起为核心，以打造立体型交通通信网络体系为着力点，以提高公众福利水平为首要目标，以坚持走可持续发展道路为思路，以加强区域合作为平台。

（一）构建现代产业体系，加快西部地区产业结构转型升级

产业结构是经济结构的重要方面，加快产业结构转型升级是转变经济发展方式的主要出路。在丝绸之路经济带建设背景下打造西部大开发升级版要以产业结构转型升级促成调结构、稳增长目标的实现。一是发展特色农牧业。加大对西部地区粮棉油、畜产品生产能力的建设及农业机械、农业科技的推广，实施农业综合开发、农田水利建设和打造农业示范基地等支农、惠农工程，改善农业设施装备条件，提高农业综合生产能力。二是发展新型工业。加快对老工业基地的改造，通过结构调整、技术创新、产业集聚和兼并重组，大力振兴装备制造业，提升制造业能力，依托丰富的自然资源，发展现代能源产业，推进工业化进程。三是发展现代服务业。围绕建设西部物流中心、商贸中心、金融中心等，加快发展物流仓储业、电子商务、金融保险业、旅游业、文化创意产业、专业知识咨询、教育培训等现代服务业，不断提高服务业的比重和水平，更好地满足社会生产和人民生活需要。四是培育战略性新兴产业。积极支持新能源、节能环保、新材料、生物产业等领域的技术研发和创新活动，培育具有区域特色的战略性新兴产业，提高产业整体创新能力和发展层次。五是在东部地区面临外需增长乏力、要素成本上升、发展空间有限的约束下，西部地区要积极利用自然资源丰富、劳动力成本低廉、土地储备充足的优势，有次序、有选择地承接东部地区的产业转移，发挥后发优势，实现产业结构的大调整、大跨越、大发展。

(二) 促进西部城市群的崛起，提高城市化水平

城市为社会生产和人民生活提供了活动的场所和拓展的空间。在丝绸之路经济带建设背景下打造西部大开发升级版要将西部城市串联起来，加强城市之间的联系和互动，以发挥城市的辐射和扩散效应。一是加强重点城市新区的建设，优化城市布局，拓展发展空间。在关中、川南、渝西、黔中、滇中、宁夏沿黄、北部湾等有条件的地区，培育、壮大一批城市群，支持西安—咸阳、成都—德阳—绵阳、永川—合川—江津、贵阳—安顺、酒泉—嘉峪关、乌鲁木齐—昌吉—五家渠、呼和浩特—包头—鄂尔多斯等城市一体化发展。二是培育中小城市和特色鲜明的小城镇。在丝绸之路经济带建设背景下积极发展和壮大西部地区中小城市，大力发展一批基础条件好、发展潜力大、吸纳人口能力强的中心镇，适当扩大人口规模和容量，因地制宜地推动小城镇整合，形成层次分明、结构合理、互动并进的城镇化发展格局。三是统筹城乡发展。在丝绸之路经济带建设背景下坚持以工带农、以城带乡的方针，促进公共资源在城乡之间均衡配置、生产要素在城乡之间自由流动，推动城乡经济社会融合发展。进一步推进成都、重庆国家统筹城乡综合配套改革试验，在鄂尔多斯、延安、防城港等具备条件的地区开展省级统筹城乡综合配套改革试点。四是提升城镇综合承载能力。在丝绸之路经济带建设背景下优先发展城市公共交通，积极推进城市公共交通向县城和重点乡镇延伸；支持发展热电联产，加大管网改造力度，提高集中供热率；加强中小城市、工业集中区、重点城镇供排水、供暖、供气、道路等公共设施建设，实现市政公共设施基本配套；实施城镇污水处理

设施及配套管网建设工程，推进垃圾集中处理设施建设。五是推进城乡社会管理，创新城乡管理体制机制。在丝绸之路经济带建设背景下加强城乡治安、市容卫生、交通秩序等的综合整治，建立高效的城市公共安全保障体系，提高突发事件应急处理能力；科学实施城镇绿化工程，提高绿地分布均衡性；注重文化传承与保护，改善城镇人文环境。

（三）打造立体型交通通信网络体系，完善西部地区基础设施建设

经济社会要发展离不开基础设施先行。在丝绸之路经济带建设背景下打造西部大开发升级版首要在于完善基础设施建设，以保证资源的流动和信息的畅通。一是通过编制交通运输基础设施规划，推进兰新铁路第二双线、成渝客专、贵广铁路、云贵铁路等重大项目建设，加快高速公路剩余路段、瓶颈路段建设，完善机场网络布局，增强民航运输保障能力。二是有效利用各地区现有的运输资源，协调区域间交通运输体系的建设和运营，建立人、货物、资源的畅通、安全的运输体系。三是推进江河治理、灌区续建配套与节水改造、病险水库水闸除险加固、农村饮水安全等工程建设，建立山洪灾害监测预警系统，最大限度降低自然灾害给生产生活造成的损失。四是做好西气东输、西电东送等工程的扩容改造工作，提高资源的运送效率和供给能力。五是加快实施农村"村村通"工程和信息下乡活动，推动农村电网改造升级，提高农村互联网覆盖比例，推进空白乡镇邮政局所补建工作，加强农村、农民与外界的联系。

（四）大力发展社会事业，提高西部地区公众福利水平

改善民生对西部地区来说具有特殊的意义。在丝绸之路经济带建设背景下打造西部大开发升级版要把保障和改善民生作为起点和归宿，着力推进基本公共服务均等化，做到发展为了人民、发展依靠人民、发展成果由人民共享。一是提高医疗卫生水平。完善城乡卫生服务网络，加强基层医疗卫生、儿童医疗服务体系建设；进一步完善农村急救、食品安全、重大疾病防治等公共卫生服务网络；推进重大传染病、慢性病、地方病防控防治工作；加快全科医生培养和临床基地建设；完善药品供应保障体系；推进基层计划生育服务体系建设。二是推进就业服务。继续实施"春风行动""雨露计划"等就业服务项目；推进大中专毕业生、农村转移劳动力、城镇就业困难人员就业和退伍军人就业安置工作；稳步推进通过职业教育实现就业脱贫试点和西部地区农民创业促进工程试点工作；建立健全政府投资和重大项目建设带动就业机制；完善鼓励自主创业政策，建立健全创业公共服务体系；有序组织劳务输出，开展对外劳务合作。三是完善社会保障体系。坚持广覆盖、保基本、多层次、可持续的方针，加快推进覆盖城乡居民的社会保障体系建设；进一步提高城乡居民基本医疗保险人均筹资水平和中央财政补助标准；整合城乡居民养老保险制度，完善城乡最低生活保障等社会救助制度；加快社会养老服务体系、残疾人康复和托养设施等的建设，进一步提高优抚对象抚恤补助标准；加快保障性安居工程建设，稳步推进农村危房及各类棚户区改造，全面完成游牧民定居工程建设。

（五）坚持走可持续发展道路，促进西部优势资源的开发利用

节约资源和保护环境是我国的基本国策。在丝绸之路经济带建设背景下打造西部大开发升级版要在坚持公平性、持续性、共同性三原则的基础上走可持续发展道路，建设资源节约型和环境友好型社会。一是继续实施天然林资源保护、水土流失、京津风沙源与石漠化综合治理、湿地保护等重点生态工程，巩固退耕还林成果，提高对农牧民草原生态保护的补助。二是继续实施重点流域污染治理、重金属污染综合防治、重点区域大气污染防治、良好湖泊生态环境保护、尾矿库闭库治理等环保工程。三是继续支持重点节能工程和园区循环化改造示范试点、鄂尔多斯等城市工业固废综合利用试点，启动资源综合利用百个示范基地和百家骨干企业建设。四是做好重要矿区勘察和著名风景区开发的专项规划编制工作，将资源优势尽快转化为经济优势。五是坚决避免走"先污染、后治理"的老路，逐步淘汰落后产能和加大节能减排力度，稳步推进排污权交易试点和碳排放交易试点，大力发展循环经济，实现清洁生产。

（六）加强区域合作，充分发挥比较优势

区域一体化是经济全球化的具体表现形式。打造西部大开发升级版要将"西部开发与向西开放整合起来，通过向西开放促进西部发展，通过西部开发促进向西开放"。[①] 一是完善区域合作的

---

① 胡鞍钢、马伟、鄢一龙：《"丝绸之路经济带"：战略内涵、定位和实现路径》，《新疆师范大学学报》（哲学社会科学版）2014 年第 2 期。

法律法规体系，搭建区域间政府合作的机制和平台，协调政策差异，在各自充分发挥比较优势的情况下，实现互利共赢、耦合发展。二是打破行政垄断和地区封锁，构建区域内统一的产品市场、金融市场、劳动力市场、技术市场，逐步实现区域内物质资源、人力资源、资金、技术、信息等各类生产要素的自由流动和资源的高效配置。三是促进企业开展跨境贸易和投资人民币结算业务，探索开展个人跨境人民币业务试点。四是推动重点口岸、沿边城市加快开发开放，积极建设一批富有活力的沿边重点开发开放试验区。

四　丝绸之路经济带建设背景下打造西部大开发升级版的政策

丝绸之路经济带建设本质上是以资源环境承载力为前提、以沿线基础设施的建设为依托、以城市群的崛起为发展空间，统筹城乡、统筹东中部与西部、统筹国内与国际、统筹经济与社会的共同发展，促进产品与要素的自由流动和资源的优化配置，发挥比较优势和基于互利共赢的原则，通过协同效应和耦合发展，实现区域一体化，为全球经济提供新的增长点。因此，我国在丝绸之路经济带建设背景下打造西部大开发升级版的政策取向在于以下几个方面。

（一）加强宏观规划、引导和政策扶持

一是在丝绸之路经济带建设背景下加强对西部地区发展形势的预判、政策措施的预言和重大项目的储备，努力营造新阶段西部大开发升级版的良好发展环境。二是加大中央财政对西部地区

的均衡性转移支付和专项扶贫资金转移支付力度。除了少数资源型地区之外，西部地区地方政府普遍财力不足，推进城市化和完善基础设施建设所需的巨额资金可以由中央财政和地方财政合理确定分担比例，减轻地方政府的压力。三是实施优惠的税收政策。优惠的税收政策具有显著的激励效应，对于促进企业向西部地区流动具有很强的吸引力。对鼓励类产业及优势产业项目，要给予一定的税收优惠，通过取消、减免有关费用，减轻企业负担，让企业更好地从事生产、建设西部。四是加强人才队伍建设。一方面，做好人才开发工作，组织实施西部地区人才培养特别项目、少数民族高层骨干人才培养计划及边远贫困地区、边疆民族地区、革命老区人才支持计划和大学生志愿服务西部计划；另一方面，做好人才引进工作，通过提供良好的环境和优渥的条件，吸引外地人才向西部地区流动，为西部大开发提供智力支持。五是放宽市场准入和对民间资本投放领域的限制，鼓励民间资本到西部地区去寻觅投资商机，积极参与西部大开发，让一切生产要素的活力竞相迸发，让一切创造社会财富的源泉充分涌流。

（二）坚持自我发展与对口支援、对口帮扶相结合

一方面，西部地区要形成自我发展机制，形成发展的内力。在国家差别化的产业政策、财政政策、金融政策、税收政策、人才政策等优惠政策的大力支持下，在共建"丝绸之路经济带"和实施"西部大开发"战略的有利时代背景下，西部地区要紧紧把握历史机遇，着力提升要素配置效率和实现创新驱动发展，着力促进产业结构转型升级和经济发展方式转变，着力推进城市化和工业化进程，着力适应区域一体化和经济全球化的趋势，着力释放

改革红利和挖掘经济增长潜力，增强经济增长内生动力和自我发展能力。另一方面，东、中部地区要加强对西部地区的对口支援、对口帮扶，形成发展的外力。东、中部地区要积极配合国家相关规划政策的实施工作，在参与和支援西部大开发时，要进一步提升对口支援、对口帮扶的深度和水平，鼓励支持企业、人才、项目向西部地区流动，支持西部地区发展。通过区域互动、内外结合，缩小区域发展差距，实现全面建成小康社会的目标。

（三）坚持区域之间的友好合作与良性竞争相结合

一方面，区域之间的友好合作能促进资源的自由流动和保证信息传播的畅通，减少重复投资造成的效率损失。区域之间友好合作的重点是实现合理的产业空间布局。西部地区应以各自的优势产业为切入点，遵循产业布局的原则，进行优势产业层次的划分与布局，处理好经济带局部与整体的产业发展关系，避免产业布局同质化，造成产能过剩。① 另一方面，区域之间的良性竞争能发挥对各省区市的激励效应，最大限度地激发各省区市的经济活力。区域之间良性竞争的关键是实现产出的最大化。丝绸之路经济带建设过程中，各省区市为了各自的利益，在国家政策倾向、资金流向、项目选择上势必会相互竞争。为盘活全局，各省区市要遵循市场在资源配置中起决定性作用的客观规律，将经济社会发展所需的资源配置到需求最旺盛、利用效率最高的地方。

---

① 王金照：《构建现代产业体系：新一轮西部大开发的重中之重》，《中国发展观察》2010 年第 8 期。

第三章
丝绸之路经济带沿线西部省区及主要城市
经济发展绩效评价的理论框架

2013 年 9 月，在对中亚四国进行国事访问期间，国家主席习近平在哈萨克斯坦纳扎尔巴耶夫大学做了题为"弘扬人民友谊　共创美好未来"的演讲，首次提出共同建设丝绸之路经济带的倡议构想。同年召开的中共十八届三中全会审议通过的《中共中央关于全面深化改革若干重大问题的决定》中也明确提出"推进丝绸之路经济带和海上丝绸之路建设"。丝绸之路经济带作为在古丝绸之路基础上形成的新的经济发展区域，它的建设不仅对内能够缩小区域发展差距，增强发展的平衡性和可持续性，而且对外起到的深化互利共赢、稳定和平发展大局的关键作用也不容小觑。我国西部地区处于丝绸之路经济带的重要环节，向东牵引我国内陆沿海，乃至东北亚地区；向西连接中亚、西亚及东欧、西欧地区，可以说我国西部地区是一段连接亚太和欧洲两大经济区的重要桥梁。由此可见，在明确丝绸之路经济带沿线西部省区及主要城市经济发展的现实状态及其深层次矛盾的基础上，有必要构建起丝绸之路经济带沿线西部省区及主要城市经济发展绩效评价的理论框架，以期利用丝绸之路经济带建设的历史契机，为我国西部沿线省区及主要城市的高质量发展培育新的增长点，注入更为强劲的动能。

一　丝绸之路经济带沿线西部省区市的经济发展状况

历史有力地证明，改革开放后，尤其是西部大开发战略实施20年来，我国西部地区的经济社会发展成效卓著，综合经济实力得到极大增强，人民生活得到显著改善，西部地区成功地实现了"旧貌换新颜"。从经济规模上看，西部地区生产总值从1999年的1.58万亿元提高到2018年的19.47万亿元，年均增速高达14.10%，经济总量占全国的比重也从17.90%提高到21.62%。从人们消费水平上看，西部地区社会消费品零售总额从1999年的5492亿元猛增至2018年的69956.4亿元，年均增长14.30%，占全国的比重从16.90%增至18.36%。值得一提的是，以上西部地区主要经济指标的增速自2007年以来多年持续高于东部地区和全国平均水平，西部地区逐步形成了能源资源加工、装备制造、智能制造、旅游观光等特色优势产业，自我发展能力得到前所未有的增强。成就是毋庸置疑的，但西部地区在发展过程中存在的问题也需要直面并加以解决。西部地区经济发展潜力有待进一步激发，发展水平与中部和东部依然存在差距，且在某些领域的差距越发明显，人民的美好生活需要还没有得到更好的满足等种种问题已经成为或正在成为新时代西部大开发战略升级、西部地区实现高质量发展的"绊脚石"。

（一）西部各省区市间经济发展水平存在一定差异，且呈现显著的分化趋势

相较于东部地区，我国西部地区的地理条件、自然禀赋、文化风俗较为复杂，区域发展水平也存在较大差异，这不仅体现在经济的总量规模上参差不齐，还体现在经济规模占比存在巨大差异。

从图3-1中我们不难看出，20年来丝绸之路经济带沿线西部各省区市（不含西藏）的经济发展差距仍然存在，局部还有拉大的趋势。西部大开发战略实施以来，四川、重庆和陕西继续巩固了其作为西部地区经济发展"领头羊"的地位，三省市在西部的经济版图之中已占有半壁江山。其中，重庆GDP的占比从1999年的11%增长到2018年的21%，山城的经济发展成果有目共睹。其他省区的情况存在显著差异，可以划分为几类。第一类是占比明显提升的省，包括贵州、陕西；第二类是占比小幅下滑的省区，诸如四川、广西、新疆、云南；第三类是占比无明显变化的省区，如内蒙古、青海、宁夏；第四类是占比出现明显下滑的省，从数据统计来看仅有甘肃，GDP占比从1999年的6%下滑到2018年的1%。由此可见，西部各省区市间经济发展水平存在一定差异，从GDP总量上看参差不齐，这说明经济发展程度的差距还是较为明显。此外，这种反映在经济规模上的差距在西部大开发战略实施20年后依然存在，并且呈现显著的分化趋势。无论是经济总量的绝对值上还是相对值上，西部各省区市间经济规模的"马太效应"已经显现端倪，各省区市在西部地区经济发展格局中的地位面临新一轮的调整。各省区市，尤其是发展程度相对较低的地区可以利

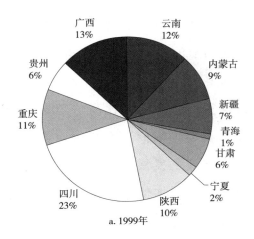

a. 1999年

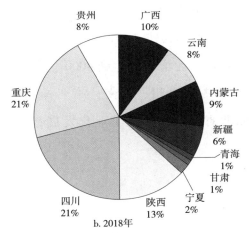

b. 2018年

**图 3 – 1   1999 年和 2018 年我国西部各省区市（不含西藏）GDP
占西部地区 GDP 总量的比重**

资料来源：国家统计局"国家数据"网站。

用共建丝绸之路经济带的有利契机实现追赶超越，促进自身的发
展繁荣。

（二）西部各省区市产业发展不协调，经济面临不同程
度的结构性失衡问题

产业结构的合理优化是经济实现持续、健康、高质量发展不

可或缺的要素，衡量一个经济体的发展特征可以从三次产业的结构上加以判断。发达国家的产业结构一般呈现第三产业占比最高，第二产业和第一产业配比合理的特点。以美日英法德为例，这些传统意义上的发达国家第三产业占比高达 70% 以上，工业化程度极高，农业占比保持在合理区间。而我国西部地区经济发展主要依靠工业拉动，第三产业的发展水平较低，传统的农业生产仍然占有相当大的比例。工业增加值是衡量工业化程度的一个重要指标，从统计数据上看（见图 3-2），2018 年我国西部各省区市（不含西藏）工业增加值差异较大，依据绝对值大小可以划分为以下三个梯队：第一梯队是工业增加值达到 6000 亿元以上的四川、陕西和重庆；第二梯队是工业增加值达到 4000 亿元以上（但不足 6000 亿元）的广西、内蒙古、贵州、云南；第三梯队包括新疆、甘肃、宁夏和青海 4 个西北省区，它们的工业化发展程度与其他省区市差距较大。

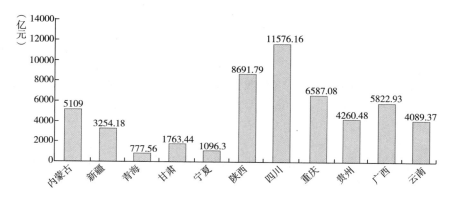

图 3-2　2018 年我国西部各省区市（不含西藏）工业增加值
资料来源：国家统计局"国家数据"网站。

图 3-3 是我国 2018 年西部地区 11 个省区市（不含西藏）三次产业增加值的截面比例图，它能够反映我国西部地区三次产业

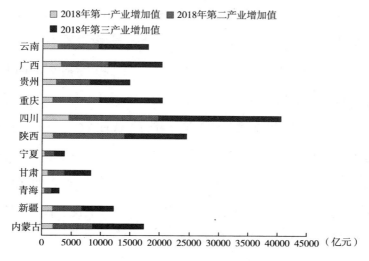

**图 3 – 3　2018 年我国西部各省区市（不含西藏）
三次产业增加值情况**

资料来源：国家统计局"国家数据"网站。

增加值的数量及结构关系。我们不难看出，各省区市第一产业增加值占比均较小，第二、第三产业的增加值对 GDP 的贡献度较高，这说明第二产业和第三产业的发展对经济规模的扩大发挥着最主要的作用。第三产业增加值占比越高的地区其经济结构相对较为合理，而第二产业占比过大说明经济结构出现了一定程度的失衡。以经济规模最大的四川、陕西和重庆三省市为例，四川的经济总量位居西部地区首位，其第三产业增加值远高于第一产业和第二产业，占比最高，结构上较为合理；重庆也呈现相同的特征，不同的是重庆第一产业增加值的占比更小；陕西第二产业增加值占比最高，彰显着其工业制造业大省的地位，其第三产业增加值占比小于第二产业，在 2018 年我国第三产业占 GDP 比重已达到56.5% 的背景下，这一现实状况足以说明陕西存在经济结构失衡的问题。

产业结构伴随时间推移会发生一定程度的变化，优化升级也在不断推进，但与此同时其他区域的产业结构也在优化调整。若是未能抓住可贵的历史机遇，对产业结构进行必要的优化调整，根据瑞典著名经济学家缪尔达尔（Karl Gunnar Myrdal）提出的"循环累积因果关系"理论，长此以往就难以获得发展的比较优势，会使得经济发展停滞不前。通过比较分析，本书发现丝绸之路经济带沿线我国西部各省区市的产业发展存在结构失调的问题：一方面是各省区市之间的产业结构不尽相同，优化程度也各有差别；另一方面是单个省区市内部的三次产业间存在结构不合理的问题，这种产业结构不合理的矛盾导致了西部省区市的经济存在不同程度的结构性失衡问题，要在长期内实现高质量发展，必须通过优化调整产业结构来对这一现状加以改变。

（三）西部各省区市对外开放程度需继续提高，开放发展的理念和逻辑有待革新

表 3 - 1 反映的是 2014 ~ 2018 年我国西部各省区市（不含西藏）经营单位所在地货物进出口总额。从中可以看出，西部各省区市的对外贸易状况差异较大，按照 2018 年最新的数据，大致可以将西部省区市划分为三个梯队：第一梯队的货物进出口总额超过 500 亿美元，包括四川、重庆、广西和陕西四个省区市；第二梯队的货物进出口总额在 100 亿美元至 500 亿美元之间，云南、新疆、内蒙古位列其中；第三梯队的货物进出口总额在 100 亿美元以下，包括贵州、甘肃、宁夏和青海四省区。

表 3 – 1 2014 ~ 2018 年我国西部各省区市（不含西藏）经营单位所在地货物进出口总额

单位：亿美元

地 区	2018 年	2017 年	2016 年	2015 年	2014 年
内蒙古	156.86554	138.73523	116.40301	127.31151	145.56321
新 疆	200.09962	205.6853	176.37744	196.69397	276.72315
青 海	6.95907	6.55751	15.29204	19.34472	17.17888
甘 肃	60.00463	48.26333	68.32980	79.52016	86.40615
宁 夏	37.80855	50.39517	32.52489	37.39255	54.35212
陕 西	533.14557	402.02798	299.47223	304.98504	273.64485
四 川	899.36599	681.06058	493.06252	511.88560	702.02970
重 庆	790.40121	666.01107	627.53637	744.66845	954.31578
贵 州	76.00717	81.62313	56.99617	122.21418	107.71326
广 西	623.38343	578.78659	476.27431	510.90547	405.48851
云 南	298.94732	234.51109	199.0236	244.91279	296.07422

资料来源：国家统计局"国家数据"网站。

从中能够反映出的事实大概有如下几个方面。

（1）我国西部各省区市的进出口总额情况反映出对外贸易竞争力存在差距，大致形成了不同水平的三个梯队，且这种差距显现出逐渐拉大的趋势。

（2）受近年不确定性因素增多、国际国内市场波动的影响，我国西部各省区市的对外贸易受到一定程度的冲击。尤其是在当前中美贸易争端不断升级且未来情势尚不明朗的背景下，西部地区各省区市参与共建丝绸之路经济带将面临更为复杂的局面。如何在瞬息万变的市场竞争中站稳脚跟，谋求对外经济的长久发展是沿线西部各省区市亟须破解的一道难题。

（3）我国西部各省区市未能及时把握好国内外各种条件变化带来的机遇，扬长避短，利用自身优势实现经济跨越式发展。建设丝绸之路经济带既是党中央和习近平总书记做出的重大决策，也是我国推进新一轮扩大开放的重要举措。对于沿线西部各省区市而言，参与共建丝绸之路经济带是提高经济对外开放程度的一个难得的机遇，也是进一步激发经济发展动力的有利契机，必须树立创新、协调、绿色、开放、共享的新理念，厘清培育发展动能的大逻辑。具体而言，就是激发创新这个第一动力，明确协调这个内在特点，注重绿色这一必然要求，坚持开放这条必由之路，回归共享这一根本目的，① 从而为探索缩小发展差距，促进区域间协调、高质量发展提供有效机制与可行路径。

二 丝绸之路经济带沿线西部主要城市的经济发展状况

同推进西部大开发战略的实施一样，丝绸之路经济带建设也是一项极为复杂的系统性工程，涉及经济、政治、文化、社会等各个层面。经济基础决定上层建筑，因而从根本上讲，促进经济发展是丝绸之路经济带建设的核心所在。以市场开放实现合作共赢，丝绸之路经济带沿线地区能够在更大范围、更高水平、更深层次上加强经济的关联度，达到区域发展的融合化趋势和市场发育的一体化趋势。作为丝绸之路经济带倡议的提出者，我国也致力于成为其中发挥积极影响力的重要参与者，从而进一步将自身融入

---

① 李梦欣、任保平：《新时代西部地区经济新功能培育：框架、现状、评价与路径》，《西部论坛》2019 年第 4 期。

区域经济发展一体化和经济全球化的浪潮之中，在更为激烈的世界市场竞争中提升以经济和科技实力为基础的综合国力，从而增强我国在国际舞台上的影响力和参与国际事务的话语权，为扩大我国同世界各国的利益交汇点，促进人类和平与发展，推动人类文明进步的崇高事业发出中国声音、贡献中国力量。

发挥重要辐射带动作用的沿线各区域主要城市是联结整个丝绸之路经济带的关键节点。因此，提升沿线主要城市间的分工协作水平，提升城市间合作的广度和深度，是推动丝绸之路经济带沿线西部城市经济发展水平的核心及政策取向。依据沿线各城市经济发展水平及其对周边的辐射带动能力，我们选取除西藏自治区外西部地区其余各省区市的省会城市或首府城市，分别是内蒙古自治区的呼和浩特市、新疆维吾尔自治区的乌鲁木齐市、青海省省会西宁市、甘肃省省会兰州市、宁夏回族自治区的银川市、陕西省省会西安市、四川省省会成都市、重庆市、贵州省省会贵阳市、广西壮族自治区的南宁市、云南省省会昆明市 11 个城市，作为丝绸之路经济带沿线西部的节点中心城市加以研究。

（一）丝绸之路经济带沿线西部主要城市的定位

自丝绸之路经济带倡议提出以来，我国西部主要城市依据自身实际发展现状和区位优势条件，大都提出了参与共建丝绸之路经济带的定位。其中，西安作为古丝绸之路的起点，提出建设丝绸之路经济带新起点的倡议；兰州提出建设丝绸之路经济带核心节点城市的定位；乌鲁木齐提出要建设丝绸之路经济带上的交通枢纽中心、商贸物流中心、金融服务中心、文化科教中心和医疗服务中心；西宁定位于建设丝绸之路经济带的重要经济增长极；

银川定位于建设丝绸之路经济带的主要节点城市及向西开放、对阿合作的"桥头堡";重庆提出要建设丝绸之路经济带重要支点和21世纪海上丝绸之路产业腹地,全面参与"一带一路"建设;成都定位于建设"一带一路"的重要节点城市。从定位来看,以上各沿线主要城市不约而同地提出要建设我国西部丝绸之路经济带的重要节点和空间载体,也就是说这些城市在定位和发展目标上达成了合作的意愿与共识,这也有助于通过加强城市间的产业协作和开放交流,形成构建丝绸之路经济带的合力。

按照习近平总书记的阐述,丝绸之路经济带沿线西部城市通过加强合作,实现由点到线、以线带面,将各单一城市的"增长极"相联结,打造沿线城市参与丝绸之路经济带建设的"驱动轴",从而实现空间的耦合,以我国西部城市的合作与发展推动丝绸之路经济带沿线区域整体的稳定与繁荣。

(二) 丝绸之路经济带沿线西部主要城市的经济发展现状分析

本章将从以上选取的11个西部主要城市的 GDP 规模、规模以上工业增加值等指标出发,依据翔实的数据来对丝绸之路经济带沿线西部主要城市的经济发展现状加以深刻分析。

如图3-4所示,从 GDP 规模上可将丝绸之路经济带沿线西部的11个城市划分为三大梯队。其中,重庆、成都和西安是第一梯队,三者2018年的 GDP 规模均达到8000亿元以上,其中重庆和成都分别达到2万亿元和1.5万亿元以上,这三个城市可以说是我国西部地区经济社会发展的"排头兵",大幅领先于西部地区其他城市。乌鲁木齐、贵阳、南宁和昆明位于第二梯队,这四个城市的

GDP 规模均超过 3000 亿元, 与第一梯队三个城市存在较大差距。
第三梯队包含呼和浩特、西宁、兰州和银川四个城市, 它们的
GDP 规模相对较小, 尤其是地处我国西北腹地的西宁、兰州和银
川, 经济发展水平相对更低。

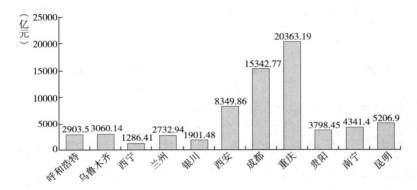

图 3 - 4　2018 年丝绸之路经济带沿线西部 11 个城市的 GDP 规模

资料来源: 国家统计局 "国家数据" 网站。

　　从规模以上工业增加值指标来看, 同样可以将丝绸之路经济
带沿线西部的 11 个城市划分为三大梯队 (见图 3 - 5)。第一梯队依
然是重庆、成都和西安三个城市, 它们 2017 年的规模以上工业增加
值遥遥领先于其他西部城市, 分别达到 8584. 61 亿元、5998. 19 亿元
和 2596. 08 亿元, 但三者间也存在较大差距, 成都的规模以上工业
增加值就是西安的两倍多。第二梯队包括贵阳、南宁和昆明三个
西南地区的城市, 其 2017 年的规模以上工业增加值均超过 1000 亿
元。第三梯队的五个城市分别是呼和浩特、乌鲁木齐、西宁、兰州
和银川, 它们 2017 年的规模以上工业增加值均不足千亿元, 与同
处北方的西安及西南五市都存在极大的差距。

　　除了对各城市的经济指标进行横向对比外, 还应按照时间顺
序对其进行纵向的对比分析, 以期得到全面而客观的结论。

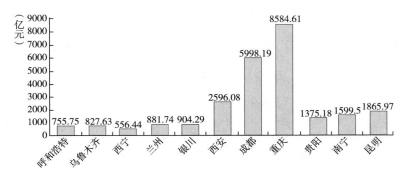

**图 3 - 5　2017 年丝绸之路经济带沿线西部 11 个城市的
规模以上工业增加值**

资料来源：国家统计局"国家数据"网站。

如表 3 - 2 所示，从 2014～2018 年丝绸之路经济带沿线西部 11 个城市的 GDP 规模以及平均增速状况来看，这些城市的 GDP 均实现了较大幅度的增长，GDP 平均增速由高到低排序依次为贵阳、西安、昆明、西宁、重庆、成都、南宁、银川、兰州、乌鲁木齐、呼和浩特。其中西宁、西安、成都、重庆、贵阳和昆明 6 个城市的 GDP 平均增速均达到两位数。但 2018 年这 11 个西部城市的 GDP 增速排序发生了显著变化（见图 3 - 6），由高到低依次为贵阳、西宁、昆明、西安、成都、乌鲁木齐、银川、兰州、重庆、南宁、呼和浩特。

**表 3 - 2　2014～2018 年丝绸之路经济带沿线西部 11 个城市的
GDP 规模及平均增速**

单位：亿元，%

城　　市	2018 年	2017 年	2016 年	2015 年	2014 年	近五年的平均增速
呼和浩特	2903.50	2743.72	3173.59	3090.52	2894.05	6.7
乌鲁木齐	3060.14	2743.82	2458.98	2631.64	2461.47	8.4
西　　宁	1286.41	1284.91	1248.17	1131.62	1065.78	10.9
兰　　州	2732.94	2523.54	2264.23	2095.99	2000.94	8.5

续表

城　　市	2018 年	2017 年	2016 年	2015 年	2014 年	近五年的平均增速
银　川	1901.48	1803.26	1617.71	1493.86	1388.62	9.4
西　安	8349.86	7469.85	6257.18	5801.20	5492.64	11.8
成　都	15342.77	13889.39	10801.16	15342.77	10056.59	10.2
重　庆	20363.19	19424.73	17740.59	15717.27	14262.60	10.6
贵　阳	3798.45	3537.96	3157.70	2891.16	2497.27	12.9
南　宁	4341.40	4118.83	3703.39	3410.09	3148.30	9.7
昆　明	5206.90	4857.64	4300.08	3968.01	3712.99	11.4

资料来源：国家统计局"国家数据"网站。

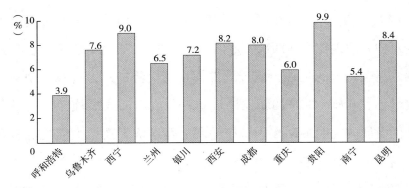

图 3 - 6　2018 年丝绸之路经济带沿线西部 11 个城市的 GDP 增速

资料来源：国家统计局"国家数据"网站。

伴随着新常态的不断深入，我国经济由高速增长逐步转为中高速增长，经济增速下滑成为全国各地的普遍现象，这些西部地区的城市也不例外。关键是要意识到，GDP 增速的降低并不意味着经济发展陷入停滞，发展的质量将成为未来丝绸之路经济带沿线西部城市关注的核心目标。"我国经济已由高速增长阶段转向高质量发展阶段，正处于转变发展方式、优化经济结构、转换增长动力的攻关期"，这是党的十九大对新时代背景下我国经济发展阶段性特征的科学判断与高度概括。由此可见，丝绸之路经济带建设与推动高质量发展应当是相辅相成、相互促进的关系。具体而言，一方面，通过树立新发展理念，我国西部地区沿线城市要提升丝绸之路经济带建设的质量和效益，最根本的就是促进各个城市经济的高质量发展；另一方面，要借助共建丝绸之路经济带这个难得的历史契机，在当前和今后很长一个时期内让推动经济高质量发展成为我国西部地区沿线城市谋改革、促发展的鲜明的时代主题。

综上所述，通过对 GDP 规模和规模以上工业增加值这两个代表性指标的对比分析，不难看出丝绸之路经济带沿线西部主要城市经济的发展现状和总体特征。

（1）重庆、成都和西安在丝绸之路经济带沿线西部主要城市中处于绝对领先的地位，是西部发展的"领头羊"。这三大城市在参与共建丝绸之路经济带的过程中应继续发挥自身优势，并通过践行创新、协调、绿色、开放、共享的新发展理念，形成新的发展优势，增强对周边地区发展的辐射带动作用，在丝绸之路经济带建设中继续扮演好西部"排头兵"的重要角色。

（2）我国西南地区的贵阳、南宁和昆明，中部的呼和浩特，以及西北地区的乌鲁木齐、西宁、兰州和银川在 GDP 规模和工业发展程度上都相对落后。因此，借助丝绸之路经济带建设的历史契机，这些城市要扬长避短，通过挖掘新的经济增长点弥补各种资源禀赋的劣势，力求实现经济的持续繁荣发展，为形成西部大开发新格局，推动我国区域协调发展贡献力量。

三　丝绸之路经济带沿线西部省区及主要城市经济发展绩效评价的理论框架构建

2013 年 9 月 13 日，习近平主席在上海合作组织成员国元首理事会第十三次会议上发表了重要演讲，他强调建设丝绸之路经济带要创新合作模式，加强政策沟通、设施联通、贸易畅通、资金融通和民心相通（即"五通"），以点带面，从线到片，逐步形成从中国、中亚到西亚及欧洲的区域大合作格局。"五通"是建设丝绸之路经济带的重点目标，要求区域间形成要素自由而充分涌流、资源合理而高效配置、要素市场和产品市场深度融合、"开放、包容、均衡、普惠"的区域经济合作框架有效构建的生动局面。

（一）丝绸之路经济带沿线西部省区及其主要城市"五通"建设要求的内涵

经济带的本质就是"带状经济区"，经济带的发展必须依托交通运输线，以交通线为发展"轴"，在"轴"上具有发展优势的核心城市发挥着经济集聚和辐射带动作用，联结带动周边不同等级规模的城市发展，由此形成点连成线、线状延伸，线结成面、面状辐射的集生产、贸易和流通于一体的带状经济区。由此可见，经济带建设紧紧围绕一个"通"字。任意一个环节的形成一旦受阻，那么经济带就难以顺利形成。有别于国与国之间的"五通"，我国西部沿线省区及其主要城市参与丝绸之路经济带建设的"五通"要求涵盖以下几个方面的内容。

1. 政策沟通

保持政策层面的沟通协调是推动共建丝绸之路经济带的重要保障。丝绸之路经济带代表的是以共建共赢、风险共担、利益共享为特征的多边合作创新模式，这种新合作模式旨在促进区域间协调发展，共享改革发展成果。对我国西部省区及其主要城市而言，只有不断地促进地方政府间的交流，加强政策上的沟通衔接，方能达成更多的合作共识，实现互利共赢。按照一些学者的观点，改革开放以来中国经济实现历史性腾飞的一个重要原因，就是以经济发展绩效的评价考核为依据，成功地建立起一种促进地方政府间竞争的机制。在丝绸之路经济带建设的背景下，我国西部地区地方政府间应通过政策沟通，逐步建立起一种在合作中竞争、在竞争中合作的良性循环机制。

2. 设施联通

基础设施的联通是丝绸之路经济带建设的基础性前提。西部地区土地广袤，自然条件复杂，人口分布稀疏，这些无疑都增加了基础设施建设的难度和成本。未来，基础设施的建设和联通将是丝绸之路经济带建设和持续推进西部大开发的重要着力点。因此，对我国西部省区及其主要城市而言，建设丝绸之路经济带过程中促进设施联通的方法应该是以自然地理条件和经济社会发展水平为依据，结合当地发展需要和发展定位，形成以铁路、公路、水路、航空、管道等运输方式为主的立体式交通运输网络体系，并且构建满足通信、电力等需求的信息畅通网络体系，搭建可靠的信息共享平台。

3. 贸易畅通

"人要动、物要流、贸易要自由"，贸易畅通是丝绸之路经济带建设的必然要求。不同于发达国家走过的单纯追求投资方利润最大化的传统道路，中国提出的丝绸之路经济带建设顺应了旨在构建利益共同体、责任共同体和命运共同体的时代发展潮流。简言之，丝绸之路经济带建设不应是某一家的"独奏"，而应是沿线各地区的"大合唱"。丝绸之路经济带上我国西部省区和城市众多，城市、区域间处于非均衡的发展状态。因此，有必要通过建立畅通的贸易通道，广泛开展沿线西部省区和城市间的贸易合作，实现贸易的便利化和自由化，以丝绸之路经济带建设促进西部地区经济的繁荣发展。

4. 资金融通

资金融通是丝绸之路经济带建设的重要支撑。金融是经济的血脉，发挥着聚集资本、配置资源的关键作用。加强金融合作，促进资金融通，为丝绸之路经济带建设形成稳定预期，积极营造良好的融资环境，源源不断地引导各类资本参与产业链、价值链的创造过程，有效推动实体经济的持续健康发展。我国目前已初步构建起广覆盖、宽领域、多层次的金融服务体系。政策性银行对促进我国西部省区市资金融通发挥着不可替代的重要作用，为各类企业参与我国西部地区丝绸之路经济带建设提供了多元化的金融支持和服务。西部地区沿线各省区市应该借助各项金融利好政策，加快构建社会信用体系，充分发挥好信用资源优势，营造良好的信用环境，以利于资金融通，不断扩大招商引资，在参与丝绸之路经济带建设的同时推动自身经济发展。

5. 民心相通

民心相通是丝绸之路经济带建设的社会根基，其源自中华传统的民本思想，具有丰富的思想理念内涵。丝绸之路经济带沿线我国西部省区市民族繁多、文化多样。建设丝绸之路经济带旨在建立互利互惠的共同体，让广大西部民众共享经济发展的丰硕成果。在此背景下，通过加强沿线地区的文化交流和人才往来，为深化区域间合作奠定广泛而坚实的民意基础，做到通民心、汇民情、达民意，以此来加强互信、增进友谊、深化合作、共同发展，其内涵主要体现在三个方面：一是理念认同，不断凝聚和平合作、开放包容、互学互鉴、互利共赢的共同精神价值；二是利益契合，明确民众的利益关切，以改善民生为出发点和落脚点，使得人民从丝绸之路经济带建设发展中获得更多实实在在的利益；三是感情友好，通过加强文化、旅游等各领域的交流往来，不断拉近沿线地区人们的心理距离，联结起各族人民间更为牢固的友谊纽带，为西部地区长期的社会安定团结和经济繁荣发展注入力量。

（二）丝绸之路经济带沿线西部省区及其主要城市经济发展绩效评价的理论框架构建

作为重要的国家发展规划，丝绸之路经济带建设也为我国西部省区市经济发展带来了新的契机。在我国深化向西开放、拓展西部大开发内涵空间这一战略格局的背景下，西部地区应充分利用丝绸之路经济带的桥梁效应、辐射效应、溢出效应和协同效应，按照"五通"要求，将其纳入地方经济发展绩效评价的理论框架之中，为沿线西部省区及其主要城市经济发展绩效评价提供有力的理论支撑。作为一个有机的整体，丝绸之路经济带沿线西部省区及其主要城市经济发展绩效的评价体系绝不是孤立的，而是由各个相互联系、相互促进、相互制约的要素及其机制共同构成的，这些机制主要包括统一市场的机制、空间组织的机制、交流合作的机制和政府治理的机制。

1. 统一市场的机制

在丝绸之路经济带沿线西部省区及其主要城市经济发展绩效的评价体系中，统一市场的机制指的是形成西部省区市开放统一的市场体系。具体来讲，在微观上激励西部省区市企业积极开展创新研发活动，提高全要素生产率及产品服务的附加值，实现自身长远发展；在中观上引导产业跨区域转移，从而增强西部省区市内部区域间的经济联系，促进分工协作；在宏观上遵循市场经济客观规律，加强省际和国际经济领域的交流合作，提高西部各省区市市场开放程度，从而引导各种要素充分自由流动。统一市场机制能够对区域微观经济主体的决策行为产生直接的影响，因此市场经济所发挥的作用具有基础性和主导性。在沿线西部地区丝绸之路经济带建设的过程中，利用市场经济的基本规律协调区域间的要素流动，打破阻碍要素自由流动的体制机制障碍，促进要素按照区域的稀缺程度进行合理有效配置。政府部门是主要的市场主体之一，在不断巩固市场机制基础地位和决定性作用的同时，要明确划定政府的行为边界。西部地区市场体系发育不完善，政府部门过度干预市场机制的现象较为普遍。政府部门如果利用自身权力和地位挤压市场机制发挥作用的空间，甚至在某些领域取代市场机制的作用，将会为西部地区市场经济的完善和发展带来严重阻碍。因此，夯实市场地位的首要途径是厘清政府部门的行为边界，引导政府扮演好自身角色，在保障统一市场的机制更好发挥上多做文章。具体来讲，就是要将市场开放程度、营商环境优劣这些指标纳入地方经济发展绩效评价的体系之中，从而保障市场机制受到充分尊重，真正发挥好统一市场机制的作用。

2. 空间组织的机制

经济的协调发展有赖于区域间合理有效的空间组织形式。以丝绸之路经济带建设为良好契机，加快构建西部地区合理有效的空间组织机制，是推动西部地区经济社会稳步、高质量发展的长久之计。空间组织机制是指对丝绸之路经济带沿线西部省区及其主要城市的区域空间开发做出全局谋划，对经济发展进行指引，从而实现加强西部地区范围内区域间的经济联系，促进各区域分工协作，优化整体空间产业组织格局和经济发展结构，提高区域发展绩效的目的。西部地区发展状况区域间的差异较大，呈现高度的不平衡和不充分状态。发展不平衡的问题主要表现在以下三个方面：一是沿线西部省区及其主要城市的政治建设、文化建设、社会建设和生态文明建设明显滞后于经济建设，"五位一体"总体布局还需持续统筹推进；二是沿线西部省区及其主要城市广泛存在的城乡间、区域间发展不平衡问题较为突出，需进一步遏制住经济发展差距不断扩大的趋势；三是人们在共享发展成果方面存在明显差距，缩小收入分配差距，实现共同富裕任重道远。而发展不充分是发展不平衡产生的根源，这种发展的不充分性体现在以下三个方面：一是我国西部省区市经济发展的动力有待进一步激发，发展程度有待进一步提高；二是通过创新活动的促进，我国西部省区市的全要素生产率还存在较大的提升空间；三是由于各种不确定因素增多，我国西部省区市经济发展存在波动性加剧的风险。发展不平衡不充分问题的存在造成了经济的结构性矛盾，为我国西部省区市经济的高质量发展和人民福利水平的提高都带来了严重的困难与挑战。在丝绸之路经济带建设的背景下，合理地组织西部地区发展的空间格局，是倒逼西部地区建立分工明确、系统高效、配置合理的区域空间组织体系的关键所在。因此，应当在国家明确西部地区主体功能区划和区域功能定位的前提下，审慎分析各地在丝绸之路经济带建设中可发挥的作用，从而有的放矢地制定符合各地实际禀赋条件的发展战略和具体政策措施。此外，要明确不同区域实际发展状况，加强对空间格局的长远规划分析，设计出合乎各地发展需要、具有地方特色的区域空间开发模式。在统一的协调组织下，不断推进区域空间组织体系建设，扬长避短，充分发挥各地特色与优势，乘着建设丝绸之路经济带的东风实现区域经济的跨越式发展。

3. 交流合作的机制

正所谓"人要动、物要流、贸易要畅通"，在倡导开放的市场经济条件下，开展经贸往来是必不可少的活动。就我国西部地区省区市而言，共建丝绸之路经济带的交流合作机制是指按照"自愿参与、平等协商、互惠互利、优势互补"的基本原则，在开放统一市场的建立、资源的开发与利用、生态治理保护以及对外贸易等各个领域联合行动，着眼共同利益关切，开展广泛而深入的合作。同时降低内耗，减少甚至消除西部区域间的无序低效率竞争，"拧成一股绳"，形成发展合力，从而实现整体发展水平的提升。丝绸之路经济带沿线我国西部地区的区域构成复杂，经济发展水平参差不齐，且各个区域的资源禀赋和目标定位也不尽相同，这直接决定了沿线各省区市参与合作的动机和能力必然存在明显差异。在推进丝绸之路经济带建设的背景下，西部地区沿线省区及其主要城市需要将经济合作的成效纳入地方经济发展绩效评价体系中，从而探索建立一种多层次、多样化的区域经济发展的交流合作机制，可以分别从合作主体、空间产出和合作内容三个角度着眼，对这一交流合作机制做出全面而深入的理解剖析。

（1）从合作主体的角度出发，这一交流合作机制实际上包含丝绸之路经济带沿线我国西部省区市及其政府间的合作、企业间的合作及政府、非政府组织和企业共同参与的合作。一言以蔽之，就是用好政府和市场"两只手"，充分利用市场配置资源的基础性地位，同时发挥好政府的作用，让政府和市场的作用相得益彰。

（2）从合作的空间产出角度着眼，丝绸之路经济带沿线我国西部省区及其城市的交流合作机制包含跨区域的省际合作、以城市群或都市圈为主体的城市区域合作、空间相邻的省际边界区域合作。充分激发省区市间、城市间、城市经济圈之间的交流合作，提高资源在区域间流动和配置的质量和效益，实现规模效应和产出的最优化。

（3）从合作内容的角度出发，丝绸之路经济带沿线我国西部省区及其城市的交流合作机制包含基础设施建设、信息共享、科技创新应用、生态环境治理等，涵盖了经济、社会、文化艺术、教育、体育等各个领域的合作形式，可谓形式多样而富有内涵。由此而论，丝绸之路经济带沿线西部各地区应当抢抓机遇，根据自身禀赋条件，选择适当方式，广泛开展合作，实现优势互补、互利共赢，为自身经济发展创造有利条件。

4. 政府治理的机制

政府通过一定的手段对宏观经济进行必要的干预，是自凯恩斯主义经济学诞生以来各经济学派始终笃信的一个共同观点，也是市场经济能够保持在合理区间内运行的必然要求。在共建丝绸之路经济带的背景下，政府治理机制是指沿线我国西部省区及其城市政府通过推进改革实现制度创新，为统一市场机制、空间组织机制和交流合作机制的形成创造有利条件，更好发挥三者的协同作用，促进各个机制间的有机配合，形成推动丝绸之路经济带沿线我国西部省区及其城市经济发展的强大合力。就沿线西部省区及其城市而言，很有必要将经济治理的成效纳入经济发展绩效的评价体系中去。在这一评价体系中，政府治理机制为其他三个机制的有效发挥提供了制度保障，对于引导政府更好发挥自身作用，科学合理进行经济发展的绩效评价起着不可替代的作用。其中，促进区域协调发展是中央政府和地方政府的一项重要治理职能。

（1）对中央政府而言，其主要职能在于通过在顶层设计方面统筹制定能够推动区域协调发展的具体政策措施，推动统一市场机制、空间组织机制、交流合作机制的形成，并保障它们共同发挥作用，推动全国统一市场的形成。

（2）对地方政府而言，其主要职能则是在自身行政区域内推动统一市场机制、空间组织机制、交流合作机制的形成，并保障三者共同发挥作用。依据本地区实际情况，按照国家制定的区域发展战略规划，调整本地区发展的战略规划。此外，要贯彻落实好党中央、国务院制定的促进协调和高质量发展的政策法规，目的是推动本地区内的市场一体化，积极开展本区域的经济对外交流与合作。借助丝绸之路经济带建设的历史性机遇，沿线西部省区及其城市要不断创新治理体制机制，以有助于在更高层次上运用两个市场、两种资源，为推动经济的持续发展提供新的、强大的动力源泉。

第四章
丝绸之路经济带上中亚五国的发展模式

自第二次世界大战后，区域集团化的趋势越发明显，随着欧洲、北美区域经济一体化进程的加深，东南亚国家联盟、西非经济共同体、中美洲共同市场也逐渐加快一体化进程，亚太合作的范围不断加深。世界市场生产的国际化与国际分工的日渐纵深需要区域间加强合作与交流。在此背景之下，旨在促进亚洲与欧洲之间共同繁荣与发展的丝绸之路经济带模式便显得越发重要。新亚欧大陆桥的建成以及中国历经改革开放 40 年后的经济崛起，使得振兴陆上丝绸之路成为可能。各国也都意识到了只有通过区域合作才能加强不同国家经济、政治、文化之间的交流，促进各国经济长期平稳发展。

与中国接壤或相邻的中亚五国是丝绸之路途经的重要地区，然而由于中亚国家位居内陆，气候干燥，经济发展的先天条件不足，加之苏联模式对中亚国家制度的深刻影响，中亚国家的经济发展并不理想。《中亚国家发展报告（2013）》认为，中亚国家未来发展并不是一帆风顺的，政治权力的交叠更替与社会转型之路的艰难，区域内的安全形势不容乐观，致使中亚国家在经济发展中充满了各种挑战。中国与中亚国家之间的经济贸易交往有较多的困难与障碍，也因此有了广泛的合作空间。为了加深中国与中亚国家之间的经济联系，就必须要厘清中亚国家目前的经济发展模式，通过分析中亚国家在资源、产业结构上的优势与不足，探寻中国与中亚国家经济合作的空间，实现双方经济共同繁荣的目标。

一　中亚五国的发展现状

自 1991 年苏联解体后，独立的中亚五国开始进行政治与经济改革，企图摆脱原有的苏联计划经济体制，实现自由市场经济。经过 20 多年的发展，中亚五国在经济改革上有不同的表现，有些国家走上了依靠资源禀赋的市场化模式，而有些国家则加强政府指导，摆脱资源困扰。本章将从资源禀赋、中亚国家经济发展阶段、产业结构、需求结构四大方面分析中亚五国目前的发展现状，以总结其经济发展模式。

（一）资源禀赋：资源分布不均衡

中亚国家的资源禀赋表现出分布极为不平衡的状况。从人口资源上来看，由于地处山地内陆，自然条件较差，中亚五国大部分地区地广人稀，仅乌兹别克斯坦人口较为稠密，哈萨克斯坦与乌兹别克斯坦总人口约占中亚人口的 70%（见表 4 - 1），因此两国最可能具有人口资源优势，可通过发挥劳动力成本低廉优势获得经济增长。

中亚五国在自然资源上分布也极为不均衡。从能源来看，哈萨克斯坦、土库曼斯坦和乌兹别克斯坦是中亚五国内部油气产量较

表 4 - 1　2018 年中亚五国人口现状

国　别	总人口（百万）	人口密度（人/平方公里）	人口增长率（%）	城市人口率（%）
哈萨克斯坦	18.30	7.0	1.3	58.0
吉尔吉斯斯坦	6.30	31.0	1.9	33.9
塔吉克斯坦	9.03	64.0	2.1	27.1
土库曼斯坦	5.90	12.0	1.6	51.6
乌兹别克斯坦	33.00	74.1	1.7	50.6

资料来源：亚洲开发银行。

高的国家，仅 2010 年三国石油产量便为 9575 万吨，天然气产量为 1331 亿立方米，而吉尔吉斯斯坦和塔吉克斯坦能源主要依赖进口。哈萨克斯坦与吉尔吉斯斯坦曾是苏联重要的煤炭资源基地，年产量稳定在 1.1 亿吨左右，煤炭主要出口至俄罗斯和乌克兰。而在矿产资源分布上哈萨克斯坦与乌兹别克斯坦有占全球产量 1/3 的铀矿，且开采量呈逐年上升的趋势，并由国家完全控股。这两国也是中亚国家内铜矿产量较高的国家，2010 年两国铜产量为 49.2 万吨。哈萨克斯坦也是世界上铬铁、锰铁、硅锰等铁合金的重要生产国之一，锌、铝土产量位居世界前列。除土库曼斯坦外，中亚其余四国黄金产量较高，占全球的 4.63%。

（二）经济发展阶段：发达工业国和不发达农业国并存

在丝绸之路经济带上，中亚五国并非经济大国。表 4 - 2 为中亚五国以及中国部分年份 GDP 情况，从中可以看到，以 1995 年为分界线中亚五国 GDP 出现了波动，此后 GDP 总体上不断增加；但是中亚国家的 GDP 总量依然较小，2018 年中亚五国 GDP 总量不到中国的 3% 。从地区内部情况来看，中亚五国之间发展不均衡。作为中亚最大国家的哈萨克斯坦 GDP 从 1990 年的 269 亿美元上升至2018 年的 1705 亿美元，而中亚最小的山地国家吉尔吉斯斯坦和塔吉克斯坦 2018 年 GDP 总量不及哈萨克斯坦的 10% 。土库曼斯坦与乌兹别克斯坦属于中亚五国中发展较一般的国家，两者 GDP 总量约为哈萨克斯坦的 1/2。中亚五国较低的经济发展水平，严重限制了其与周边大国合作的空间。

表 4 – 2　中亚五国以及中国部分年份 GDP 情况

单位：亿美元

时间	中国	哈萨克斯坦	吉尔吉斯斯坦	塔吉克斯坦	土库曼斯坦	乌兹别克斯坦
1990 年	3609	269	27	26	32	134
1995 年	7345	204	17	12	25	134
2000 年	12113	183	14	9	29	138
2005 年	22860	571	25	23	81	143
2010 年	60872	1480	48	56	226	393
2015 年	110155	1844	67	79	358	818
2018 年	136082	1705	81	75	408	505

资料来源：Wind 数据库。

表 4 – 3 为中亚国家与中国部分年份人均 GDP 情况。从 2018年数据来看，哈萨克斯坦人均 GDP 为 9331 美元，土库曼斯坦为6967 美元，乌兹别克斯坦为 1532 美元，吉尔吉斯斯坦为 1281 美元，塔吉克斯坦为 827 美元。土库曼斯坦 2018 年人均 GDP 约为1990 年的 8 倍，哈萨克斯坦增长约为 5 倍。

表 4 - 3　中亚国家与中国部分年份人均 GDP 情况

单位：美元

时间	中国	哈萨克斯坦	吉尔吉斯斯坦	塔吉克斯坦	土库曼斯坦	乌兹别克斯坦
1990	318	1647	609	498	866	651
1995	610	1288	364	214	590	586
2000	959	1229	280	138	643	558
2005	1753	3771	477	341	1704	547
2010	4550	9070	880	750	4439	1377
2015	8033	10511	1121	929	6433	2615
2018	9771	9331	1281	827	6967	1532

资料来源：Wind 数据库。

依据表 4 - 4 钱纳里对于工业化阶段的划分，结合各国人均 GDP，2018 年哈萨克斯坦已进入工业化实现阶段后期，是中亚五国发展水平最高的国家；土库曼斯坦已进入工业化实现阶段中期，而其余三国依然处于工业化的起始阶段。

表 4 - 4　钱纳里工业化阶段的划分（人均收入）

单位：美元

类　别	工业化起始阶段	工业化实现阶段			后工业化阶段
		初期阶段	中期阶段	后期阶段	
人均 GDP（1970 年）	140～280	280～560	560～1120	1120～2100	2100 以上
人均 GDP（1996 年）	620～1240	1240～2480	2480～4960	4960～9300	9300 以上
人均 GDP（2011 年）	875～1750	1750～3500	3500～7000	7000～13125	13125 以上
人均 GDP（2018 年）	1141～2282	2282～4564	4564～9128	9128～17115	17115 以上

注：根据《美国统计概要（2009）》公布的物价指数变动情况，2007 年美元与 1970 年美元的换算因子为 5.34，根据历年 CPI 换算 2018 年为 8.15，由此，对应工业化不同阶段的标志值发生变化。

图 4 - 1 为中亚国家及中国城市化率变化对比，由图可知哈萨克斯坦城市化率水平最高，约为 56%，塔吉克斯坦城市化率水平

最低，平均水平不到30%。乌兹别克斯坦城市化率水平从2009年一跃升至约50%，达到了工业化国家的一般水平。从城市化率数据可以看到，塔吉克斯坦和吉尔吉斯斯坦农村人口仍占大多数，尚未达到工业化的标准。

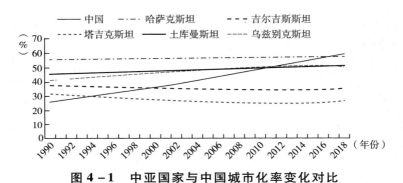

图4-1　中亚国家与中国城市化率变化对比

资料来源：亚洲开发银行。

（三）产业结构

除工业化进程缓慢，中亚五国的工业化水平也不高，由于土库曼斯坦与塔吉克斯坦2013年以来相关数据缺失，故图4-2为中亚国家1992年与2012年三次产业结构的对比图，其反映了各国三次产业产值的变化水平。可以看出，作为中亚五国之中较发达的国家哈萨克斯坦，其工业结构符合一般工业化高级阶段的标准；吉尔吉斯斯坦在1992年时以农业为主，经过20年的发展，农业占比已降至16%左右，但工业占比较小，服务业占比则较大，这反映了其工业发展水平不高的事实；乌兹别克斯坦是中亚五国当中传统农业较发达的国家，经过20多年的发展，农业占比有所下降；土库曼斯坦在历经20年的发展后工业成为其支柱产业，农业占比下降；值得注意的是塔吉克斯坦，在1992年时其工业结构良好，反倒是到 2012 年，服务业占比大幅提高，工业占比大幅下降，工业结构呈现倒退趋势，成为中亚五国中农业占比最高的国家。

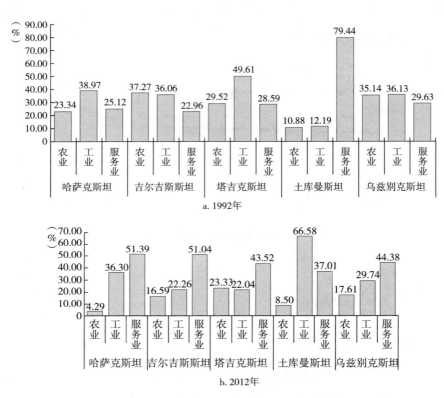

图 4 - 2　中亚国家三次产业结构对比（1992 年与 2012 年）
资料来源：Wind 数据库。

在苏联未解体之前，中亚五国实施计划经济统一进行分工布局，按照地理优势与能源分布，这造成了各国经济结构单一，如以重化工业为主的土库曼斯坦和以农业为主的乌兹别克斯坦经济结构都较为简单。然而苏联解体后，中亚各国失去了原先苏联的经济支持，独立走上了发展之路，由于资金、技术以及市场等严重匮乏，各国基本上以资源和原材料作为增长的动力，工业仍以农业与资源类产业为主，易形成"资源陷阱"。而高附加值的工业的缺乏、过多依赖外贸以及侨汇收入仍然是中亚各国发展的短板。中亚国家迫切需要发展工业，提高资本存量，发展国民经济。

（四）需求结构

图4-3给出了中亚五国需求占GDP的比重，以消费、政府购买、国内资本以及进出口需求划分为两大类增长模式。一类是以出口为主的增长模式（见图4-3），在这种增长模式中，进出口需求占GDP的比重较大，且一般为贸易顺差。哈萨克斯坦与土库曼斯坦属于以出口为主的增长模式，从贸易结构来看，以资源类的商品贸易为主，服务贸易一般为逆差；金融项目以外商直接投资为主。另一类是以国内消费为主的增长模式（见图4-4），在这种增长模式中，国内消费占GDP的比重较大，且一般为贸易逆差（乌兹别克斯坦除外），进口结构主要为基本轻工业产品；金融项目以外商投资为主。吉尔吉斯斯坦、乌兹别克斯坦与塔吉克斯坦属于这种增长模式。

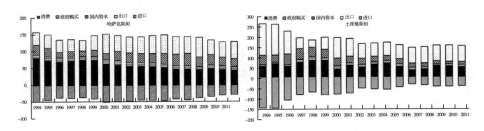

**图4-3 中亚五国需求结构（占GDP的百分比）：
以出口为主的增长模式**

由于资源禀赋和产业结构的限制，中亚五国的出口贸易结构较为单一，主要以初级产品如能源、矿产资源以及棉花等原材料商品的出口为主，进口则以工业加工用品、服务等为主。以中亚最

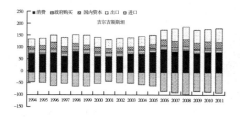

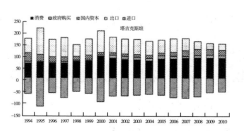

图 4 - 4　中亚五国需求结构（占 GDP 的百分比）：
以国内消费为主的增长模式

资料来源：Wind 数据库。

大的贸易伙伴之一的中国为例，中亚五国一般进口物美价廉的轻工
业加工品、机电用品等。近几年随着经济的发展，中亚国家对高新
技术产品的进口量也在上升，但总体来说仍然以加工业商品为主，
且短时间内难以改变这种格局。

二　中亚五国的发展模式

（一）中亚五国经济发展模式分类

现有的已经踏入工业化的国家，具有各自的经济发展模式，
但可以进行归总，分为六类①：第一类，凭借技术创新实现增长的
国家，这类的代表国家为老牌发达国家如美国、英国等，这些国

---

①　刘世锦：《增长阶段转换要求发展方式转型》，《理论学习》2012 年第 9 期。

家通过经历的几次工业革命将要素的作用发挥到极致，从而通过技术变革实现全要素增长率的高速增长；第二类，依靠后发优势成功追赶技术前沿的欧洲国家，这些国家凭借二战后的马歇尔计划，在美国的扶持下实现强劲发展；第三类，依靠自身要素禀赋与发展能力，这类国家主要是通过发展自身后发优势成功实现赶超的东亚新兴工业化国家；第四类，利用进口替代战略得到短期发展，这类国家即通过"华盛顿共识"实现发展的拉美国家，但这些国家现已落入"中等收入陷阱"；第五类，通过艰苦创新实现增长，这就是基于"北京共识"实现发展的中国，其以"挤压式"增长实现经济高速增长；第六类，通过计划经济体制实现经济高速增长，这类国家就是曾一度落入"中等收入陷阱"的苏联和东欧诸国。在这里，笔者重新通过以下三个要素对经济发展模式进行分类。

1. 如何发展市场经济

这一问题主要来自独立后的中亚各国，这是由于学界将独立后的中亚各国的经济发展模式主要归于"市场经济模式"，这些国家在独立后便无一例外地开始从计划经济向市场经济模式转变，而这种经济发展模式的转变主要基于两种"共识"，一是"华盛顿共识"，二是"北京共识"。两种"共识"具有不同的发展背景与发展特点："华盛顿共识"是在世界银行等国际性金融组织的巨额投资、援助的背景下实现的，这一援助的交换条件是在这些发展中国家构建资本自由流动、完全私有化的发展道路，这种经济制度是对资本主义的完全复制，因此这种"共识"下的经济模式具有自由市场的特征；"北京共识"则是基于我国国情、独立自主走出的经济发展道路，强调有步骤地改革并调整产业结构，由于此模式并不受制于发达国家，因此没有激进地实现资源完全自由配置的情况，而带有政策干预的色彩。

2. 增长的源泉

对于现有经济发展模式的研究，可以将增长动力分为两类：一是基于资源禀赋的增长，这类增长要求资源要素满足边际收益不为零的情形，因此这一动力出现在工业化初期，只要要素不断加入便能实现增长；二是基于技术创新、制度改革的增长，当第一类增长作用不足时，需要将增长方式从粗放型转变为集约型，这一转变就要求依靠创新驱动以及制度变革带动全要素增长率提高，实现高速增长。

3. 国家发展的阶段

国家增长的目标可能在不同阶段会有所不同。通过比较一个国家的人均 GDP，可以确定该国家处于工业化的初期阶段还是高级阶段。在工业化的初期阶段，由于迫切需要发展国内经济，它通常具有比较优势；在工业化的高级阶段，更加注重完善产业结构和改善生产方式。

基于这三个标准，结合中亚国家的发展特点，笔者定义了中亚国家的发展模式：自由市场下的工业化发展模式与在政府指导下的工业发展模式。在社会主义制度的国家中，中亚五国最终由于地理位置和气候而与海隔开，这一定程度上使其经济发展不佳。根据苏联工业化的总体计划，中亚五国正是为苏联工业化提供原料的唯一基础。世界城市和采矿业的发展是有希望的，中亚的五个国家也不例外。苏联解体后，哈萨克斯坦和吉尔吉斯斯坦根据"华盛顿共识"进行西方全面私有化改革，因此，在发展模式上，两国是相同的，即自由市场下的工业发展模式；而其他三个国家有所不同，尽管根据"华盛顿共识"也在进行改革，但改革较为保守，因此属于政府指导下的工业化，这也反映在中亚国家改革进程的多样性上（见表 4 – 5）。

表 4 – 5　中亚五国的增长模式

市场化道路 增长动力	自由化 （基于"华盛顿共识"）	政府指导
资源型增长 （出口型增长）	哈萨克斯坦	土库曼斯坦
非资源型增长 （内需型增长）	吉尔吉斯斯坦	塔吉克斯坦、乌兹别克斯坦

资料来源：笔者自制。

（1）哈萨克斯坦为确保改革的成果，提出"加快工业变革发展计划"，并努力推进通往非资源产业的道路；同时保证"农业农场发展规划"中食品工业及其他相关产业的实施，努力节约能源，改善商业环境，实现区域一体化。

（2）乌兹别克斯坦实施了工业、基础设施、运输和金融部门改革，以确保 2011～2015 年 GDP 增长 50%；同时加快现代化进程，发展服务业和农业以保障人民的生计。

（3）塔吉克斯坦最大限度地减少了其发展战略对国际市场的依赖，降低了贫困程度，并利用投资来建设水力发电站。

（4）吉尔吉斯斯坦主要将其资金投资于农业生产和建筑业，作为战略性经济产业；同时还在服务业和工业领域建立现代企业。

（5）土库曼斯坦已经确定了到 2030 年发展经济优先事项的战略，其中考虑到宏观经济调整和市场引入、工业现代化、现代技术引进不断增加的机制，促进轻工业、建筑业和农业生产潜力的快速增长。

根据上述分析，结合中亚五国的发展特点，我们把中亚五国的增长模式概括为表 4 - 5。

（二）自由市场下的工业化发展模式

哈萨克斯坦和吉尔吉斯斯坦对独立后的改革采取了激进的方式，根据"华盛顿共识"，两国在独立初期就采取了一系列私有化的政策和法律文件，此外重要的战略性行业（能源、铁路除外）几乎在经济的各个方面都放宽了监管。但是，两国的增长方式仍然不同。哈萨克斯坦依靠丰富的资源来取得成功，摆脱贫困，走上出口增长的道路，它的发展模式具有更多的拉丁美洲特色：首先，完全私有化为私人企业发展提供了法律基础和制度保障；其次，基于一系列自由市场政策，如金融和法律规定，政府已完全退出市场；再次，鼓励对外贸易，吸引外资；然后，增长的主要是"国民财富"，而不是"人民财富"；最后，农业工业严重依赖工业资源。

自改革开始以来，吉尔吉斯斯坦采取了全面私有化战略：吉尔吉斯斯坦于 1993 年引入本国货币，并通过调节货币流通来控制市场经济。在贸易方面，他们优化国内投资环境，积极引进外资，并考虑国内和具有股权投资的外资关系。为了建立实现完整的资本流动和汇率波动的体系，其在 1998 年加入 WTO，取消了进口税，并参加了国际自由贸易。然而，由于资源匮乏和经济发展水平低下，尽管吉尔吉斯斯坦坚持了"华盛顿共识"，但其完全依靠外部援助来维持自己的经济，未来的增长模式尚不确定。值得注意的是，吉尔吉斯斯坦的中小企业与外资企业正在迅速发展，并具有可观的发展前景。

（三）政府指导下的工业化发展模式

在推进市场化方面，乌兹别克斯坦、塔吉克斯坦与土库曼斯坦三国有别于上述两国，主要基于经济安全方面的考虑并未完全敞开私有化的大门，而是在保持较强的政府监管下循序渐进地推进经济改革。这三国在经济开放的程度上不如哈萨克斯坦与吉尔吉斯斯坦两国，典型的例子就是在土库曼斯坦境内，外国公司要从事经营活动必须提起申请并需要总统亲自批准。同时这三国在价格改革方面也有别于哈萨克斯坦与吉尔吉斯斯坦，特别是全国商品价格放开的步伐较慢，在价格改革上保持十分谨慎的态度。此外，这三国在推进市场化进程改革中采取了分阶段进行的方式，从交易部门开始并分阶段、分部门逐步推进，在此过程中比较注重社会保障体系的建设，同时对私有化进行严格的宏观调控。综上对乌兹别克斯坦、塔吉克斯坦与土库曼斯坦三国发展模式的论述可知，其均以"促进社会公正，加强政治稳定"为主要目标且结合国内实际循序渐进地推进改革并促进发展，在发展模式上更类似于东亚国家的发展模式。

但是这三国的增长模式仍有明显的差别。土库曼斯坦由于拥有丰富的资源，其主要依靠资源出口来促进 GDP 的增长。与油气资源有关的行业表现出国家高度垄断经营的特征，所以经营模式方面表现出以粗放式经营方式为主导，生产率整体低下，在国际市场上也缺乏相应的竞争力。尽管如此，土库曼斯坦仍积极探索适合本国的发展道路，并在外交方面采取"积极中立"的政策，力图在保证主权完整的基础上推进整个国家经济社会的发展。相比来说，塔吉克斯坦和乌兹别克斯坦两国的自然资源比较匮乏，一方面油气资源储备十分有限，属于比较贫乏；另一方面以金、银、铝、钨、铀为主的矿产资源数量也不充裕。同时水电资源难以得到有效的开发和利用，造成这两国很难依靠自然资源形成"经济自立"；仍以农业为主，同时农产品结构单一，且现代化程度不高，所以造成两国主要依靠外部援助来进行发展，且目前仍在不断探索适合自身的增长模式和发展方式。

（四）中亚五国增长模式存在的问题

从上述分析来看，中亚五国的增长模式虽有所不同，但在增长中普遍存在共同的问题。首先，哈萨克斯坦与吉尔吉斯斯坦两国根据"华盛顿共识"推进的全盘私有化，会出现与"拉美模式"相同的问题，即容易受外部特别是国际组织和其他发达国家的影响，本国独立自主发展的主动性在失去。全面市场化造成的三角债严重，经济波动较大、收入差距拉大等问题难以避免，极大可能陷入"中等收入陷阱"。其次，五国经济结构相对不合理的特征明显。中亚五国共同的特征是主要依靠资源出口来拉动经济增长，从而造成了消费品等工业制成品的生产规模较小，资源部门和非资源部门比例不协调的情况严重，而这一结构性失衡在资源丰富的哈萨克斯坦和土库曼斯坦两国表现得尤为严重，成为长期困扰两国进一步发展的桎梏。同时这两国长期依靠资源出口来换取外汇，非常容易陷入"资源诅咒"的陷阱当中。特别是在这种威权统治的国家，统治者倾向去建设并发展一些所谓提升国家声誉的项目来进行寻租，从而中饱私囊使国家受损，因此他们很难复制东亚的发展模式。相对来说，乌兹别克斯坦、吉尔吉斯斯坦与土库曼斯坦国家资源并不足以支撑这些国家依靠资源出口来进行发展，所以在国家内部"腐败问题"并不严重，从而能够模仿东亚发展模式并通过独立自主与大国开展组织合作来实现发展。所以，乌兹别克斯坦已公开宣称它要模仿日本和韩国等东亚国家而非西方国家的模式。再次，中亚五国普遍都存在国内储蓄率较低且资本匮乏的问题。有限的储蓄导致投资非常有限，投资不足也无法拉动本国经济的增长，因此，这些国家均需要进一步吸引外资，来弥补投资缺口。最后，中亚五国均存在增长方式过于粗放的问题。五国均呈现生产方式"粗放化"的特征，高耗能且低产量的特征明显，相对比较重视产量而忽视生产质量。因此，中亚五国需要革新经济增长方式，推进制度改革，调整经济结构，从而去除中亚五国经济发展模式的弊端。

三　中亚五国参与丝绸之路经济带的发展模式

由于丰富的资源优势和战略性的地理位置，中亚五国在世界经济格局中保留了自己独特的地位。特别是中亚国家丰富的能源和自然资源使其成为各经济大国争相合作的对象。同时，中亚各国现阶段有强烈的追求繁荣富强的目标，这促使五国在扩大开放、积极参与世界市场分工中有非常强的主动性。鉴于此，对于中国来说，应该在未来通过丝绸之路经济带，积极与中亚五国展开合作交流，促进合作共赢，并共同与世界走向融合。

中亚五国发展模式上的弊端归因于以下几个方面。首先，五国受制于地理环境，深处内陆使其参与世界分工的交通运输等交易成本增加，造成了进出口市场狭小；同时其他欧亚国家在经济一体化过程中往往忽视中亚国家，致使中亚五国成为欧亚一体化的"洼地"。其次，中亚五国还受残余"苏联模式"的影响，在市场化建设方面存在较多的制度方面的缺陷，需要五国通过参与世界分工、加入世界竞争来"倒逼"市场一体化的推进，从而遵从经济上的比较优势，扩大交易的范围。

丝绸之路经济带为中亚国家融入亚欧经济一体化提供了一种非正式制度模式。中亚国家在参与欧洲一体化过程中加入的组织非常多，包括独联体经济联盟、欧亚开发银行和欧亚经济共同体、经济合作组织、中亚经济体、中亚和南亚运输和贸易论坛（CSAT-TF）、中亚区域经济合作（CARES）等，而这些正式制度层面上的合作组织一方面成员众多，中亚国家在此过程中很难发出自己的"声音"以谋求发展；另一方面这些合作组织多数沦为政府首脑间的沟通平台，实际发挥的作用十分有限。相比起来，丝绸之路经济带作为非正式制度模式，它牵引着世界上最活跃的经济带——欧洲联盟与环太平洋经济带，其主要参与者——中亚五国可以充分发挥其地理优势，联合沿线发展水平各不相同的亚欧国家，使它们可以完全释放自身的发展优势，打造一个一体化的合作模式，自由灵活地联系与合作。因此，丝绸之路经济带对中亚五国的发展具有举足轻重的作用，不仅可以促进其本国经济市场的发展，还有助于沿线国家之间的合作交流，共同打造互利共赢的丝绸之路经济带发展新格局。

第五章
丝绸之路经济带沿线西部省区及主要城市经济发展绩效评价指标体系的构建

丝绸之路经济带，是在古丝绸之路的基础上，形成的一个新的经济发展区域。古丝绸之路，起源于西汉时期，作为早期中国经济开放的重要商贸之路，为古代东西方之间的经济合作、文化交流做出了重要贡献。而新丝绸之路经济带的发展与建设，一方面是对古丝绸之路经济带的传承，另一方面更是与新时代中国资源禀赋结构以及开放发展的要求相契合。在经济全球化的大背景下，我国正处在现代交通、信息科技、新经济迅速发展的新阶段，丝绸之路经济带的建设，能够促进欧亚各国更加紧密的联系、更加深入的合作。我国丝绸之路经济带沿线西部发展区域，包括了西北五省区和西南四省区市，即陕西、甘肃、青海、宁夏、新疆、重庆、四川、云南以及广西。丝绸之路经济带的建设，对我国西部省区及主要城市的经济发展既是机遇又是挑战。本章研究丝绸之路经济带沿线西部省区及主发城市经济发展绩效的理论及评价指标体系构建，致力于构建一组综合、平衡、全面的评价指标体系，为后文对沿线西部省区及主要城市经济发展绩效综合评价提供指标框架。

一　丝绸之路经济带沿线西部省区及主要城市经济发展绩效框架的理论分析

习近平总书记指出，构建"丝绸之路经济带"要创新合作模式，加强"五通"，即政策沟通、设施联通、贸易畅通、资金融通和民心相通，以点带面，从线到片，逐步形成区域大合作格局。基于对丝绸之路经济带沿线西部省区及主要城市经济发展绩效评价的理论梳理，笔者认为丝绸之路经济带沿线西部省区经济发展需要从政策沟通、设施联通、贸易畅通、资金融通和民心相通五大基本方面构建评价指标体系。丝绸之路经济带的建设是我国与周边国家实现共同发展，形成利益共同体的重要策略，丝绸之路经济带的建设也有利于我国区域之间实现互联互通，加强区域间的合作与沟通，进而推进我国形成全方位开放的新格局。而丝绸之路经济带的建设，需要充分提高丝绸之路经济带沿线西部省区及主要城市的经济发展绩效，具体来说，是要形成政策沟通、设施联通、贸易畅通、资金融通以及民心相通五大战略支柱，兼顾地区平衡协调发展，通过推进区域合作，针对经济发展较为薄弱的西部地区，消化地区过剩产能，激活地区新的经济增长点。对于经济发展良好的地区，充分发挥其比较优势，增强经贸合作动能，进而打造生态产业链、现代化物流园区以及信息化服务体系。

（一）政策沟通

提高丝绸之路经济带沿线西部省区及主要城市的经济发展绩

效，需要依赖地方政府关于丝绸之路经济带经济发展的政策沟通与政策保障。相较于东部发达地区，我国丝绸之路经济带沿线的西部省区，多属于经济发展较为缓慢的地区，而丝绸之路经济带的建设与发展，为西部地区各个领域之间的合作提供了广阔的空间，成为推动西部地区经济发展的关键性策略。由于西部地区存在经济发展水平较低、区域之间发展不平衡、城乡差距较大等问题，西部地区对于丝绸之路经济带的建设需要地方政府的积极支持和充分引导。因此，政策沟通就展现了必要性和优越性。地方政府之间对经济发展对策、问题、路径进行充分的交流，能够进行优势互补，还可以规避地区之间产业的趋同性，进而协定推进区域合作的具体措施。

地方政府对于地区经济建设的指导性、带动性作用不容小觑，为共同建设丝绸之路经济带，西部地区政府需要加强政策沟通。

其一，西部地区政府要通过政策的制定和方向的引导，带动地区丝绸之路经济带建设的整体推进，促进对外开放的深度融合。与此同时，政府对开放制度的供给与优化，可以深化对外开放战略、增强开放意识、降低市场准入门槛、优化营商环境等，进而提高对外开放的水平。

其二，深化区域之间的政策沟通与战略合作，现如今，我国西部地区的区域内合作尚浅，并未形成一个区域间的统筹规划。要通过地区之间的交流，打破区域内产业的无关性、趋同性，在丝绸之路经济带的建设中，使自身更具有区位优势。地区政府要针对丝绸之路经济带建设的重点任务、重点项目进行沟通，促进产业合作和互补，消除妨碍区域一体化的制度壁垒，加强区域间的创新合作，促进人才引进和人才流动，为地区经济发展注入新动能。

其三，西部地区政府对于对外交流、经贸合作、技术学习等领域也应给予大力支持。中国特色社会主义经济制度是具有显著优越性的，地方政府应加快推进治理体系和治理能力的现代化，对于地区发展方向和地区比较优势要充分协调，通过加大资金投入，引入先进技术，鼓励利用外资，助力提高地区经济实力和挖掘发展潜力，进而改变长期以来西部地区以资源开发为导向的经济增长模式，实现西部地区向以创新为导向的经济增长模式的转型。

（二）设施联通

推进丝绸之路经济带沿线西部地区经济发展，开放政策是基础保障，设施联通建设则是开放合作的基础和纽带，产业的吸引与转移、贸易的加工和运输、资源的开发与加工、地区优势的发挥，都需要互联互通的建设为纽带。西部地区发展缓慢、开放程度低的主要原因是处于内陆地区，交通偏远，运输能力薄弱，而随着丝绸之路经济带的建设、亚欧大通道的开辟，我国与中亚、南亚、西亚、欧洲国家的合作新格局逐渐形成，完善道路建设、设施建设，能够将西部地区的资源禀赋优势充分发挥，实现西部地区与沿线各国之间的经贸对接、货币流通，也能加强文化交流，促进地区旅游业的发展。因此，构建西部地区交通运输体系，亟须推进地区运输大道、空港新城建设，增强地区通信、能源、水利等基础设施建设，并设置主通道的重点枢纽站，发挥货物集聚和货物扩散的功能，这也可以为西部地区对外开放提供更为广阔的发展空间，进而激发丝绸之路沿线西部省区的发展潜力。地区设施建设需要充分重视，具体包括以下几个方面。

（1）需要以庞大的交通运输干线为通道和连廊，构筑中国同其他丝绸之路沿线各国之间的开放通道，要实现道路联通，以航空、铁路、公路、水路一体的多式联动，打造现代化的交通运输体系，实现良好的开放新格局。由于我国主要的国际机场、国际大港口大多分布于东部地区和经济实力较强的地区，而西部地区在交通运输体系上发展较为滞后，所以在丝绸之路经济带建设的支持下，西部地区要着力打造运输港口，建设国际化空港新城，推进丝绸之路的交通联通。

（2）需要加强地区内部的设施建设，完善通信设施和能源设施。中国进入新时代，面临新一轮的信息科技革命，信息产业的快速发展，要求我国在对外开放上加强信息化水平。而通信设施的建设，能够提高跨境、跨区域的数据传输、交换、储存、共享的能力，信息基础设施建设，能够吸引内陆、外商投资，促进人才及资源流动，进而推动沿线相关产业发展，营造高水平、现代化的发展环境，形成对外开放新高地。而能源设施建设方面，西部地区具有资源优势，增强能源设施建设，不是加快能源开发和利用，而是提高能源的利用效率，解决地区优势能源的开采程度低、加工程度低、产品附加值低、生产自动化程度低、生产效益低、能源利用率低等问题。西部大开发已实施20年，西部地区的基础设施条件有了很大的改善，但是，要想在丝绸之路经济带建设中占据优势，成为开放的前沿，西部地区必须进一步完善设施建设，为增强对外开放实力提供物质保障。

（三）贸易畅通

西部地区要借助丝绸之路经济带建设的优势，实现贸易畅通。

丝绸之路经济带建设的重点目标、根本目的，是促进沿线国家之间的经贸合作，着力提高贸易水平，通过丝绸之路经济带的建设与发展，构筑"西向开放"的新格局。我国西部地区开放、发展起步较晚，发展较缓慢，开放程度低，但西部地区资源充沛富集，因此，西部地区开放水平提升空间大、潜力大，在西部地区重要节点省区及城市设置自贸区，并围绕自贸区提供要素资源、产业支撑、运输枢纽、高新技术等相关配套，以自贸区为中心，以丝绸之路经济带为主通道，以点带面、从线到片进行建设，并促进周边区域功能提升。打造丝绸之路经济带沿线西部省区及城市的贸易畅通，有利于利用贸易区腹地优势，并发挥贸易区及枢纽城市、节点城市的集聚和辐射效果。

丝绸之路经济带沿线省区和城市需要以开放促发展、以贸易促增长，具体包含三个方面的内容。

（1）丝绸之路经济带沿线西部省区及城市，可以选择重要的节点城市建立自由贸易试验区、综合保税区、出口加工区、经济试验区、经济合作区等，丝绸之路经济带沿线人口多、市场规模及潜力巨大，沿线各国在贸易、投资、进口方面需求强烈，而贸易便利化、投资无壁垒、降低投资成本和贸易成本成为各国的共同心愿，是实现互利共赢的关键性因素。而加强贸易畅通，通过自贸区、合作区的建设，不仅可以加强各国之间的经济、贸易联系，而且可以进一步加快西部大开发，深化西部地区的经济改革与建设。

（2）国家之间经济贸易的互联互通，有利于消化我国的过剩产能。丝绸之路经济带沿线的多数国家基础设施建设较为薄弱，经济社会发展水平低下，而丝绸之路这一连廊的建设，不仅能够刺激周边落后国家的经济活力，完善基础设施建设，调动生产积极性，促进各国夯实经济基础，而且能够有效化解地区过剩的产能，具有优势的企业，还可以发展境外生产基地，进而提升地区出口水平。

（3）拓展丝绸之路经济带国家间贸易交流的深度和广度，加快贸易的循环速度和提高各项合作质量，通过国家间、区域内的产业合作、资源互补、文化交流，形成紧密的经济一体化联系，取长补短，共同繁荣。

（四）资金融通

丝绸之路经济带资金融通的目的在于，各国实现本币兑换与结算，降低流通成本，弱化金融风险。与此同时，国家之间的合作基金组建，也可为经贸合作、投资平台提供支持和便利。可以说，资金融通是对外开放、良好合作的金融助力，成为丝绸之路经济带建设的工具载体。而丝绸之路经济带沿线省区及城市的经济发展，也要重视资金融通的重要作用，尤其是长期融资的需求。无论是丝绸之路经济带的交通、基础设施建设，还是贸易园区组建、经贸合作、产业发展，都需要投融资的充分供给。由于丝绸之路经济带的发展尚处于起步阶段，对于资金的需求和供给缺口依然很大，所以省区及城市基建建设、产业建设、航空港口建设等相关配套需要多方力量支持，需要更多资金、资源的汇聚，资金融通成为促进丝绸之路经济带建设的重要支撑。

区别于国家宏观层面，丝绸之路经济带沿线西部省区及城市的资金融通，需要重视资金的储备和金融的引导。

（1）地方政府需要鼓励商业性金融机构对开放合作、相关基础设施建设的融资支持，或考虑进行人民币丝路投资等基金组建、债券发行，扩大筹募范围，充分吸引境内、境外闲置资金，为地区设施联通、贸易畅通提供资本保障。

（2）地方政府要充分激发资本市场的灵敏性、流动性和自主配置性。市场经济体制下，资本能够有效地发挥资源配置能力，尤其是随着市场化程度的持续加强，融资工具、融资方式、融资手段不断丰富，货币在资金融通中的适应性和流动性逐渐增强。所以，充分激发多元融资渠道、多层次融资功能，支持符合条件的资本市场，加大政策性信用监管势在必行。

（3）地区物价水平需要保持稳定，国家物价上升或货币贬值会显著影响国家进出口的需求，而进出口贸易等的增加，也会对物价水平产生显著的影响，对外贸易与国内价格水平之间关系紧密。贸易顺差、价格水平都需要维持在一定的、合理的水平，物价维持稳定是对外开放中资金融通的重要方面。综合来看，地方政府需要扩大融资渠道，加快货币流通，加大货币储备和货币投资，保持地区市场价格水平的稳定性和平衡性，营造良好的货币流通环境，进而重点推进地区对外开放发展。

（五）民心相通

丝绸之路经济带的建设，国家经济实力的增强，归根结底是为了提高人民福祉。打造丝绸之路经济带，促进国家之间的经济合作。贸易往来，更需要加强各国人民的互动交流，推进各国人民之间的文化沟通与学习，促进人民之间的友好往来，为进一步深化区域合作奠定坚实的民心基础。在开展对外合作，加强经济、金融、基建的发展之前，国家之间的关系和意识起到了决定性作用，合作伙伴之间，可以充分利用本国资源、产业优势，实现合作与共赢的局面。而国之交在于民之亲，民心相通、关系和睦、文化共融成为政治合作、经济社会发展的前提，也是大力建设丝绸之路经济带、深化对外开放新格局的归宿。当然，现如今，世界政治格局复杂且动荡，外部关系紧张，我国制度优越性体现出的"人文关怀""以人为本"也应在开放中向外拓展，对外合作中要更多地关心民生项目，进行丝绸之路经济带建设，为沿线省区提供更多的就业机会，促进各国人民之间的科研交流，以推进民心相通的深度融合。

而西部省区市，需要基于丝绸之路经济带建设的沿线地域优势，务实推进人文交流、对外互动，为丝绸之路经济带的建设奠定良好的民意基础和社会基础。

（1）丝绸之路经济带沿线人口总数超过30亿，且丝绸之路拥有丰富的文化积淀，拥有独特的民族风采和地域特色，建立主题文化连廊，开展特色旅游项目，加快旅游业的发展，能够带动西部省区、城市周边相关产业的建设和发展，推动经济发展，促进现代化、高端化服务业体系的生成。

（2）丝绸之路经济带沿线的省区及城市，为推动地区民心相通，可广泛开展人文交流主题会议，加强科技知识沟通，传播民族文化，吸收行业优秀技能人才，支持入境留学生的学习和培养工作，鼓励社会组织、民间组织举办艺术节、文化年、图书展、读书月等活动，促进沿线各国居民、学者的访华活动。

（3）丝绸之路经济带的建设，可以为沿线省区人口提供一批服务业就业机会，传统经济模式中，西部省区多由要素驱动，发展以资源结构性产业为主，在消除传统粗放型过剩产业时，产生大量下岗工人，而运输服务业将吸收这部分人口，实现产业升级的同时，为地区人民提供就业保障，促进地区民心相通和福利共享。

二 丝绸之路经济带沿线西部省区经济发展绩效评价指标体系的构建

基于对丝绸之路经济带沿线西部省区及主要城市经济发展绩效的理论分析，笔者认为丝绸之路经济带带动西部地区发展应从"五通"方面考察与评价，分别是政策沟通、设施联通、贸易畅通、资金融通以及民心相通。基于上述理论基础，对丝绸之路经济带沿线西部省区经济发展绩效评价指标体系进行构建。通过评价指标体系全面、系统的构建，可以进一步对丝绸之路经济带沿线西部九个省区进行测度和评价，以寻找地区对外开放能力与潜力的优势与不足，也可从空间性、时间性双重角度比较地区发展的差异性、平衡性及增长性。因此，丝绸之路经济带沿线西部省区经济发展绩效评价指标体系的构建可为后文比较分析提供框架与逻辑。总之，评价指标体系的构建具有重要的意义和作用。

（一）政策沟通维度的指标选择

在丝绸之路经济带沿线西部省区经济发展绩效的政策沟通维度，考虑到指标及数据的可选择性和可获取性，主要从合作基础和合作成果两方面进行构建。首先，合作基础二级指标指的是地方政府对于丝绸之路经济带建设、开放发展、对外交流的支持力度，用地方财政支出中外交支出（万元）、当年实际使用外资金额（万美元）两个基础指标代表，用来反映当年地方制度导向对对外开放的促进作用与促进效果。其次，合作成果二级指标指的是基于现有激励政策和现有制度安排，地区当年开展的对外合作项目。在合作成果二级指标维度，选择国外技术引进合同数（项）、对外经济合作合同数（份）以及当年新签项目数（个）三个基础指标来进行综合评价。

（二）设施联通维度的指标选择

在丝绸之路经济带沿线西部省区经济发展绩效的设施联通维度，考虑到指标及数据的可选择性和可获取性，从三个二级指标维度进行构建，分别是交通设施、通信设施和能源设施，基于对设施联通的理论基础分析，笔者认为交通设施可以促进丝绸之路经济带的道路建设，进而增强经济带沿线省区经贸运输的便利性。而通信设施建设是基于信息化发展的大背景下，信息化能力对于数据的集成、储存、传输具有重要影响，成为物联网、电子商务发展的技术支撑。在能源设施建设方面，西部省区多处于资源密集型地区，能源丰富，能源设施建设能够促进资源开发向清洁型、高效率、集约化转型，推动西部地区的产能结构升级，更好地发挥地域优势。对于相应的指标选择，在交通设施维度，选择客运量（万人）、货运量（万吨）、铁路营业里程（公里）三个基础指标进行评价，其中客运量反映了地区运输的客流量，货运量反映了地区货物运输的数量，铁路营业里程则反映了地区铁路的运输水平，三者综合反映交通运输与交通设施对于设施联通的贡献度。在通信设施维度，选择邮电业务总量（亿元）、长途光缆线路长度（公里）、互联网普及率（%）三个基础指标进行评价，分别用于反映邮政电信、长途光缆和互联网的发展程度，即综合代表了地区信息化的能力与通信设施水平。在能源设施维度中，选取电力消费总量（亿千瓦时）、单位 GDP 能耗（吨标准煤/万元）、单位 GDP 电耗（万千瓦时/万元）为评价指标，这三个基础指标为逆向指标，用于观测电力、能源的消费情况与使用效率的高低，反映能源设施对设施联通的促进作用。

（三）贸易畅通维度的指标选择

在丝绸之路经济带沿线西部省区经济发展绩效的贸易畅通维度，考虑到指标及数据的可选择性和可获取性，从对外贸易和经济合作两个维度选择相应的指标构建。首先，对外贸易二级指标维度，主要反映涉外的贸易规模、投资规模，具体选择了进出口总额（美元）、外商投资企业投资总额（美元）、对外直接投资净额（万美元）三个基础指标，来观测地区对外贸易的发展程度和发展水平。其次，经济合作二级指标维度，主要反映地区对外合作的基本情况，具体选择了年末在境外从事劳务合作人数（人）、外商投资企业年底登记户数（户）、对外劳务合作合同额（万美元）三个基础指标，用于反映投资企业、劳动合作方面的开放程度。

（四）资金融通维度的指标选择

在丝绸之路经济带沿线西部省区经济发展绩效的资金融通维度，考虑到指标及数据的可选择性和可获取性，从市场价格和金融储备两个维度选择相应的指标构建，用于综合反映资金融通的发展绩效情况。首先，市场价格二级指标维度中，具体选择了居民消费价格指数、工业生产者出厂价格指数，这两个价格指数用于判断地区物价水平的稳定性，物价水平的稳定对金融风险、融资投资、对外贸易顺差具有正向促进作用。其次，在金融储备方面维度，具体选择了中资金融机构外汇存款余额（亿美元）、中资金融机构外汇贷款余额（亿美元）两个基础指标，用来综合反映地区存贷款的资金储备程度。

（五）民心相通维度的指标选择

在丝绸之路经济带沿线西部省区经济发展绩效的民心相通维度，考虑到指标及数据的可选择性和可获取性，从旅游活动、科研交流、运输服务三个维度选择相应的指标构建，用于综合反映民心相通的发展情况。在旅游活动二级指标维度中，具体选择了旅游外汇收入（百万美元）、接待入境外国游客人数（万人次）、国际旅游收入（百万美元）三个基础指标，用来反映地区内接待国际旅游活动的基本情况。科研交流二级指标维度，涵盖了留学生的培养、国际学术会议交流以及科技活动交流与学习，综合反映沿线国家之间的文化互动、知识互促、文明互鉴，进而不断增进各国友谊，是民心相通的重要桥梁。在这一维度，具体选择了外国留学生授予学位数（人）、省级学会举办国际学术会议次数（次）、省级科协民间科技交流活动国外来访总人数（人次）三个基础指标。运输服务二级指标维度，包含了服务旅客数、基础运输及信息传输服务业的从业人数，用来反映地区运输服务领域的发展程度，具体选择了旅客周转量（亿人公里），交通运输、仓储及邮政业从业人员（万人），信息传输、计算机服务和软件业从业人员（万人）三个基础指标。

表5-1反映的是丝绸之路经济带沿线西部省区经济发展绩效指标体系的构建情况，可作为参考。

表 5－1   丝绸之路经济带沿线西部省区经济发展绩效评价指标体系的构建

一级指标	二级指标	三级指标	指标单位	指标属性
政策沟通	合作基础	地方财政支出中外交支出	万元	正 指 标
		当年实际使用外资金额	万美元	正 指 标
	合作成果	国外技术引进合同数	项	正 指 标
		对外经济合作合同数	份	正 指 标
		当年新签项目数	个	正 指 标
设施联通	交通设施	客运量	万人	正 指 标
		货运量	万吨	正 指 标
		铁路营业里程	公里	正 指 标
	通信设施	邮电业务总量	亿元	正 指 标
		长途光缆线路长度	公里	正 指 标
		互联网普及率	%	正 指 标
	能源设施	电力消费总量	亿千瓦时	逆 指 标
		单位 GDP 能耗	吨标准煤/万元	逆 指 标
		单位 GDP 电耗	万千瓦时/万元	逆 指 标
贸易畅通	对外贸易	进出口总额	美元	正 指 标
		外商投资企业投资总额	美元	正 指 标
		对外直接投资净额	万美元	正 指 标
	经济合作	年末在境外从事劳务合作人数	人	正 指 标
		外商投资企业年底登记户数	户	正 指 标
		对外劳务合作合同额	万美元	正 指 标
资金融通	市场价格	居民消费价格指数	—	适度指标
		工业生产者出厂价格指数	—	适度指标
	金融储备	中资金融机构外汇存款余额	亿美元	正 指 标
		中资金融机构外汇贷款余额	亿美元	正 指 标
民心相通	旅游活动	旅游外汇收入	百万美元	正 指 标
		接待入境外国游客人数	万人次	正 指 标
		国际旅游收入	百万美元	正 指 标

续表

一级指标	二级指标	三级指标	指标单位	指标属性
民心相通	科研交流	外国留学生授予学位数	人	正 指 标
		省级学会举办国际学术会议次数	次	正 指 标
		省级科协民间科技交流活动国外来访总人数	人次	正 指 标
	运输服务	旅客周转量	亿人公里	正 指 标
		交通运输、仓储及邮政业从业人员	万人	正 指 标
		信息传输、计算机服务和软件业从业人员	万人	正 指 标

资料来源：笔者自制。

三　丝绸之路经济带沿线西部主要城市经济发展绩效评价指标体系的构建

丝绸之路经济带沿线西部主要城市包括西安、银川、西宁、兰州、乌鲁木齐、昆明、成都、南宁、桂林等十余城市，由于丝绸之路经济带沿线西部省区与城市发展存在差异性，经济带沿线城市的评价指标体系选择需要调整，在继承"五通"基本逻辑框架的基础上，与省级层面还是具有显著的区别。为进一步观察丝绸之路经济带沿线西部主要城市的经济发展绩效，特对维度以及具体的评价指标体系进行调整，以适应城市发展的重点与目标。

（一）政策沟通维度的指标选择

在丝绸之路经济带沿线西部主要城市经济发展绩效的政策沟通维度，考虑到指标及数据的可选择性和可获取性，从合作基础和合作成果两个维度进行相应的评价指标体系构建。其中，合作基础二级指标维度，具体选取省级一般公共预算收入（亿元）、实际利用省外资金（亿元）两个基础指标。由于一般公共预算收入越高，地方政府对于基础设施建设、通信交通设施、外交支出、对外项目合作的投资力度越会加大，因此，其能够反映政策沟通对地区经济发展绩效的贡献程度。而实际利用省外资金，反映了地区当年的开放政策，政府鼓励下对于新开项目、投资企业中外资的使用数额，从宏观视角观测地区政策效应的水平。而合作成果二级指标维度中，具体选择当年对外新签项目（合同）个数（个）进行测度。对外新签项目的个数，指当年涉外的新增合作项目，能够反映地方经济发展绩效的程度，是丝绸之路经济带建设以及地区对外开放政策沟通的体现。

（二）设施联通维度的指标选择

在丝绸之路经济带沿线西部主要城市经济发展绩效的设施联通维度，考虑到指标及数据的可选择性和可获取性，从交通设施、通信设施以及能源设施三个维度进行相应的指标体系构建。其中，交通设施二级指标维度中，具体选择了城市道路面积（万平方米）、客运量（万人）、货运量（万吨）三个基础指标，分别反映地方当年交通道路设施建设水平，城市道路面积增大、客运量和货运量增多，意味着交通运输业发展较快、城市经济发展中运输能力提升、现代化交通联通体系正在建立。通信设施二级指标维度，具体选择了邮电业务总量（万元）、电信业务总量（万元）、国际互联网用户数（户），这三个基础指标反映了城市通信设施、能源设施的基本情况，在数字经济、新经济、网络经济发展的大背景下，城市发展的信息化、通信化水平成为衡量城市设施联通的重要方面，在很大程度上对物联网、电子商务的发展起到了关键性作用，而选取的邮电业务总量、电信业务总量以及国际互联网用户数，能够体现城市信息化发展能力，因此，纳入衡量通信设施联通水平的基础指标。能源设施二级指标维度，具体选择了全社会供水量/GDP、全社会用电量/GDP、规模以上工业企业综合能源消费量（万吨标准煤）三个基础指标，用于反映城市对能源、资源的利用效率，城市能源设施水平越高，意味着产生相同的经济效益，所使用的、消耗的资源越少，城市生产力越高，经济发展绩效也就越高。

（三）贸易畅通维度的指标选择

在丝绸之路经济带沿线西部主要城市经济发展绩效的贸易畅通维度，考虑到指标及数据的可选择性和可获取性，从对外贸易和经济合作两个维度进行相应的评价指标体系构建。在对外贸易二级指标维度中，具体选择了进出口总额（万美元）进行评价，进出口总额指实际进出城市市内的货物总金额，进出口总额用以反映地方对外开放贸易的总规模。因此，进出口总额度量了对外贸易对经济发展的贡献。在经济合作二级指标维度中，具体选择规模以上工业企业外商投资企业数（个）、合同利用外资项目数（个）两个基础指标。外商投资企业数以及外商项目合同数的增多，意味着地方能够吸引充足的境外资金，能够说明地方贸易更畅通、地方经济发展程度更高。

（四）资金融通维度的指标选择

在丝绸之路经济带沿线西部主要城市经济发展绩效的资金融通维度，考虑到指标及数据的可选择性和可获取性，从市场价格和金融储备两个维度进行相应的评价指标体系构建。其中，市场价格二级指标维度，具体选择各市居民消费价格指数、各市商品零售价格指数两个基础指标。同样地，价格指数波动小，表明地方物价水平保持稳定，这对资金融通具有促进作用，有利于地方深度参与国际经济合作，进而推动地方的对外开放和经济发展。金融储备二级指标维度，具体选择了金融机构人民币各项存款余额（万元）、金融机构人民币各项贷款余额（万元）两个基础指标。金融储备是城市建设、城市发展的资本基础，金融贷款能反映地区资金借贷规模，贷款规模的增多能够推动城市扩张、产业规模扩大。综合而言，金融存款余额和金融贷款余额能够反映城市的资本保障和资本投资水平，是资金融通维度中金融资本储备的具体表现。

（五）民心相通维度的指标选择

在丝绸之路经济带沿线西部主要城市经济发展绩效的民心相通维度，考虑到指标及数据的可选择性和可获取性，从旅游活动和运输服务两个维度进行相应的评价指标体系构建。其中，旅游活动二级指标维度，具体选择了国际旅游外汇收入（万美元）、接待入境游客人数（人次）两个基础指标。国际旅游活动能够促进城市加快发展第三产业，能够推动多层次、多领域的人文交流合作，进而加强不同国家人民之间的文化交流和民心沟通。运输服务二级指标维度，具体选择了信息传输、计算机服务和软件业从业人员（万人），交通运输、仓储及邮政业从业人员（万人）两个基础指标。交通运输服务业从业人员、通信服务业从业人员人数的增加，意味着地区通信服务、交通服务发展水平提高，地区之间、国家之间的互联互通加强，不仅能够体现城市现代化服务业水平，更能为释放城市发展潜力奠定良好的民意基础。

　　表 5 - 2 反映的是丝绸之路经济带沿线西部城市经济发展绩效指标体系的构建，可作为参考。

表 5 - 2　　丝绸之路经济带沿线西部城市经济发展绩效评价指标体系的构建

一级指标	二级指标	三级指标	指标单位	指标属性
政策沟通	合作基础	一般公共预算收入	亿元	正　指　标
		实际利用省外资金	亿元	正　指　标
	合作成果	当年对外新签项目（合同）个数	个	正　指　标
设施联通	交通设施	城市道路面积	万平方米	正　指　标
		客运量	万人	正　指　标
		货运量	万吨	正　指　标
	通信设施	邮电业务总量	万元	正　指　标
		电信业务总量	万元	正　指　标
		国际互联网用户数	户	正　指　标
	能源设施	全社会供水量/GDP	—	逆　指　标
		全社会用电量/GDP	—	逆　指　标
		规模以上工业企业综合能源消费量	万吨标准煤	逆　指　标
贸易畅通	对外贸易	进出口总额	万美元	正　指　标
	经济合作	规模以上工业企业外商投资企业数	个	正　指　标
		合同利用外资项目数	个	正　指　标
资金融通	市场价格	各市居民消费价格指数	—	适度指标
		各市商品零售价格指数	—	适度指标
	金融储备	金融机构人民币各项存款余额	万元	正　指　标
		金融机构人民币各项贷款余额	万元	正　指　标
民心相通	旅游活动	国际旅游外汇收入	万美元	正　指　标
		接待入境游客人数	人次	正　指　标
	运输服务	信息传输、计算机服务和软件业从业人员	万人	正　指　标
		交通运输、仓储及邮政业从业人员	万人	正　指　标

第六章
丝绸之路经济带总体建设绩效的评价

一　引言

　　随着 2013 年"丝绸之路经济带"倡议的提出，丝绸之路经济带沿线的西部省区经济稳中求进，在面临较大下行压力的情况下实现了中高速的经济增长。本章着眼于丝绸之路经济带这一倡议推行六年来对西部地区经济发展的带动作用，立足于政策沟通、设施联通、贸易畅通、资金融通与民心相通五个维度，通过基础设施建设、市场资源配置及投资驱动三个方面的机制作用对丝绸之路经济带这一倡议的具体影响路径进行分析，并根据理论机制分析认为丝绸之路经济带建设对沿线西部地区产生了显著的正面影响。

　　丝绸之路，是西汉时期张骞开辟的以陕西西安（西汉长安）为起点的具有伟大历史意义的一条国际通道，这条道路是一条联结地中海各国、促进各国进行贸易往来的陆上通道，并为当时西汉的经济繁荣与社会稳定做出了巨大贡献。21 世纪以来，随着全球化进程的不断加快，我国与中亚各国贸易的联系进一步加强，中亚各国也提出了合作领域进一步扩展的发展需求。2013年，出于促进欧亚各国深入合作、造福沿线各国人民等目标，国家主席习近平在哈萨克斯坦纳扎尔巴耶夫大学演讲时提出了共同建设"丝绸之路经济带"这一倡议。而这条"新丝绸之路"在古丝绸之路概念上进一步扩展，在中国段形成了包括西北陕西、甘肃、青海、宁夏、新疆五省区与西南重庆、四川、云南、广西四省区市的经济发展区域。

新时代以来，随着我国经济的转型发展，以习近平总书记为代表的共产党人为实现我国经济的高质量发展、构建具有中国特色的现代化经济体系，提出了我国经济发展的指导思想并做出了顶层设计。基于习近平总书记的五大新发展理念，丝绸之路经济带这一倡议正是促进我国逐步实现开放发展、共享发展的重要思想。丝绸之路经济带作为连接东西文明、促进贸易繁荣的重要倡议，其在实现打造对外开放升级版、创造开放红利、打开多元化大通道①发展目标的同时，也对沿线地区产生了较强的正面作用，进而推动了我国区域经济的协调化发展，促进了以先富地区带动后富地区的现代化经济体系建设。丝绸之路经济带倡议的推行对我国的经济发展具有极为重要的意义，这一倡议不仅是建立在古丝绸之路上的国际经贸合作新平台，也是关乎经济安全、地区稳定与区域发展的重要发展倡议。

自2013年至今，丝绸之路经济带沿线的西部省区经济稳中求进，在面临较大下行压力的情况下实现了中高速的经济增长。而

---

① 胡鞍钢、马伟、鄢一龙：《"丝绸之路经济带"：战略内涵、定位和实现路径》，《新疆师范大学学报》（哲学社会科学版）2014年第2期。

在这一倡议的推行中，其具体影响路径的理论分析与绩效评价也存在较为关键的意义：一方面，只有通过理论分析对其作用机理进行客观剖析，才能对这一倡议的思路与主要着力点进行改善，同时对丝绸之路经济带沿线各省份规划的统一性与连贯性产生积极作用，进而有利于丝绸之路经济带这一倡议目标的实现。此外，只有对这一倡议的具体影响路径进行理论分析，才能根据其作用机理对倡议的规划做出预期与绩效评价，进而根据绩效评价的结果对其倡议推行的实际效果进行评价并提出相应的政策建议，以利于丝绸之路经济带这一倡议后期政策细节的完善及对规划的补充。丝绸之路经济带这一倡议对我国经济发展的具体作用机理分析与绩效评价有利于这一倡议目标的切实实现。另一方面，在我国人民群众对政府倡议关注度日益提高的情况下，对丝绸之路经济带这一倡议进行客观科学的绩效评价也对满足人民的信息需求与人民积极参与丝绸之路建设具有重要意义。

根据习近平总书记对丝绸之路经济带这一倡议的规划，丝绸之路经济带的建设对我国西部地区的经济发展理论上应产生显著的积极作用，但目前仍缺少对其具体作用机理及绩效进行分析的实证研究。在丝绸之路经济带推动沿线地区发展的过程中，由于研究内容的侧重点不同，大部分学者将其研究着眼于中国国际关系的发展与国际合作的进一步深入，而较少有学者将这一倡议对中国段沿线地区经济发展的绩效进行评价。本章基于已有的文献分析，在现有研究方法的基础上对丝绸之路经济带提升沿线城市建设绩效的路径进行理论分析，利用双重差分倾向得分匹配法（PSM－DID）对这一倡议的效果进行绩效评价，并根据本章的研究结果对丝绸之路经济带沿线地区的发展前景进行展望，提出在丝绸之路经济带建设的后期，应以开放、创新、协同、市场及品牌提升作为具体的规划方向，与推进西部大开发打造新格局这一战略形成政策合力，共同构建丝绸之路经济带区域经济一体化的新格局。

二　文献述评

迄今为止，丝绸之路经济带这一倡议已提出六年，这一倡议自提出起便引起了学界的广泛关注，许多学者关于这一倡议的具体内涵与规划等进行了解析与研究。而笔者通过对丝绸之路经济带相关文献及著作的阅读发现，目前学界对这一倡议的研究仍侧重于丝绸之路经济带的概念内涵，以及其对我国经济发展、空间格局和国际关系的影响，也存在丝绸之路经济带建设带来的人文合作或资源环境等问题的研究，也有少量以国内部分省份或城市为着力点，对其在这一倡议中的节点作用及根据该省份比较优势对其经济合作方向进行分析的相关研究，但缺少对丝绸之路经济带中国段沿线地区的整体分析。其中，胡鞍钢[①]及刘卫东[②]等学者侧重于对丝绸之路经济带这一倡议的概念内涵及目标进行研究，同时对其实施路径进行了简要分析，提出其核心目标是促进经济要素有序自由流动，通过推进高水平区域合作的开展打造开放、包容、均衡、普惠的区域经济合作架构，而这一倡议推行的主要着力点体现在政策沟通、设施联通、贸易畅通、资金融通与民心相通这五个维度。在丝绸之路经济带的国际合作研究领域，刚翠

---

① 胡鞍钢、马伟、鄢一龙：《"丝绸之路经济带"：战略内涵、定位和实现路径》，《新疆师范大学学报》（哲学社会科学版）2014 年第 2 期。

② 刘卫东：《"一带一路"战略的科学内涵与科学问题》，《地理科学进展》2015年第 5 期。

翠、任保平[1]则着眼于中亚五国的发展势态，通过分析中亚国家在资源、产业结构上的经济特征，为我国与中亚五国的总体合作进行了规划与经济合作前景的探寻，进而为实现双方经济共同繁荣提供了前景预测。而就丝绸之路经济带这一倡议对中国段沿线城市的研究而言，目前学界则侧重于对西安、兰州等重要节点城市在丝绸之路经济带建设中的具体作用，或以西北五省、西南四省等区域为着力点，缺少对丝绸之路经济带倡议对中国段沿线西部地区经济发展影响机理的理论分析。本章则着眼于这一倡议推行六年来西部地区的经济发展，立足于政策沟通、设施联通、贸易畅通、资金融通与民心相通五个维度，通过基础设施建设、市场资源配置及投资驱动三个方面的机制作用对丝绸之路经济带这一倡议的具体影响路径进行分析，并提出丝绸之路经济带这一倡议对沿线西部地区产生了显著的正面影响这一基本命题。

在丝绸之路经济带这一倡议影响机制的理论分析的前提下，为进一步支撑本章的理论研究，增强命题的可信度，笔者进一步利用计量工具、根据数据支撑对这一倡议的绩效进行评价。根据现有研究的绩效评价方法，双重差分法（DID）已成为评价政策实施效果的国际主流方法[2]，并在周黎安和陈烨[3]将其引入国内后，

---

① 刚翠翠、任保平：《丝绸之路经济带背景的中亚五国发展模式》，《改革》2015年第1期。

② Ashenfelter O., Card D. E., "Using the Longitudinal Structure of Earnings to Estimate the Effect of Training Programs," *Review of Economics and Statistics* (1985): 648 – 660. Gruber J., Poterba J., "Tax Incentives and the Decision to Purchase Health Insurance: Evidence from the Self – Employed," *Working papers* 3 (1994): 70 – 33.

③ 周黎安、陈烨：《中国农村税费改革的政策效果：基于双重差分模型的估计》，《经济研究》2005年第8期。

逐渐实现了在国内的广泛应用。但这一计量工具的利用也存在共同趋势的基本假定，即要求在不存在丝绸之路经济带倡议的情况下，处理组与控制组的经济增长趋势应随时间变动而不存在系统性差异。基于这一假定，在数据的选取中，由于不同省份地区的差异性较大，经济增长的基础不同，单纯使用省份数据可能会对实证结果的准确度产生一定的负面影响，故选取地级市的相关数据对丝绸之路经济带倡议这一准自然实验的绩效评价进行数据分析。为进一步增强本章实证分析的可信度，在进行双重差分法之前，本章利用倾向得分匹配法（PSM）这一反事实推断模型的计量工具，通过匹配与处理组个体特征相似的控制组，剔除个体差异过大的城市以满足双重差分模型中的共同趋势假定，最终参考 Heckman① 提出的双重差分倾向得分匹配法（PSM – DID）对丝绸之路经济带沿线城市经济发展绩效进行分析评价。就国内学者的研究现状而言，这一政策评估方法常用于政策实施效果的绩效评价，但由于丝绸之路倡议提出的时间较短，目前利用双重差分倾向得分匹配法对丝绸之路经济带建设对其沿线地区的经济发展绩效进行评价的文献较少。笔者基于相关文献的研究，在理论分析的基础上利用现有的计量工具及数据对丝绸之路经济带这一倡议的具体绩效进行分析，以对其政策效果进行评价反馈。

　　根据现有文献可以发现，丝绸之路经济带这一倡议对西部省

① Heckman J. J., Ichimura H., and Todd P. E., "Matching as an Econometric Evaluation Estimator: Evidence from Evaluating a Job Training Programme," *Review of Economic Studies* 4 （1997）: 605 – 654. Heckman J. J., Ichimura H., and Todd P. E. Matching as an Econometric Estimator Evaluation, *Review of Economic Studies* 2 （1998）: 261 – 294.

区的政策效应及具体影响机制这一关键问题仍需要进一步研究，而本章在对其影响路径进行理论分析的基础上对其政策效果进行了预测，提出丝绸之路经济带对沿线西部地区产生了显著的正面影响这一基本命题。为进一步支撑理论分析，作者依据双重差分倾向得分匹配法这一计量工具对丝绸之路经济带建设的绩效进行了具体分析，为本章的理论研究提供了数据支撑与评价反馈，并基于本章的研究结果对西部地区的进一步发展进行了前景展望与相应的支撑。这一研究不仅在理论上从不同视角丰富了学界对丝绸之路经济带这一倡议的研究，也在实践上对丝绸之路经济带的进一步建设提出了相应的规划，具有较强的理论意义与现实意义。

三 丝绸之路经济带提升沿线城市建设绩效的理论机理分析

丝绸之路经济带这一倡议带动了西部省区与其他国家的交流与贸易往来，创造了较为明显的开放红利。作为改革开放以来国际经济文化交流的又一尝试，这一倡议继承并发展了古丝绸之路的合作共赢精神，并进一步扩展了合作区域，建立了高效的合作机制，最终构建了行之有效的国际交流合作平台。在这一阶段，丝绸之路经济带这一倡议对本国的沿线区域也产生了积极的作用，而其具体的作用机理仍缺少相应的理论分析与数据支撑。本章在这一部分将对丝绸之路经济带提升沿线城市建设绩效的路径进行理论分析，以国家发展改革委、外交部与商务部 2015 年 3 月联合发布的《推动共建丝绸之路经济带和 21 世纪海上丝绸之路的愿景与行动》为理论支撑，以政策沟通、设施联通、贸易畅通、资金融通与民心相通这五个维度为着力点，从以下三个方面对其作用机理进行阐述。

（一）基础设施建设的机制

从设施联通这一维度出发，基础设施建设的完善与标准化不仅是加强国际交流与贸易往来的必然条件，也是政策沟通、贸易畅通、资金融通与民心相通的物质基础。丝绸之路经济带倡议对沿线城市的基础设施建设提出了相应要求，而设施联通也通过推动基础设施建设的完善从三个维度带动了丝绸之路经济带沿线城市的经济发展。

首先，基础设施建设作为"社会先行资本"，是实现区域"经济起飞"的重要前提条件。基础设施建设作为一种投资既可以直接促进地区经济增长，又可以通过溢出效应间接促进经济增长，基础设施跨越式的发展也是改革开放以来我国创造经济增长奇迹的重要原因。[①] 在丝绸之路经济带倡议的推行过程中，根据其规划，需要沿线城市进行现代化、数字化的基础设施的统一建设与不断完善，以实现设施联通的政策目标。而基础设施本身作为准公共产品，其生产需要资金与劳动力的投入，这也为西部地区的劳动力创造了大量就业岗位，进而带动了西部地区的经济繁荣。其次，基础设施建设中交通运输设施的不断完善也增强了生产要素的流动性，对当地实体企业而言，西部地区基础设施的建设从产品生产和销售运输两个方面降低了企业成本，提高了企业产品的竞争力，同时扩大了企业的销售市场，进而对企业的发展与西

[①] 刘生龙、胡鞍钢：《基础设施的外部性在中国的检验：1988—2007》，《经济研究》2010 年第 3 期。

部地区经济增长产生了正面作用。最后，基础设施建设的不断完善也为丝绸之路经济带沿线城市人民的生活提供了便利条件。无论是交通运输条件的改善，还是邮电通信等基础设施的完善，都为当地人民的出行或购物提供了便利条件。从需求市场的角度出发，基础设施的不断完善在提高人民生活质量的同时，也通过降低人民的消费成本刺激了其消费欲望，带动了需求市场的进一步发展，进而推动了西部地区的经济增长。

综上所述，丝绸之路经济带这一倡议通过完善西部地区的基础设施推动了沿线城市的经济增长。本章利用固定资产投资总额这一指标作为这一机制的代表变量，根据本章理论机制，作为控制变量，这一指标应对经济增长产生显著的正面作用；作为被解释变量，这一指标也应受到丝绸之路经济带倡议的正面冲击。

（二）市场资源配置机制

从贸易畅通的维度出发，丝绸之路经济带这一倡议带动了西部省区与其他国家的交流与贸易往来，进一步促进了市场资源配置效率的提高与产品市场的空间扩展，而市场规模的扩大与效率的提高有利于西部地区企业的快速发展，进而带动了西部地区的经济繁荣，最终推进我国区域的协调发展与共同富裕。

从市场规模的维度出发，丝绸之路经济带这一倡议为西部地区扩展了销售市场，市场规模的扩大则对企业发展、产业与地区经济发展产生了积极作用，而就其具体的影响机制而言，主要存在以下三种影响路径。

首先，从微观的企业发展视角出发，丝绸之路经济带这一倡议为西部地区带来了新的消费者群体，即通过市场的空间扩展增加了产品需求。根据供给与需求模型，在其他条件不变的情况下，需求的增加会直接带动产品销售量的上升。产品的批量生产一方面降低了企业的生产成本，实现了企业的规模效益；另一方面企业成本压低同样有利于企业国际竞争力的提高，为企业进一步扩展国际市场提供了有利条件，并在加强对外开放、逐步实现国际深度合作的同时，对提高我国在国际产业链上的分工地位产生了积极作用。

其次，从中观的产业发展视角出发，丝绸之路经济带这一倡议也通过市场的扩大带动了西部地区的产业集群与当地产业链的完善，进一步带动了当地就业岗位的增加，促进了西部地区的经济增长。其具体的作用机理仍与市场规模的扩大密切相关，当丝绸之路经济带沿线地区的市场扩张至一定规模时，其他地区的企业为降低运输成本，在收益大于等于成本的情况下，将会向西部地区迁移或在该地设立分公司，而西部地区企业的发展将会带动产业集群的产生。以市场带动企业落户西部地区不仅有利于西部地区的产业链的完善与就业人口的增加，还对西部地区产业结构的转型升级起到积极作用，进而推动了丝绸之路经济带沿线地区的产业发展与经济增长。

最后，从地区发展的宏观视角出发，丝绸之路经济带也为我国与其他国家的交流合作提供了新的平台，并通过市场规模的扩大推动了沿线地区的经济发展。从文化交流的维度出发，通过设施联通的实施，丝绸之路经济带这一倡议为沿线地区提供了便利的交通条件，为国际友人了解中国文化提供了便利，进而有利于带动西部地区及其他地区的旅游业发展，进而推动了地区经济的增长。而着眼于我国区域的协调发展，丝绸之路经济带这一倡议通过扩大国际市场为西部地区的经济发展提供了有利的区位优势，这一倡议加强了我国西部地区沿线段与国际沿线地区的贸易往来与资金流通，通过市场资源配置机制促进了我国其他地区对西部地区的产业转移，进而推动了我国区域的协调发展与共同富裕。

另外，在市场规模扩大的同时，丝绸之路经济带这一倡议通过强化国际交流与贸易往来深化了我国的经济机制改革，使市场能够更好地发挥其优化资源配置的积极作用，进而促进了丝绸之路经济带中国段沿线地区的经济增长，并对逐步实现中国经济的全球化产生了积极作用。

首先，丝绸之路经济带这一倡议构建了一条中国与国际交流的便利通道，并通过基础设施联通等规划降低了国际信息传递的成本，改善了市场的不完全信息问题，而信息的不对称、不完全往往是影响市场交易效率的关键。而丝绸之路经济带的建设通过信息传递成本的降低提高了市场的运行效率，进而对地区经济的高质量发展提供了有力支撑。

其次，丝绸之路经济带这一倡议在引入新的消费人群的同时，也通过加强国际交流为我国市场引入了新的企业，为打破部分行业的垄断现象提供了外部支持，并通过刺激我国的市场竞争激发了企业的竞争活力，提高了资源配置的效率，为企业发展与地区经济增长提供了支持。

最后，丝绸之路经济带这一倡议通过推动国际资金与商品的流通，在提高市场运行效率的同时，对我国实现国际收支的长期平衡产生了较强的现实意义，进而有利于增强我国货币汇率的稳定性，也为金融市场的稳定发展奠定了基础，为推动地区经济增长提供了支撑。

综上所述，丝绸之路经济带这一倡议通过推动市场规模的扩大与运行效率的提高推动了沿线城市与其他地区的经济增长。为进一步验证本章理论机制，笔者以工业总产值这一指标作为市场资源配置机制的代表变量，根据本章理论部分，作为控制变量，这一指标应对经济增长产生显著的正面作用；作为被解释变量，这一指标也应受到丝绸之路经济带倡议的正面冲击。

（三）投资驱动机制

在道路畅通的基础上，丝绸之路经济带这一倡议有利于各地区的经济交流，进而便于发挥各地区的比较优势，为实现区域协同发展提供有利条件。从要素市场视角出发，企业生产的关键要素为资本、劳动力与生产技术，而根据丝绸之路经济带倡议中资金融通与民心相通的规划，我国西部地区企业逐步实现了与国际的资金与人才交流，进而促进了生产要素的配置效率提升，规划在推动企业发展的同时促进了西部地区的经济增长。

从资金融通这一关键视角出发，根据跨国企业发展的一般规律，可以发现资本要素是企业进一步发展的关键因素，而就我国经济发展现状而言，融资约束不仅是抑制企业规模扩大、研发能力提升的关键因素，[1] 也是我国经济进行转型升级的重要瓶颈之一。[2] 因此，资金融通无疑为企业与经济发展的资金问题提出了合

---

① 谢家智、刘思亚、李后建：《政治关联、融资约束与企业研发投入》，《财经研究》2014 年第 8 期。

② 邓可斌、曾海舰：《中国企业的融资约束：特征现象与成因检验》，《经济研究》2014 年第 2 期。

理的解决方案，即通过直接利用外商资金扩大公司规模，实现公司的进一步发展，进而推动西部地区的经济增长。与此同时，针对我国金融市场发展较为滞后这一问题，丝绸之路经济带这一倡议的提出也为金融市场带来了新的活力，丝绸之路经济带倡议中的资金融通推动了资金这一关键要素在市场中的自由流动，进而推动了我国金融业的进一步发展，特别是西部地区经济的高质量增长。资金融通一方面为银行等金融机构带来了新的业务市场，也为国内企业或机构提供了新的投资方向，进而通过多元化投资提高了企业效益、推动了经济发展。另一方面，我国的金融市场也存在创新不足的关键问题，而丝绸之路经济带这一倡议带动了我国金融市场与国际的接轨，有利于金融工具的创新与金融环境的进一步规范，对金融市场的现代化发展与经济的增长起到了正面作用。从民心相通的视角出发，丝绸之路经济带这一倡议不仅加强了我国与国际的文化交流、推动了中华优秀文化的传播，也间接实现了高端人才与技术的深入合作，而高水平的对外开放也为西部地区乃至全国的高质量发展提供了支撑。丝绸之路经济带这一倡议在推动外商进行直接投资的同时，也间接推动了技术与人才的投资，进而带动了本国企业创新水平的提升，推动了企业与地区的进一步发展。

另外，对西部地区的企业而言，丝绸之路经济带这一倡议不仅是机遇，更是挑战。在市场规模扩大的同时，企业面临的竞争也更加激烈，国际复杂的市场环境及跨国企业的加入为西部地区的企业带来了新的挑战。如何在激烈的竞争中脱颖而出，利用丝绸之路经济带这一倡议及企业自身优势吸引外商投资，通过资金融通实现企业的高速发展是企业应思考的关键问题。对企业而言，打铁还需自身硬，丝绸之路经济带这一倡议为企业的发展提供了政策便利与支撑，而能否把握住此次机遇最终取决于企业本身。

根据投资驱动机制的影响路径分析，丝绸之路经济带这一倡议为西部地区企业提供了进一步发展的政策支撑，但要想切实利用这一倡议解决企业的融资约束问题仍需要企业自身的努力。为进一步验证本章理论机制，笔者以实际使用外资金额对数值这一指标作为投资驱动机制的代表变量，根据影响路径分析，这一指标作为控制变量应对经济增长产生显著的正面作用。而作为被解释变量，这一指标对丝绸之路经济带倡议的回归系数表明该影响机制是否发挥了预期作用，若系数显著为正，则表明丝绸之路经济带这一倡议通过利用外商投资促进了地区经济增长；若系数不显著则表明西部地区企业未切实发挥这一倡议的优势，政策效果未达到预期。

四 丝绸之路经济带沿线城市发展绩效评价——基于 PSM – DID 方法的实证检验

根据本章的理论部分，丝绸之路经济带这一倡议的提出对沿线地区产生了显著的正面影响，为进一步验证本章的理论部分，笔者利用中国城市的面板数据对这一倡议的影响方向与影响路径进行实证分析。出于数据可获得性的考虑，将时间限定在 2000 ~ 2016 年中国的 286 个地级市中，数据来源为《中国城市统计年鉴》，并采取"地区"而非"市辖区"作为原始数据的统一口径。在本章的实证部分，首先对模型中使用的主要变量进行描述性统计，具体如表 6 – 1 所示。

表 6－1　主要变量的描述性统计

变量	变量含义	观测值	平均值	标准差	最小值	最大值
lnGDP	地区生产总值对数值	4793	6.506	1.131	2.887	10.25
time	时间虚拟变量	4795	0.179	0.383	0	1
treated	政策虚拟变量	4795	0.244	0.429	0	1
did	时间虚拟变量×政策虚拟变量	4795	0.0450	0.207	0	1
house	房地产开发投资额	4788	1.490e+06	3.434e+06	0	4.240e+07
edu	地方财政教育事业支出	4003	367701	596640	834	8.874e+06
science	地方财政科学事业费支出	4001	46856	193729	0	4.035e+06
hospital	医院卫生所个数	4231	217.9	192.2	6	3052
ratio second	第二产业占地区生产总值比重	4793	47.84	11.22	9	90.97
population	年末总人口	4795	428.5	302.4	15.96	3392
innovation	城市创新指数	4534	6.164	36.41	0	1061
buil price	商品房平均销售价格	4524	3258	2616	46.96	45146
investment	固定资产投资总额	4793	7.870e+06	1.200e+07	49835	1.720e+08
ln*industry*	工业总产值对数值	4430	15.631	1.524	−0.630	19.860
ln*fdi*	实际使用外资金额对数值	4308	9.289	2.011	0.693	14.56

在对主要变量进行描述性统计后，笔者进一步建立双重差分倾向得分匹配法的基准回归模型，其中倾向得分匹配法仅作为数据筛选的统计工具，不体现在本章的回归模型中，模型设定如下。

$$\ln\text{GDP}_{it} = \beta_0 + \beta_1 time_{it} + \beta_2 treated_{it} + \beta_3 time_{it} treated_{it} + \beta_4 z_{it} + \varepsilon_{it}$$

模型中的下标 i 与 t 分别代表第 i 个地级市与第 t 年，在基准回归模型中，ln*gdp* 表示各地级市地区生产总值的对数值，本章取这一指标作为代表城市经济发展水平的被解释变量进行基准回归。z 为模型中的控制变量，具体指标为商品房平均销售价格、固定资产投资总额、房地产开发投资额、地方财政科学事业费支出、地方财政教育事业支出、医院卫生所个数、第二产业占地区生产总值比重、年末总人口、寇宗来等①计算的城市创新指数、工业总产值对数值及实际使用外资金额的对数值，ε 为随机扰动项。而根据双重差分法的定义内涵，这一基准回归模型中的参数意义如表 6 – 2 所示。

表 6 – 2　模型参数意义

类别	新丝绸之路倡议提出前（$time=0$）	新丝绸之路倡议提出后（$time=1$）	误差
丝绸之路经济带沿线地区（处理组，$treated=1$）	$\beta_0+\beta_2$	$\beta_0+\beta_1+\beta_2+\beta_3$	$\beta_1+\beta_3$
其他地区（处理组，$treated=0$）	β_0	$\beta_0+\beta_3$	β_1
did			β_3

　　基于本部分建立的双重差分模型，本章的核心解释变量为时间虚拟变量与政策虚拟变量的交互项，丝绸之路经济带这一倡议源于 2013 年，故年份变量的分界线为 2013 年，2013 年以前时间虚拟变量取 0，2013 年以后则取 1；政策虚拟变量的取值则与丝绸之路经济带的空间位置相关，本部分将丝绸之路经济带沿线西部九省的 72 个地级市作为处理组，将其他地区的城市作为控制组（出于数据的可获得性，未采用我国香港、澳门及台湾地区的数据），处理组政策虚拟变量的取值为 1，控制组政策虚拟变量的取值则为

---

① 寇宗来、刘学悦：《中国城市与产业创新力报告 2017》，复旦大学产业发展研究中心等发布，2017。

0。而核心解释变量则是时间虚拟变量与政策虚拟变量的交互项，其回归系数β_3的大小及显著性是本章考察的重点。回归系数β_3若显著为正，则表明丝绸之路经济带这一倡议对西部地区城市经济的增长有显著的正面作用，若显著为负，则表明丝绸之路经济带这一倡议对西部地区城市经济的负面影响更强，若不显著，则表明丝绸之路经济带这一倡议对西部地区城市经济的发展不存在显著作用。

基于上一部分的模型设定，本部分首先根据城市级别、地方财政教育事业支出、医院卫生所个数、人均地区生产总值及第三产业就业人员比重这五个指标对原始数据进行倾向得分匹配（PSM）。首先进行平稳性检验，检验结果表明匹配后其变量的标准化偏差均小于10%，且所有 t 检验结果均不拒绝处理组与控制组无系统差异的原假设，且与匹配前结果进行对比可发现所有变量的标准化偏差均大幅度缩小，即所有变量均通过了平衡性检验。这表明倾向得分匹配法的应用较大程度消除了各地级市之间的差异，后剔除与处理组基础条件相差过大的城市，在损失少量样本后进行回归。基准回归结果如表6-3所示。

表6-3　基准回归结果

变量	(1)	(2)	(3)	(4)	(5)	(6)
	RE	FE	OLS	RE	FE	OLS
	lnGDP	lnGDP	lnGDP	lnGDP	lnGDP	lnGDP
time	2.026 ***	2.027 ***	1.920 ***	0.986 ***	1.503 ***	0.0227
	(0.0142)	(0.0141)	(0.0734)	(0.0835)	(0.0700)	(0.1450)
treated	-0.812 ***		-0.745 ***	-0.352 ***		-0.00692
	(0.1040)		(0.0309)	(0.0312)		(0.0145)

续表

变量	(1) RE lnGDP	(2) FE lnGDP	(3) OLS lnGDP	(4) RE lnGDP	(5) FE lnGDP	(6) OLS lnGDP
did	0.100***	0.100***	0.0991	0.0707***	0.0630***	0.130***
	(0.0140)	(0.0140)	(0.0724)	(0.0151)	(0.0124)	(0.0280)
house				$-5.70\mathrm{e}-09^*$	$-4.74\mathrm{e}-09^*$	$-2.55\mathrm{e}-08^{***}$
				(3.02e−09)	(2.53e−09)	(4.21e−09)
edu				$-8.47\mathrm{e}-08^{***}$	$-5.47\mathrm{e}-08^{***}$	$-9.60\mathrm{e}-08^{***}$
				(1.73e−08)	(1.43e−08)	(2.84e−08)
science				2.47e−08	$9.20\mathrm{e}-08^*$	$-3.03\mathrm{e}-07^{***}$
				(5.69e−08)	(4.72e−08)	(9.09e−08)
hospital				$4.84\mathrm{e}-05^*$	$3.91\mathrm{e}-05^*$	$9.79\mathrm{e}-05^{***}$
				(2.49e−05)	(2.08e−05)	(3.38e−05)
ratio second				0.0105***	0.0120***	−0.00422***
				(0.000624)	(0.000551)	(0.000606)
population				0.00120***	0.000160	0.000543***
				(4.46e−05)	(0.000106)	(2.60e−05)
innovation				0.000160	−0.000186	0.00300***
				(0.000306)	(0.000253)	(0.000482)
buil price				$3.74\mathrm{e}-05^{***}$	$1.12\mathrm{e}-05^{***}$	$5.34\mathrm{e}-05^{***}$
				(3.28e−06)	(2.89e−06)	(3.67e−06)
investment				$6.69\mathrm{e}-09^{***}$	$5.80\mathrm{e}-09^{***}$	$1.62\mathrm{e}-08^{***}$
				(8.08e−10)	(6.77e−10)	(1.14e−09)
lnindustry				0.130***	0.0543***	0.436***
				(0.00626)	(0.00545)	(0.00775)
lnfdi				0.0453***	0.0165***	0.0736***
				(0.00322)	(0.00279)	(0.00429)
常量	5.565***	5.355***	5.611***	2.561***	4.103***	−1.284***
	(0.0533)	(0.00986)	(0.0515)	(0.1150)	(0.1060)	(0.1690)

续表

变量	（1）	（2）	（3）	（4）	（5）	（6）
	RE	FE	OLS	RE	FE	OLS
	lnGDP	lnGDP	lnGDP	lnGDP	lnGDP	lnGDP
年份效应	控制	控制	控制	控制	控制	控制
观测值	4725	4725	4725	3681	3681	3681
R^2		0.953	0.440		0.960	0.924
样本量	286	286		282	282	

注：括号内是系数的标准差，*** $p < 0.01$，** $p < 0.05$，* $p < 0.1$。

本部分的基准回归结果如表 6 - 3 所示，列（1）、（2）、（3）是未加入控制变量的回归结果，而列（4）、（5）、（6）则是加入控制变量的回归结果。可以发现，回归系数 β_3 在六个模型中均为正，除未加入控制变量的混合回归模型外，β_3 均在 0.01 的显著性水平下显著，故可以认为丝绸之路经济带这一倡议对中国段沿线城市的经济增长起到了显著的正面作用。此外，通过控制变量的回归结果对上文所述理论机制进行验证，发现在随机效应、固定效应与混合回归模型中，代表基础设施建设机制、市场资源配置机制与投资驱动机制的三个指标——固定资产投资总额对数值、工业总产值对数值与直接利用外商金额对数值对地区生产总值的回归系数均显著为正，故可以认为其对地区经济发展存在正向作用。

基于双重差分倾向得分匹配法的实证结果表明，丝绸之路经济带这一倡议切实推动了中国段沿线城市经济的增长。而根据前文的理论机制部分，本章进一步对其具体的作用机制分别进行实证检验，以固定资产投资总额对数值、工业总产值对数值与直接利用外商金额对数值作为被解释变量，利用双重差分法进一步验证丝绸之路经济带这一倡议对沿线城市经济增长的具体机理。由上文易知其对地区经济发展存在正向作用，而若在机制检验模型中，时间虚拟变量与政策虚拟变量的交互项这一核心解释变量回归系数显著为正，则表明丝绸之路经济带这一倡议通过影响该变量对地区经济增长发挥了积极作用；若回归系数显著为负或不显著，则表明丝绸之路经济带这一倡议未达到其预期效果，在西部地区的后续发展中，应更慎重决定倡议方案设计与实施路径，进而使丝绸之路经济带这一倡议发挥其预期作用。其估计结果如表6－4至表6－6所示。

表6－4 基础设施建设机制检验回归结果

变量	(1)	(2)	(3)	(4)	(5)	(6)
	RE	FE	OLS	RE	FE	OLS
	ln*investment*	ln*investment*	ln*investment*	ln*investment*	ln*investment*	ln*investment*
time	3.356***	3.356***	3.322***	2.461***	2.686***	1.534***
	(0.0260)	(0.0260)	(0.0747)	(0.1310)	(0.1250)	(0.2670)
treated	−0.630***		−0.600***	−0.486***		−0.384***
	(0.1080)		(0.0316)	(0.0555)		(0.0224)
did	0.148***	0.149***	0.115	0.0583***	0.0498**	0.105**
	(0.0258)	(0.0258)	(0.0738)	(0.0217)	(0.0207)	(0.0473)
常量	13.18***	13.03***	13.21***	12.18***	12.40***	12.41***
	(0.0569)	(0.0183)	(0.0528)	(0.1410)	(0.1460)	(0.2700)
控制变量	无	无	无	控制	控制	控制
年份效应	控制	控制	控制	控制	控制	控制
观测值	4793	4793	4793	3942	3942	3942
R^2		0.937	0.635		0.937	0.813
样本量	286	286		285	285	285

注：括号内是系数的标准差，*** $p<0.01$，** $p<0.05$，* $p<0.1$。

表 6 - 5　市场资源配置机制检验回归结果

变量	(1)	(2)	(3)	(4)	(5)	(6)
	RE	FE	OLS	RE	FE	OLS
	ln*industry*	ln*industry*	ln*industry*	ln*industry*	ln*industry*	ln*industry*
time	2.802 ***	2.803 ***	2.719 ***	2.599 ***	2.865 ***	0.702
	(0.0367)	(0.0366)	(0.1010)	(0.2340)	(0.2290)	(0.4710)
treated	-1.139 ***		-1.083 ***	-1.029 ***		-0.845 ***
	(0.1400)		(0.0443)	(0.1020)		(0.0395)
did	0.177 ***	0.177 ***	0.120	0.131 ***	0.124 ***	0.191 **
	(0.0366)	(0.0365)	(0.1000)	(0.0385)	(0.0373)	(0.0832)
常量	14.35 ***	14.08 ***	14.43 ***	13.84 ***	13.48 ***	14.70 ***
	(0.0743)	(0.0257)	(0.0713)	(0.2420)	(0.2600)	(0.4710)
控制变量	无	无	无	控制	控制	控制
年份效应	控制	控制	控制	控制	控制	控制
观测值	4498	4498	4498	3929	3929	3929
R²		0.858	0.462		0.826	0.625
样本量	285	285		285	285	

注：括号内是系数的标准差，*** $p < 0.01$，** $p < 0.05$，* $p < 0.1$。

表 6 - 6　投资驱动机制检验回归结果

变量	(1)	(2)	(3)	(4)	(5)	(6)
	RE	FE	OLS	RE	FE	OLS
	ln*fdi*	ln*fdi*	ln*fdi*	ln*fdi*	ln*fdi*	ln*fdi*
time	2.299 ***	2.301 ***	2.210 ***	1.518 ***	2.480 ***	-0.805
	(0.0721)	(0.0718)	(0.1490)	(0.4320)	(0.4140)	(0.6360)
treated	-2.303 ***		-2.031 ***	-2.125 ***		-1.680 ***
	(0.1990)		(0.0686)	(0.1260)		(0.0571)
did	-0.0107	-0.0157	0.0483	-0.164 **	-0.144 *	-0.112
	(0.0770)	(0.0767)	(0.1580)	(0.0796)	(0.0757)	(0.1230)

变量	（1）	（2）	（3）	（4）	（5）	（6）
	RE	FE	OLS	RE	FE	OLS
	lnfdi	lnfdi	lnfdi	lnfdi	lnfdi	lnfdi
常量	8.274***	7.860***	8.372***	7.097***	7.513***	7.519***
	（0.1100）	（0.0506）	（0.1050）	（0.4550）	（0.4890）	（0.6440）
控制变量	无	无	无	控制	控制	控制
年份效应	控制	控制	控制	控制	控制	控制
观测值	4308	4308	4308	3753	3753	3753
R^2		0.528	0.325		0.492	0.602
样本量	284	284		283	283	

注：括号内是系数的标准差，*** $p < 0.01$，** $p < 0.05$，* $p < 0.1$。

根据机制检验的回归结果，基于中介效应逐步回归法这一检验方法可以发现，在上一部分提出的丝绸之路经济带这一倡议对西部地区经济发展的三条影响路径中，基础设施建设机制、市场资源配置机制均发挥了显著的积极作用，但投资驱动机制未达到这一倡议的政策预期，未对西部经济发展产生显著积极影响。因此，在丝绸之路经济带这一倡议的后续发展方向中，应切实考虑地区差异与当地企业特点，因地制宜，以相应的政策机制推动企业的发展，激发企业的创新活力，使其能够充分发挥优势，通过利用外商投资推动当地经济发展。

为了进一步增强理论的可靠性，基于上文的基准分析结果，笔者利用双重差分模型进行了变量替换及剔除的稳健性检验。首先，将代表地区经济发展的被解释变量由地区生产总值的对数值更替为人均地区生产总值，对核心解释变量及控制变量进行回归，回归结果如表6－7所示。其次，笔者剔除2010年及之前年份的城市数据，基于双重差分模型再次进行基准回归，回归结果如表6-8所示。由回归结果易得，表6-7、表6-8与表6-3的回归结果基本一致，这在一定程度上表明了本章的基本假定：丝绸之路经济带这一倡议对西部地区的经济发展产生了显著的正面影响这一命题具有较强的可信度。

表6-7 稳健性检验1

变量	(1)	(2)	(3)	(4)	(5)	(6)
	RE	FE	OLS	RE	FE	OLS
	lnPGDP	lnPGDP	lnPGDP	lnPGDP	lnPGDP	lnPGDP
time	10.80***	10.80***	10.73***	10.27***	10.64***	9.249***
	(0.0200)	(0.0199)	(0.0553)	(0.1180)	(0.1150)	(0.1990)
treated	-0.520***		-0.485***	-0.298***		-0.0364*
	(0.0772)		(0.0240)	(0.0482)		(0.0198)
did	0.134***	0.133***	0.147***	0.0628***	0.0596***	0.0790**
	(0.0200)	(0.0199)	(0.0552)	(0.0212)	(0.0204)	(0.0383)
investment				1.47e-09	1.12e-09	9.33e-09***
				(1.14e-09)	(1.11e-09)	(1.56e-09)
house				-6.40e-09	-6.20e-09	-4.72e-09
				(4.26e-09)	(4.16e-09)	(5.77e-09)
edu				3.91e-08	6.66e-08***	2.45e-08
				(2.43e-08)	(2.36e-08)	(3.90e-08)
science				7.20e-08	1.12e-07	-1.93e-07
				(8.00e-08)	(7.75e-08)	(1.25e-07)
hospital				6.03e-05*	5.06e-05	0.000140***
				(3.50e-05)	(3.41e-05)	(4.64e-05)
ratio second				0.0139***	0.0143***	0.00891***
				(0.000887)	(0.000905)	(0.000831)

续表

变量	(1) RE lnPGDP	(2) FE lnPGDP	(3) OLS lnPGDP	(4) RE lnPGDP	(5) FE lnPGDP	(6) OLS lnPGDP
population				-0.000371***	-0.00149***	-0.000755***
				(6.78e-05)	(0.000174)	(3.56e-05)
innovation				-0.00112***	-0.00128***	-0.000744
				(0.000431)	(0.000416)	(0.000660)
buil price				3.09e-05***	1.25e-05***	6.27e-05***
				(4.65e-06)	(4.75e-06)	(5.03e-06)
*ln*industry				0.110***	0.0647***	0.253***
				(0.00887)	(0.00895)	(0.0106)
ln*fdi*				0.0275***	0.00734	0.0731***
				(0.00455)	(0.00458)	(0.00588)
o. treated		—			—	
常量	0.231***	0.0862***	0.253***	-2.087***	-0.966***	-3.955***
	(0.0408)	(0.0138)	(0.0387)	(0.1640)	(0.1740)	(0.2320)
年份效应	控制	控制	控制	控制	控制	控制
观测值	4462	4462	4462	3681	3681	3681
R^2		0.992	0.940		0.994	0.978
样本量	285	285		282	282	

注：括号内是系数的标准差，*** $p < 0.01$，** $p < 0.05$，* $p < 0.1$。

表 6-8　稳健性检验 2

变量	(1) RE lnGDP	(2) FE lnGDP	(3) OLS lnGDP	(4) RE lnGDP	(5) FE lnGDP	(6) OLS lnGDP
time	0.357***	0.357***	0.362***	0.224***	0.417***	-0.0623**
	(0.0120)	(0.0119)	(0.0737)	(0.0203)	(0.0197)	(0.0314)
treated	-0.760***		-0.767***	-0.307***		-0.0286
	(0.1120)		(0.0659)	(0.0433)		(0.0306)

续表

变量	(1) RE lnGDP	(2) FE lnGDP	(3) OLS lnGDP	(4) RE lnGDP	(5) FE lnGDP	(6) OLS lnGDP
did	0.0454 ***	0.0455 ***	0.0326	0.0561 ***	0.0334 **	0.0841 **
	(0.0151)	(0.0151)	(0.0931)	(0.0185)	(0.0153)	(0.0385)
investment				9.68e−09 ***	4.18e−09 ***	1.94e−08 ***
				(1.27e−09)	(1.15e−09)	(1.31e−09)
house				1.18e−08 ***	6.74e−09 *	−1.57e−08 ***
				(4.40e−09)	(4.01e−09)	(4.43e−09)
edu				4.49e−08 **	1.29e−09	4.35e−09
				(2.05e−08)	(1.76e−08)	(3.14e−08)
science				−1.54e−07 **	−3.68e−08	−1.93e−07 **
				(6.28e−08)	(5.56e−08)	(8.68e−08)
hospital				−4.27e−05	1.52e−07	−2.82e−05
				(3.34e−05)	(2.79e−05)	(4.99e−05)
ratio second				0.0130 ***	0.0189 ***	0.000766
				(0.00127)	(0.00135)	(0.00102)
population				0.000931 ***	0.000755 ***	0.000459 ***
				(6.44e−05)	(0.000246)	(4.46e−05)
innnovation				−0.000580 **	−0.000286	0.000606 *
				(0.000260)	(0.000226)	(0.000337)
buil price				4.86e−05 ***	9.74e−06 *	6.26e−05 ***
				(5.26e−06)	(5.17e−06)	(4.63e−06)
inindustry				0.0632 ***	0.0135 **	0.274 ***
				(0.00716)	(0.00607)	(0.0115)
lnfdi				0.0585 ***	0.0203 ***	0.0877 ***
				(0.00676)	(0.00599)	(0.00833)
o. treated		—			—	

变量	（1）	（2）	（3）	（4）	（5）	（6）
	RE	FE	OLS	RE	FE	OLS
	lnGDP	lnGDP	lnGDP	lnGDP	lnGDP	lnGDP
常量	7.237***	7.048***	7.232***	4.126***	5.281***	1.080***
	(0.0563)	(0.00800)	(0.0521)	(0.1330)	(0.1620)	(0.1600)
年份效应	控制	控制	控制	控制	控制	控制
观测值	1708	1708	1708	1613	1613	1613
R^2		0.500	0.149		0.620	0.868
样本量	286	286		278	278	

注：括号内是系数的标准差，*** $p<0.01$，** $p<0.05$，* $p<0.1$。

五 研究结论及丝绸之路经济带发展前景展望

根据本章的理论机制构建与实证检验，可以认为自丝绸之路经济带这一倡议提出以来，这一倡议对中国段沿线城市的经济增长产生了显著的正面影响。就其具体的作用机制而言，这一倡议以政策沟通、设施联通、贸易畅通、资金融通与民心相通为目标，通过基础设施建设机制与市场资源配置机制对西部地区城市的经济增长起到了积极影响。但遗憾的是，西部地区企业由于发展动力不足，未切实利用该倡议带来的政策优势吸引外商投资以推动当地经济发展，即丝绸之路经济带这一倡议的投资驱动机制未达到预期效果，未实现该路径对沿线城市经济增长的积极作用。在新时代推进西部大开发形成新格局的关键时期，为实现西部地区经济的高质量发展，应进一步发挥丝绸之路经济带这一倡议的积极作用，逐步推动我国区域经济协调发展，共同实现伟大的中国梦。

根据丝绸之路经济带的建设机制分析及该倡议的实施绩效考

核，可以发现丝绸之路经济带这一倡议自推行以来，已对中国段的沿线城市产生了显著的正面作用。而在这一倡议实施的下一阶段，基于政策沟通、设施联通、贸易畅通、资金融通与民心相通的目标，着眼于本章的理论机制及绩效评价结果，笔者提出，应以开放战略、创新战略、协同战略、市场战略及品牌提升战略作为具体的规划方向，与推进西部大开发打造新格局形成政策合力，共同构建丝绸之路经济带区域经济一体化的新格局。

开放战略即在丝绸之路经济带这一倡议推行的新阶段，应坚持对外开放这一基本国策，通过打造国际交流的新平台推动我国的高水平开放。就具体的部署而言，应将"引进来"与"走出去"紧密结合，在经济全球化的时代背景下推动我国在全球经济中地位的提升，利用比较优势的发挥推动本国经济的进一步发展。一方面，丝绸之路经济带这一倡议应通过引进高端人才、先进技术及科学的生产管理方法等提高资源配置效率，同时扩大利用外资的规模与提高效率，通过"引进来"推动本国经济、制度等方面的进步。另一方面，在本国技术实力提升的基础上，也要通过丝绸之路经济带这一倡议的实施推动本国产品、文化的对外输出，通过国际合作与交流的加强实现市场规模的扩大，进而推动我国经济的全球化发展，实现以开放促改革、促发展的丝绸之路经济带目标。

创新战略不仅包括科学技术的创新，也包括合作模式、体制机制及战略思想等创新内涵。从合作模式的创新视角出发，在丝绸之路经济带的建设过程中，应以各国合作共赢、共建人类命运共同体为目标，通过合作模式的创新形成合理的利益共享与风险共担机制，进而深化国际合作，加强国家贸易往来与政策沟通，在本国经济发展的同时体现大国担当，惠及周边国家，推动国际共同发展。除此之外，为通过丝绸之路经济带这一倡议实现我国经济的高质量发展，也应通过汲取国际发展经验推动体制机制的创新与完善，为经济发展提供制度红利。

在这一过程中，政府应以现代化经济体系为目标，统筹财政、货币等相关政策，以完善的法律制度作为支撑，形成政策合力推动丝绸之路经济带的建设与我国的经济发展。而在经济发展的过程中，也应对战略思想的创新给予重视，新时代以来，我国的经济发展进入新常态，在此阶段，我国的经济增长速度由"高速"转为"平稳"。[①] 随着经济发展模式的变化，我国以习近平同志为主要代表的共产党人与时俱进，结合马克思主义与当代中国现状提出了新的理论，即习近平新时代中国特色社会主义思想。[②] 而丝绸之路经济带在建设过程中，也应紧跟时代步伐，以习近平总书记提出的新发展理念为指导，以战略思想的创新推动经济的进一步发展。

协同战略即丝绸之路经济带这一倡议需要沿线地区的协同合作，以协同促发展，共同推进区域经济一体化。丝绸之路经济带在建设过程中，需要沿线各省份的协同配合，以其政策合力推动地区的高质量发展。一方面，考虑到丝绸之路经济带沿线区域存在较大的自然差异，其相应的规划方向也要因地制宜，发挥各地区的比较优势，特别是丝绸之路沿线上节点城市的枢纽作用，将

---

① 任保平、魏婕、郭晗：《中国经济增长质量发展报告 2018》，中国经济出版社，2018。

② 任保平、张倩：《新中国成立 70 年中国经济发展道路的政治经济学阐释》，《西北大学学报》（哲学社会科学版）2019 年第 4 期。

地区的资源优势、地理优势转化为经济优势，并通过优势互补实现资源配置的进一步优化与地区的协同发展。另一方面，需要考虑政策实施的连贯性与一致性，应从丝绸之路经济带这一倡议的整体视角出发，避免地方各自为战而导致的资源配置低效率的问题。在这一过程中，丝绸之路经济带沿线地区应从发展的全局视角出发，在目标与规划统一、连贯的基础上实现区域一体化发展，推动丝绸之路经济带这一倡议达到其预期效果，进而推动西部乃至全国的经济实现高质量发展。

市场战略即在丝绸之路经济带的建设过程中，与国际接轨，深化市场机制改革，根据"市场主导、政府引导"的战略思路推动我国营商环境的优化，激发企业的竞争活力与企业家的创新精神。一方面，市场机制深化有利于政府与市场发挥各自的独特优势，进而推动市场效率的提高，而根据本章的理论机制分析，市场效率的提高会带动地区经济的高质量发展。特别是在丝绸之路经济带这一倡议推动了市场规模扩张的前提下，与国际接轨的市场体制更有利于生产要素的自由流动及其配置效率的提高，进而对我国的经济发展产生正面作用。另一方面，在丝绸之路经济带的建设过程中，公平、公正的营商环境有利于激发企业家的创新精神，进而以创新带动企业的高质量发展，也为企业优质品牌的打造奠定基础。随着我国经济的转型发展，现代化的经济体系建设对市场环境有了新的要求，而市场战略作为丝绸之路经济带建设的重要支撑，不仅对丝绸之路经济带沿线地区的经济发展具有重要意义，也是推动我国经济高质量发展的关键机制。

品牌提升战略则是对于企业进一步发展的规划，即通过优质企业品牌的打造推动我国经济全球化的进一步发展。新时代以来，面临经济发展的转型问题，习近平总书记提出了中国产品向中国品牌转变①的先进指导思想，为我国企业的进一步发展提供了道路规划。特别是在丝绸之路经济带的建设过程中，随着国际交流的日益频繁，以品牌提升战略推进我国国际分工地位的提升已成为丝绸之路经济带这一倡议的关键，其意味着企业应树立品牌意识，在保持产品高质量的同时提高产品附加值，进而通过优质国际品牌的打造树立中国品牌。以阿里巴巴为例，2019 年 9 月 19 日联合国环境规划署宣布，中国移动支付平台支付宝推出的"蚂蚁森林"项目获得联合国最高环保荣誉——"地球卫士奖"。②

阿里巴巴通过公益林项目赋予了移动支付以环保内涵，在全球范围内扩大了其品牌知名度，树立了优质的品牌形象，在推动企业进一步发展的同时体现了中国经济高质量发展中的企业担当。除此之外，根据本章实证结果，丝绸之路经济带这一倡议的投资驱动机制未达到其预期效果，一方面表明丝绸之路经济带在具体实施过程中仍存在不足，需要规划的改进；另一方面也说明企业未充分发挥倡议的优势，缺乏吸引外商投资的国际竞争力。为切实达到丝绸之路经济带的效果，应以品牌提升战略提高产品附加值，推动企业创新发展，利用外商资本缓解企业的融资约束问题，进而实现我国经济的高质量发展。

---

① 《以质量创新促进中国制造向中国创造转变》，《中国质量报》2014 年 5 月 21 日。

② 《中国"蚂蚁森林"项目获联合国"地球卫士奖"》，《人民日报》2019 年 9 月 20 日。

第七章

丝绸之路经济带沿线西北省区经济发展绩效的评价与制约因素分析

一 引言

在丝绸之路经济带背景下，沿线西北省区的经济发展迎来了新的发展机遇，但也存在许多发展桎梏。对丝绸之路经济带沿线西北省区的经济发展绩效进行测算并分析其制约因素，对促进沿线西北省区对外开放经济合作模式的形成具有重要意义。丝绸之路经济带是新时代背景下的一种跨区域经济合作的发展模式，这条经济大走廊将沿线地区的经济发展紧密联系在一起，推进了区域间的经贸合作，大大提升了沿线地区的对外开放水平，发展前景不容小觑。[①] 沿线西北省区地处丝绸之路经济带的连接中心位置，是中国与其他沿线国家的贸易枢纽，发展对外开放经济对提

---

① 何茂春、张冀兵：《新丝绸之路经济带的国家战略分析——中国的历史机遇、潜在挑战与应对策略》，《学术前沿》2013 年第 23 期。

升沿线西北省区经济发展绩效具有重要意义。习近平主席曾指出在丝绸之路经济带的发展过程中要着重加强"五通"建设，形成区域经济大合作的发展格局。本书第五章中已经从政策沟通、设施联通、贸易畅通、资金融通和民心相通等五个维度构建了丝绸之路经济带背景下沿线西部省区及主要城市经济发展绩效评价的指标体系。本章将立足于前文中对丝绸之路经济带沿线西部省区经济发展绩效的理论分析，参考前文中已建立好的经济发展绩效评价体系，从"五通角度"对陕西、甘肃、青海、宁夏以及新疆五个省区的经济发展绩效进行具体分析和综合评价并分析其制约因素，以期为提升沿线西北省区经济发展绩效政策的制定提供依据。

二 评价的思路与方法

根据此前书中所建立的经济发展绩效评价的指标体系，本章将从政策沟通、设施联通、贸易畅通、资金融通和民心相通五个维度对 2013~2017 年丝绸之路经济带沿线西北五个省区的经济发展绩效进行测算分析。丝绸之路经济带沿线西北省区经济发展绩效的评价从"五通"维度出发，每个维度都存在不同的分析角度，因此又派生出许多下级分析指标。要对沿线西北省区经济发展绩效进行准确完整的评价，将要对多种指标进行分析，指标太多将在无形中增加了分析的复杂性，分析结果也不够直观，无法直接判断各个省区经济发展绩效的变化趋势。为了解决这一问题，本章拟引入主成分分析法进行经济发展绩效的综合测算。主成分分析法能够将多个变量通过降维化处理简化成少数几个综合指标，便于分析问题。本章将通过数据整理，首先，从政策沟通、设施联通、贸易畅通、资金融通和民心相通五个维度出发对沿线西北省区的经济发展现状进行具体分析，准确把握沿线西北省区当前经济发展的阶段性特征；其次，通过主成分分析法对数据进行处理，从五大维度各自的测算结果和经济发展绩效的综合测算结果两个视角出发对 2013~2017 年丝绸之路经济带沿线西北五个省区的经济发展绩效进行评价对比分析；最后，在本章经济绩效测算结果的分析基础上，结合沿线西北五个省区的经济特征分析其发展的制约因素，以打破地区经济高质量开放发展的桎梏，以期为沿线西北省区经济发展绩效的提升以及相关政策的制定提供参考。

三　评价的指标体系

由于各个省区的统计数据完整性不一、统计口径不一，本章参考第五章已建立的指标体系，结合西北五个省区的数据统计情况对原有的 33 个指标进行适当修改，删减重复描述指标，选取相似指标对原有指标进行替换，以保证指标体系对经济发展绩效的良好反映。本章拟建立的指标体系（见表 7-1），包含政策沟通、设施联通、贸易畅通、资金融通和民心相通五个维度的一级指标，12 个二级指标，24 个三级指标。本章涉及所有原始数据来自国家统计局、中国经济与社会发展统计数据库、《中国金融年鉴》等。由于选取的基础数据是截面数据，数据缺失值很少，所以在此基础上进行测算分析将具有较高的准确度和可信度，能够真实反映丝绸之路经济带沿线西北五省的经济发展状况，为提升经济发展绩效的政策制定提供依据。

表 7 - 1　　丝绸之路经济带沿线西北省区经济发展绩效的评价指标体系

一级指标	二级指标	三级指标	计量单位	指标属性
政策沟通	合作基础	外商投资全社会固定资产投资	亿元	正 指 标
	合作成果	国外技术引进合同数	项	正 指 标
设施联通	交通设施	客运量	万人	正 指 标
		货运量	万吨	正 指 标
		铁路营业里程	万公里	正 指 标
	通信设施	邮电业务总量	亿元	正 指 标
		长途光缆线路长度	公里	正 指 标
		互联网宽带接入用户	万户	正 指 标
	能源设施	电力消费总量	亿千瓦时	逆 指 标
		天然气管道长度	公里	正 指 标
		供水管道长度	公里	正 指 标
贸易畅通	对外贸易	进出口总额	美元	正 指 标
		外商投资企业投资总额	百万美元	正 指 标
	经济合作	外商投资企业年底注册登记企业数	户	正 指 标
资金融通	市场价格	居民消费价格指数	—	适度指标
		工业生产者出厂价格指数	—	适度指标
	金融储备	外商直接投资额	万美元	正 指 标
		金融机构年末存款余额	万元	正 指 标
民心相通	旅游活动	接待国际游客人数	百万人次	正 指 标
		国际旅游收入	百万美元	正 指 标
	科研交流	外国留学生招生数	人	正 指 标
	运输服务	旅客周转量	亿人公里	正 指 标
		交通运输、仓储及邮电通信业城镇单位就业人员	万人	正 指 标
		信息传输、计算机服务和软件业城镇单位就业人员	万人	正 指 标

四 从"五通角度"出发的具体评价

(一) 政策沟通

加强政策沟通是"一带一路"建设的重要保障。评价丝绸之路经济带沿线西北省区的政策沟通绩效可以从合作基础与合作成果两个方面来评判。本章采用外商投资全社会固定资产投资来体现政策沟通的合作基础，国外技术引进合同数来体现政策沟通的合作成果。由表 7－2 可见，陕西的外商投资全社会固定资产投资一直远高于其他省份，新疆居于第二，甘肃、宁夏、青海较低；从变化趋势来看，陕西与新疆的外商投资全社会固定资产投资在 2013～2014 年有大幅度增加，但 2015～2017 年又大幅度减少，宁夏、甘肃均在波动中下降，青海变化幅度很大。陕西和新疆的国外技术引进合同数相对较多，甘肃、青海、宁夏情况不容乐观；从变化趋势来看，新疆的国外技术引进合同数变化稳定，但其余四个省份近几年的国外技术引进合同数整体下滑严重，有的甚至为零，形势严峻。

表 7－2　丝绸之路经济带沿线西北省区"政策沟通"相关指标

二级指标	三级指标	地区	2013 年	2014 年	2015 年	2016 年	2017 年
合作基础	外商投资全社会固定资产投资（亿元）	陕西省	348.74	430.03	431.71	383.02	250.36
		甘肃省	10.44	16.37	16.5	13.57	4.77
		青海省	4.26	30.59	0.21	21.39	14.72
		宁夏回族自治区	10.75	6.35	8.66	10.76	10.34
		新疆维吾尔自治区	45.41	81.62	51.81	29.43	18.17
合作成果	国外技术引进合同数（项）	陕西省	46	26	10	16	15
		甘肃省	6	5	3	1	1
		青海省	1	9	2	2	0

续表

二级指标	三级指标	地区	2013 年	2014 年	2015 年	2016 年	2017 年
合作成果	国外技术引进合同数（项）	宁夏回族自治区	16	7	2	1	5
		新疆维吾尔自治区	23	17	18	26	27

（二）设施联通

设施联通是"一带一路"建设的重要领域。评价丝绸之路经济带沿线西北省区的设施联通程度可以从交通设施、通信设施、能源设施这三个方面来评判。本章根据沿线西北省区的情况选取了客运量、邮电业务总量、互联网宽带接入用户、电力消费总量等9个指标。由表7-3可见，陕西客运量一直保持在较高水平，新疆和甘肃位于第二层次，而青海、宁夏两个省区的客运量较小；陕西的货运量远远超出其他各个省区，甘肃、宁夏、新疆三个省区水平相近，青海货运量水平很低；陕西、新疆、甘肃三个省区的铁路营业里程相对较长，其余两省相对较短；沿线五大省区的邮电业务总量均呈现显著的上升趋势，尤其是陕西一直居于领先地位，青海尽管呈现上升趋势，但仍处于较低水平；五大省区的长途光缆线路长度基本呈现稳定上升趋势，宁夏水平略低于其他四省区；互联网宽带接入用户近年来逐渐上升，陕西、新疆、甘肃三省区发展较快，青海、宁夏发展缓慢且互联网普及仍然处于低水平；从能源设施来看，五大省区均大体呈现显著上升趋势，新疆、陕西一直处于较高水平，青海、宁夏的能源设施还需着重建设。

表7-3 丝绸之路经济带沿线西北省区"设施联通"相关指标

二级指标	三级指标	地区	2013 年	2014 年	2015 年	2016 年	2017 年
交通设施	客运量 (万人)	陕西省	70133	74188	69680	69820	67880
		甘肃省	36163	38986	40453	41626	42638
		青海省	4790	5444	5602	5934	6274
		宁夏回族自治区	8418	9186	9300	8757	7345
		新疆维吾尔自治区	40926	37176	35948	32148	27083
	货运量 (万吨)	陕西省	141579	157012	140900	149046	163079
		甘肃省	51463	57240	58251	60661	66204
		青海省	13372	14638	15962	16881	17923
		宁夏回族自治区	40914	41308	42626	43260	38187
		新疆维吾尔自治区	66908	72168	70673	71961	84395
	铁路营业 里程 (万公里)	陕西省	0.44	0.45	0.45	0.46	0.50
		甘肃省	0.26	0.34	0.38	0.41	0.47
		青海省	0.19	0.21	0.23	0.23	0.23
		宁夏回族自治区	0.13	0.13	0.13	0.13	0.14
		新疆维吾尔自治区	0.47	0.55	0.59	0.59	0.59
通信设施	邮电业务 总量 (亿元)	陕西省	37.02	45.94	61.48	92.03	116.31
		甘肃省	11.38	13.51	16.32	22.19	26.74
		青海省	2.94	3.54	3.73	4.83	6.01
		宁夏回族自治区	4.71	10.74	12.19	15.20	15.32
		新疆维吾尔自治区	18.78	20.23	22.25	27.50	32.52
	长途光缆 线路长度 (公里)	陕西省	28394	28926	29199	29949	30813
		甘肃省	31192	31377	32446	33409	35762
		青海省	33583	38975	40560	42470	42728
		宁夏回族自治区	9708	9600	10848	10910	10954
		新疆维吾尔自治区	37620	36819	37375	37579	44235

续表

二级指标	三级指标	地区	2013 年	2014 年	2015 年	2016 年	2017 年
通信设施	互联网宽带接入用户（万户）	陕西省	506.2	552.4	689.9	803.0	903.2
		甘肃省	192.2	213.9	302.7	392.9	576.4
		青海省	54.9	61.4	82.3	99.7	120.1
		宁夏回族自治区	71.1	78.2	92.5	111.9	159.2
		新疆维吾尔自治区	293.0	305.7	409.5	468.4	569.9
能源设施	天然气管道长度（公里）	陕西省	9335	10527	12234	14185	16567
		甘肃省	1900	2087	2309	2492	3140
		青海省	1035	1061	1234	1297	2244
		宁夏回族自治区	3674	4123	4470	5057	6279
		新疆维吾尔自治区	10986	12147	12833	13395	13358
	供水管道长度（公里）	陕西省	6175	6820	8068	8552	9520
		甘肃省	4974	5265	5625	5319	5803
		青海省	2081	2231	2456	2465	2709
		宁夏回族自治区	2117	2309	2355	2532	2833
		新疆维吾尔自治区	8142	8652	9330	9701	10206
	电力消费总量（亿千瓦时）	陕西省	1152.20	1226.01	1221.73	1357.06	1494.75
		甘肃省	1073.20	1095.48	1098.72	1065.15	1164.37
		青海省	676.30	723.21	658.00	637.51	687.01
		宁夏回族自治区	811.20	848.75	878.33	886.91	978.30
		新疆维吾尔自治区	1539.80	1900.24	2160.34	2316.46	2542.85

（三）贸易畅通

贸易畅通是"一带一路"建设的重点内容。在"一带一路"建设中，要实现贸易畅通，扩大资本市场、要素市场、产品市场，形成国际化的贸易开放市场。评价丝绸之路经济带沿线西北省区的贸易畅通程度可以从对外贸易、经济合作这两个方面来评判。近年来，我国对外开放程度不断提升，进出口数量显著增加，新疆、陕西的进出口总额远远超过其他省区，相比之下青海的进出口水平较低；从外商投资企业年底注册登记企业数来看，陕西一直居于高位，新疆、甘肃两个省区位居第二层次，青海、宁夏数量很少；五大省区的外商投资企业投资总额均大体呈现稳步上升趋势，陕西、宁夏水平较高，但新疆、青海投资总额很低。从变化趋势上来看，近年来甘肃和新疆的进出口总额大体呈现下降趋势，青海在2017年进出口总额迅速下滑，对外贸易发展形势堪忧；青海、宁夏以及新疆的外商投资企业年底注册登记企业数大体呈上升趋势，但陕西、甘肃呈现缓慢下降趋势；丝绸之路经济带沿线西北省区的外商投资企业投资总额大体呈现明显的上升趋势，这表明在丝绸之路经济带背景下这些省区的对外经济合作逐渐密切，贸易畅通发展良好。

表7-4 丝绸之路经济带沿线西北省区"贸易畅通"相关指标

二级指标	三级指标	地区	2013年	2014年	2015年	2016年	2017年
对外贸易	进出口总额（万美元）	陕西省	2012881	2740847	3050000	2992000	4014000
		甘肃省	1028103	864894	795253	681721	505589
		青海省	140256	171896	193447	151500	66000
		宁夏回族自治区	321791	543558	379062	324648	503605
		新疆维吾尔自治区	2756191	2766930	1967800	1796328	2066100
经济合作	外商投资企业年底注册登记企业数（户）	陕西省	6443	6782	6017	5953	5629
		甘肃省	2229	2282	2130	2079	2061
		青海省	370	363	404	440	470
		宁夏回族自治区	488	538	584	651	738
		新疆维吾尔自治区	1302	1325	1384	1474	1679
	外商投资企业投资总额（百万美元）	陕西省	36629	44734	51571	56081	80039
		甘肃省	6510	6764	7657	7529	20197
		青海省	2981	3095	7396	7527	7699
		宁夏回族自治区	3537	5164	8972	8707	30420
		新疆维吾尔自治区	6453	7586	8518	9666	13323

（四）资金融通

资金融通是"一带一路"建设的重要支撑。评价丝绸之路经济带沿线西北省区的资金融通程度可以从市场价格、金融储备这两个方面来评判。从表7-5来看，沿线西部五大省区2013～2017年的居民消费价格指数显示目前居民消费价格呈现上升趋势，但上升幅度逐渐减小；然而工业生产者出厂价格指数显示工业生产者出厂和购进价格2013～2016年呈现下降趋势，2017年又大幅度回升；近年来陕西的外商直接投资额一直处于较高水平并显著上升，新疆、宁夏两个省区次之，但新疆近年来呈现下降趋势，甘肃2013～2016年显著提升，但2017年迅速下降，青海自2013年以后迅速下滑，情况不容乐观。

表7-5　丝绸之路经济带沿线西北省区"资金融通"相关指标

二级指标	三级指标	地区	2013年	2014年	2015年	2016年	2017年
市场价格	居民消费价格指数（上年=100）	陕西省	103.0	101.6	101.0	101.3	101.6
		甘肃省	103.2	102.1	101.6	101.3	101.4
		青海省	103.9	102.8	102.6	101.8	101.5
		宁夏回族自治区	103.4	101.9	101.1	101.5	101.6
		新疆维吾尔自治区	103.9	102.1	100.6	101.4	102.2
	工业生产者出厂价格指数（上年=100）	陕西省	97.3	97.1	90.8	97.6	110.8
		甘肃省	96.9	96.7	87.0	94.9	114.5
		青海省	97.0	96.1	93.1	98.5	116.7
		宁夏回族自治区	96.0	96.3	93.7	99.1	112.1
		新疆维吾尔自治区	96.5	96.2	82.4	94.5	113.7

续表

二级指标	三级指标	地区	2013 年	2014 年	2015 年	2016 年	2017 年
金融储备	外商直接投资额（万美元）	陕西省	367800	417557	462118	501178	589437
		甘肃省	7129	10032	11036	11588	4356
		青海省	9372	5010	5500	1495	1495
		宁夏回族自治区	14814	9244	18639	25400	25400
		新疆维吾尔自治区	48102	41700	45250	40076	19613
	金融机构年末存款余额（万元）	陕西省	257367200	282887200	326853200	357073600	381532700
		甘肃省	120296600	120296600	120296600	120296600	120296600
		青海省	41025422	45298700	52128044	55701687	55701687
		宁夏回族自治区	38684700	42090600	48051500	54415400	58484500
		新疆维吾尔自治区	140888300	150553900	171239500	187476400	212573600

（五）民心相通

民心相通是"一带一路"建设的重要社会根基。评价丝绸之路经济带沿线西北省区的民心相通程度可以从旅游活动、科研交流、运输服务这三个方面来评判。由表 7 - 6 可见，近年来陕西的国际旅游收入和接待国际游客人数均显著提升，远远超过其他四个省区，新疆居于第二层次，但在 2013 ～ 2016 年在波动中下降，2017 年又迅速上升，青海、宁夏、甘肃三大省区的国际旅游水平较低，且发展缓慢；陕西、新疆两省区的科研交流水平较高，外国留学生招生数较多，甘肃、青海、宁夏三省区对外科研交流较少；从运输服务来看，陕西、甘肃、新疆三省区的旅客周转量较大，相关就业人员也较多，表现了较好的运输服务水平，然而青海和宁夏两个省区的运输服务水平还需要大力提升。

表7-6 丝绸之路经济带沿线西北省区"民心相通"相关指标

二级指标	三级指标	地区	2013 年	2014 年	2015 年	2016 年	2017 年
旅游活动	国际旅游收入（百万美元）	陕西省	1676.19	1768.73	2000.22	2338.55	2704.40
		甘肃省	20.39	10.17	14.18	19.14	20.86
		青海省	19.42	24.74	38.76	44.16	38.29
		宁夏回族自治区	12.08	18.48	20.84	40.58	37.63
		新疆维吾尔自治区	585.02	497.04	555.89	518.73	810.81
	接待国际游客人数（百万人次）	陕西省	2.53	2.66	2.93	3.38	3.84
		甘肃省	0.10	0.05	0.05	0.07	0.08
		青海省	0.05	0.05	0.07	0.07	0.07
		宁夏回族自治区	0.03	0.03	0.04	0.05	0.07
		新疆维吾尔自治区	0.69	0.54	0.53	0.58	0.77
科研交流	外国留学生招生数（人）	陕西省	2644	2698	3864	3614	4961
		甘肃省	515	495	526	652	835
		青海省	105	132	117	128	182
		宁夏回族自治区	394	154	270	289	293
		新疆维吾尔自治区	1640	1605	1589	1201	1685
运输服务	旅客周转量（亿人公里）	陕西省	745.22	804.42	758.30	755.67	760.86
		甘肃省	595.41	607.05	619.65	613.39	619.65
		青海省	95.30	102.89	119.18	125.11	136.80
		宁夏回族自治区	102.95	114.24	115.52	109.72	99.19
		新疆维吾尔自治区	544.46	500.00	477.29	458.06	428.54
	交通运输、仓储及邮电通信业城镇单位就业人员（万人）	陕西省	25.04	28.73	27.99	28.31	27.96
		甘肃省	12.66	12.44	12.57	12.80	13.30
		青海省	4.76	4.09	4.27	4.28	4.69
		宁夏回族自治区	4.04	3.94	3.78	3.67	3.75
		新疆维吾尔自治区	17.49	17.38	16.71	16.61	16.69

续表

二级指标	三级指标	地区	2013 年	2014 年	2015 年	2016 年	2017 年
运输服务	信息传输、计算机服务和软件业城镇单位就业人员（万人）	陕西省	9.47	10.37	10.23	11.15	11.58
		甘肃省	3.06	2.76	2.73	2.75	2.90
		青海省	1.00	0.93	0.82	0.89	0.90
		宁夏回族自治区	0.83	0.84	0.80	0.78	0.81
		新疆维吾尔自治区	2.88	2.77	2.87	2.90	2.85

五　经济发展绩效分析

（一）指标处理

由于本章所涉及的部分指标是逆指标和适度性指标，学术界一般认为可以不对其进行处理，但本章需要其计算各个维度的主成分得分、综合得分并进行比较，故需要进行初步处理后才能引入测算。逆向指标一般与正向指标的变化趋势相反，数值越大越低效，因此本章中所有逆向指标处理均取其倒数进行替换，以使指标数值与评价趋势相同，如电力消费水平；适度性指标是一种需要综合考量的指标，一般需要参考其适度水平，偏离越大越不好，因此适度性指标的处理依照 $X = 1/|原始值 - 适度值|$ 进行处理，其中选居民消费价格指数（上年 = 100），工业生产者出厂价格指数（上年 = 100）。由于数据存在极少量缺失，本章拟采用该地区的平均值进行填充处理。在进行主成分分析之前，我们先采用均值化方法对原始数据进行无量纲处理。[1]

---

① 钞小静、任保平：《中国经济增长质量的时序变化与地区差异分析》，《经济研究》2011 年第 4 期。

（二） 测算过程

由于篇幅限制，本章只展示主成分分析过程中的重要表格，省略了 KMO 和 Bartlett 检验结果展示，需要提出的是本章中的 KMO 值大部分接近于 0.9，均大于 0.7，这说明进行因子分析的效果良好，Bartlett 检验结果也表明变量高度相关，足够为因子分析提供合理的依据。本章认为当主成分的累计贡献率达到 70% 以上，说明主成分分析结果反映原始数据信息的能力较强，本章中累计贡献率均大于 70%，大部分超过 90%，这说明选取因子包含了综合原始数据的大部分信息能力，对总体的解释度较强。将主成分元件向量除以相对应的特征值的算数平方根之后得到初始特征向量，再以各个主成分所占总的方差贡献率的百分比作为权重，对初始特征向量进行赋权加总形成各个三级指标的权重系数，根据主成分计算模型即可算出各个维度的得分；在计算出各个维度的得分之后，用同样的方法进行处理即可算出各个一级指标的权重，进而算出经济发展绩效的综合主成分值。由于篇幅限制，在此仅显示 2013 年主成分分析的完整计算步骤，其余各年份计算步骤同 2013 年。

由于篇幅限制，表 7－7 中只列出了所选择主成分的特征值和方差贡献率。由表 7－7 可见，2013 年丝绸之路经济带沿线西北省区经济发展绩效五个基本维度指数的累计贡献率都大于 70%，即认为主成分分析对总体的解释度比较良好。

运用 SPSS 19.0 进行降维处理得到各个三级指标的元件向量以及其特征根信息；采用各个主成分的元件向量除以其特征根的算术平方根，再以各个主成分系数占总贡献率的百分比作为权重，赋权

表 7 – 7　2013 年主成分分析各级指标的统计特征

一级指标	成　分	合　计	方差贡献率（％）	累计方差贡献率（％）
政策沟通	1	1.914	95.693	95.693
设施联通	1	6.957	77.3	77.3
	2	1.228	13.649	90.949
贸易畅通	1	2.323	77.422	77.422
资金融通	1	2.976	74.411	74.411
民心相通	1	5.464	91.059	91.059

相加得到各个三级指标的系数。根据得出的三级指标的系数（见表 7 – 8）算出五大维度的得分之后，继续采用主成分分析法获得一级指标的权重，计算结果如表 7 – 9 所示。由表 7 – 9 可见，首先，民心相通在综合主成分权重中最高，为 0.4589，这意味着 2013 年丝绸之路经济带沿线西北省区的经济发展绩效较多受到民心相通的影响，即旅游活动、科研交流、运输服务等方面的影响。其次，贸易畅通、资金融通的权重也很高，这意味着丝绸之路经济带背景下沿线西北省区的经济发展绩效受对外贸易往来和资金融通的显著影响。最后是政策沟通和设施联通，权重分别为 0.4465 和 0.4207。从表 7 – 9 来看，各个一级指标的权重均大于 0.4，这意味着加强"五通"建设对提升丝绸之路经济带沿线西北省区的经济发展绩效具有重要意义。

表 7 – 8　2013 年各个三级指标的综合主成分权重

三级指标	综合主成分权重	三级指标	综合主成分权重
外商投资全社会固定资产投资	0.7069	进出口总额	0.4540
国外技术引进合同数	0.7069	外商投资企业投资总额	0.6272

三级指标	综合主成分权重	三级指标	综合主成分权重
居民消费价格指数	0.4486	外商投资企业年底注册登记企业数	0.6325
工业生产者出厂价格指数	0.4602	客运量	0.2565
外商直接投资额	0.5460	货运量	0.2017
金融机构年末存款余额	0.5379	铁路营业里程	0.3116
接待国际游客人数	0.4128	邮电业务总量	0.2373
国际旅游外汇收入	0.4145	长途光缆线路长度	0.2269
外国留学生招生数	0.4167	互联网宽带接入用户	0.2533
旅客周转量	0.3709	电力消费总量	− 0.2785
交通运输、仓储及邮电通信业城镇单位就业人员	0.4171	天然气管道长度	0.2587
信息传输、计算机服务和软件业城镇单位就业人员	0.4158	供水管道长度	0.3096

表 7 – 9　2013 年各个一级指标的综合主成分权重

一级指标	综合主成分权重	一级指标	综合主成分权重
政策沟通	0.4465	资金融通	0.4520
设施联通	0.4207	民心相通	0.4589
贸易畅通	0.4570		

　　根据所得到的各个三级指标的相应权重求得各个一级指标的得分，然后采用同样的方法获得一级指标的权重，进而合成经济发展绩效的综合计算结果。2014 ~ 2017 年各年的主成分分析步骤参照 2013 年的计算步骤，在此仅展示其计算结果（见表 7 – 10，括号中是相应排名）。

表 7 – 10　2013～2017 年丝绸之路经济带沿线西北省区经济发展绩效

年份	地　区	政策 沟通	设施 联通	贸易 畅通	资金 融通	民心 相通	综合计算 结果
2013	陕西省	4.70(1)	3.49(1)	4.66(1)	3.72(1)	6.70(1)	6.05(1)
	甘肃省	0.32(4)	1.54(3)	1.39(3)	0.87(3)	1.59(3)	1.42(3)
	青海省	0.07(5)	0.45(5)	0.33(5)	0.51(4)	0.45(5)	0.47(5)
	宁　夏	0.71(3)	0.55(4)	0.46(4)	0.51(4)	0.51(4)	0.74(4)
	新　疆	1.27(2)	2.86(2)	1.74(2)	1.17(2)	2.99(2)	2.49(2)
2014	陕西省	4.13(1)	3.25(1)	4.83(1)	3.80(1)	7.15(1)	5.98(1)
	甘肃省	0.38(5)	1.46(3)	1.23(3)	0.91(3)	1.49(3)	1.39(3)
	青海省	0.69(3)	0.39(5)	0.30(5)	0.51(5)	0.44(4)	0.64(5)
	宁　夏	0.43(4)	0.52(4)	0.57(4)	0.60(4)	0.42(5)	0.69(4)
	新　疆	1.45(2)	2.64(2)	1.70(2)	1.17(2)	2.74(2)	2.47(2)
2015	陕西省	4.01(1)	3.61(1)	4.81(1)	3.12(1)	7.30(1)	6.02(1)
	甘肃省	0.42(3)	1.96(3)	1.21(3)	0.48(3)	1.48(3)	1.33(3)
	青海省	0.20(5)	0.94(5)	0.45(5)	0.22(5)	0.45(4)	0.55(5)
	宁　夏	0.26(4)	1.02(4)	0.64(4)	0.31(4)	0.45(4)	0.67(4)
	新　疆	2.18(2)	3.16(2)	1.55(2)	0.90(2)	2.56(2)	2.61(2)
2016	陕西省	4.19(1)	3.69(1)	4.89(1)	3.78(1)	7.44(1)	6.13(1)
	甘肃省	0.18(4)	1.95(3)	1.14(3)	0.92(3)	1.54(3)	1.38(3)
	青海省	0.32(3)	0.91(5)	0.44(5)	0.13(4)	0.46(4)	0.53(4)
	宁　夏	0.16(5)	1.00(4)	0.62(4)	0.02(5)	0.46(4)	0.51(5)
	新　疆	2.23(2)	3.05(2)	1.58(2)	1.27(2)	2.34(2)	2.64(2)
2017	陕西省	4.07(1)	3.73(1)	4.68(1)	3.51(1)	7.33(1)	5.82(1)
	甘肃省	0.13(5)	2.10(3)	1.16(3)	0.78(3)	1.55(3)	1.32(3)
	青海省	0.17(4)	0.95(5)	0.30(5)	0.58(5)	0.47(4)	0.60(5)
	宁　夏	0.49(3)	0.99(4)	0.98(4)	0.77(4)	0.42(5)	0.95(4)
	新　疆	2.20(2)	2.97(2)	1.54(2)	1.00(2)	2.46(2)	2.49(2)

（三）评价分析

由表 7 - 10 可见，2013 ~ 2017 年丝绸之路经济带沿线西北省区的经济发展绩效排名基本保持不变，由高到低依次是陕西、新疆、甘肃、宁夏、青海，仅在 2016 年青海与宁夏两个省区的排名发生变化。陕西的经济发展绩效得分基本维持在 6 附近，新疆的经济发展绩效的得分为 2.5 附近，甘肃基本保持在 1.35 附近，宁夏维持在 0.7 附近，青海的经济发展绩效最低，在 0.55 附近。排在第一的陕西的经济发展绩效平均值几乎是青海的 11 倍、宁夏的 9 倍。从变化趋势上来看，陕西和新疆基本呈现 2013 ~ 2016 年在波动中缓慢上升、2017 年下降的趋势；甘肃的经济发展绩效有下滑趋势；青海基本在波动中呈现上升趋势；宁夏在 2013 ~ 2016 年经济发展绩效下滑，但 2017 年经济发展绩效迅速提升。以上变化趋势说明在丝绸之路经济带背景下沿线西北省区的经济发展绩效确实迎来了新的发展机遇，但各个省区的经济发展还很不协调，部分省区还未能抓住这一机遇加速经济发展，同时在维持长期的高质量经济发展方面还需要做出努力。

进一步来看，本章将从经济发展绩效的"五通"维度出发具体分析丝绸之路经济带沿线西北省区的经济发展状况。政策沟通得分排名基本保持不变，陕西得分较高，平均值为 4.22；新疆次之，平均值为 1.87；甘肃、青海、宁夏三个省区的排名变动较大，但整体得分较低，平均值分别为 0.29、0.29、0.41。陕西的政策沟通指数是新疆的 2 倍、甘肃的 15 倍。这说明沿线西北省区中陕西、新疆的政策沟通程度较好，宁夏、青海、甘肃等地区沟通程度较差。从变化趋势来看，除新疆外其他四省区的政策沟通得分大体上呈现缓慢下降趋势。在未来经济发展过程中各个省区应注意政府之间的密切合作，形成良好的政策沟通交流机制，沿线各地区要共同商讨经济发展战略和对策，协商解决合作中的问题，促进利益融合，形成区域经济合作的新局面。

沿线西北省区的设施联通得分排名保持不变，从高到低依次是陕西、新疆、甘肃、宁夏、青海，平均值分别为 3.6、2.9、1.8、0.8、0.7，排名第一的陕西与排名最后的青海相差较大。从变化趋势来看，2013～2017 年除新疆外各个省区变化趋势大致相同，基本呈现先降低后上升的趋势，而新疆从 2015 年以后呈现下降趋势。这说明丝绸之路经济带沿线西北省区的基础设施建设逐渐受到重视，交通设施、通信设施、能源设施等不断完善为经济发展提供了必要的条件。但新疆的基础设施建设呈现先增加后减少的趋势，需要重点抓好该省区的设施环境建设。在未来经济发展过程中必须要做好"一带一路"沿线地区的交通设施建设，建设内外联通的交通枢纽，形成连接亚洲各国以及亚欧非之间的基础设施网络，扩大信息交流与合作，加强能源设施互联互通合作，实现能源快速共享，共同推进区域经济合作。

沿线西北省区的贸易畅通得分排名保持不变，从高到低依次是陕西、新疆、甘肃、宁夏、青海，平均得分分别为 4.8、1.6、1.2、0.7、0.4，陕西得分依旧远远超过其他省区，宁夏、青海落后，陕西的贸易联通得分是青海的 12 倍，差距比较明显。从变化趋势上来看，甘肃和新疆的贸易畅通得分基本呈现缓慢下降趋势，陕西、青海、宁夏的得分基本呈现上升趋势。

　　沿线西北省区的资金融通得分排名有略微变化，前三名分别为陕西、新疆、甘肃，平均值分别为 3.6、1.1、0.8，后两名一直是在青海和宁夏之间徘徊，青海的平均得分略低于宁夏，分别为 0.39 和 0.44。从变化趋势上来看，2014～2015 年各个省区的资金融通得分同时下降，2016 年青海与宁夏仍呈现下降趋势，但到 2017 年迅速回升，陕西、新疆、甘肃三个省区在 2016 年迅速上升，但 2017 年有下滑趋势。

　　沿线西北省区的民心相通得分排名有略微变化，前三名分别为陕西、新疆、甘肃，平均值分别为 7.2、2.6、1.5，后两名一直是在青海和宁夏之间徘徊，青海的平均得分略高于宁夏，二者的平均得分分别为 0.46 和 0.45。从变化趋势上来看，陕西的民心相通得分基本呈现缓慢的上升趋势，新疆的民心相通得分基本呈现下降趋势，其余三个省区基本维持稳定。这说明丝绸之路经济带沿线西北省区的民心相通程度差距较大，在经济的未来发展过程中，需注重奠定坚实的民意基础，加强旅游合作，深化沿线国家间的人才交流合作，加强科技合作，共同提升科技创新能力，提升运输服务能力，保证对外开放交流畅通。

　　根据上面的分析，丝绸之路经济带建设沿线西北省区的经济发展呈现很强的不协调性，各个维度的经济发展均呈现明显的差距，陕西的经济发展处于相对领先水平，新疆次之，而宁夏、甘肃、青海的经济发展绩效不容乐观。

六　制约因素分析

　　从前文对丝绸之路经济带沿线西北省区的经济发展绩效的各个维度进行分析对比的结果来看，在经济发展的过程中存在自然环境制约、体制环境制约、创新环境制约、人才制约、资本环境制约、国际竞争制约等诸多制约因素，丝绸之路经济带沿线西北省区在未来经济发展的过程中必须正视所面对的各种制约因素，抢抓这一时期的黄金发展机遇，解决好一系列矛盾问题，推进区域经济合作，实现高质量的对外开放发展。

（一）自然环境制约

丝绸之路经济带沿线西北省区的自然环境对经济发展具有明显的制约作用。首先，沿线西北省区的生态环境相对恶劣，土地荒漠化、水资源匮乏、森林覆盖率低等自然环境问题限制了许多产业的形成，严重阻碍沿线西北省区经济的发展。[1] 沿线西北省区的地理环境复杂，城市密集度低，交通水平将直接影响地区间的经济联系，其不仅影响地区间的要素转移，也影响地区旅游业的发展。[2] 尽管目前在丝绸之路经济带背景下，沿线地区铁路、公路、管道、航空的运输网络已经有明显的发展，但受自然环境的制约，部分地区道路间联通还面临诸多不足。其次，粗放型的经济增长方式在沿线西北省区并没有得到转变。资源密集型产业在沿线西北地区有着举足轻重的地位，但产业竞争力整体不强，资源的利用效率低下，具有高投入、高消耗和高污染的特点。能源利用率低、生态环境迅速恶化违背了绿色发展理念，给沿线西北地区的生态环境造成极大的负外部性影响，严重制约了经济可持

---

[1] 杨恕、王术森：《丝绸之路经济带：战略构想及其挑战》，《兰州大学学报》（社会科学版）2014 年第 1 期。

[2] 姬迎博、余洁：《"一带一路"背景下西北地区旅游非均衡发展因素及对策研究》，《金融经济》2018 年第 22 期。

续发展的实现。① 目前经济高质量发展模式要求符合环保发展要求,注重生态文明建设,如何在创造更高经济效益的同时实现绿色发展也是亟须解决的一大问题。

(二) 体制环境制约

经济发展需要政府进行相关的制度改革,需要更加自由公正的市场机制。在沿线西北省区经济发展中正确处理政府和市场的关系,有效发挥政府职能,实现政府和市场的功能互补,运用政府干预来促进西北经济发展,具有重要的现实意义。首先,沿线西北省区经济发展目前主要依赖资源密集型产业,相关产业内部的管理体制陈旧、管理效率低。其次,沿线西北地区的政策扶持力度低,并未为高新技术产业形成良好的发展环境。此外,地区产业巨头对资源、资本的垄断侵占将不利于形成竞争均衡的局面,新生的弱势产业若是没有健全的政策支持,将难以发展壮大。沿线西北省区目前陈旧的体制机制将会极大地阻碍其经济发展,所以必须健全相关的体制机制,鼓励创新,明晰产权,提高管理效率,扶持企业发展,为经济对外开放发展提供良好的体制环境。

(三) 创新环境制约

创新环境制约着经济发展,创新发展离不开完善的基础设施、自由的市场、公平的竞争环境、良好的生态环境以及适宜的政策与法律法规保障。基础设施建设的发展为城市化进程提供了物质

---

① 程广斌、陈曦、蓝庆新:《丝绸之路经济带中国西北地区经济发展与生态环境耦合协调度分析——基于 DEA – 熵权 TOPSIS 模型的实证研究》,《国际商务:对外经济贸易大学学报》2018 年第 5 期。

条件，建设良好的基础设施对经济高质量发展具有重要的基础性作用。首先，当前沿线西北省区的基础设施建设与经济的高质量发展尚不匹配，亟须完善，同时需着重注意其中的外部性问题。其次，产权、专利保护不到位同样制约着经济的发展。随着技术的不断革新，创新的难度将会越来越大，投入也会越来越多，若是没有专利的保护，就难以获得高额回报以弥补开发费用，下一轮技术开发也就缺少启动资金，看不到回报就缺乏研发动力。再次，创新需要投入大量的心血和精力，要为高素质人才提供容忍失败的创新环境，良好的创新激励机制能够充分调动创新人才的积极性，构建一个团结协作的创新交流平台也是发展新经济的重点。最后，必须解决好知识产品的转化问题。将知识创新应用到对经济发展有益的渠道中是知识产生经济效益的过程，但目前的数据显示，沿线西北省区的创新成果较少，创新成果转化率低，产权保护等相关法律法规还不健全，对创新的激励机制尚不完善。

（四）人才制约

高素质人才是经济发展最重要的资源，现代经济的竞争归根到底还是人才的竞争。人口受教育水平不高、整体素质低下是制约沿线西北省区经济发展的主要因素。[①] 首先，知识通过教育进行传播和积累会形成大量的高素质人才，应解决好沿线西北省区的教育问题。教育的目的应该是培养出具有创造性思维的高素质人才。然而目前沿线西北省区的教育体制还比较陈旧，教学资源远

---

① 马莉：《西北地区科技人力资源与区域经济发展的关联关系研究》，《中国商论》2019 年第 3 期。

不如我国其他发达地区。陈旧的应试教育使毕业生难以快速适应社会发展的需要，激烈的竞争压力和残酷的就业压力使高素质人才与创新性思维脱节。陈旧的教育体系难以提供经济发展所必需的创造力。其次，各类人才流动、待遇和管理等制度体系还不够健全，导致对人才的吸引力不足、高素质人才不断外流，激励机制不足难以引进其他地区人才。目前沿线西北省区本地的教育水平低下，难以培养大量高素质人才，同时对外地高素质人才的鼓励引进政策还尚不完善，因此，优秀大学生毕业后择业会倾向于更具有发展潜力的先发地区，西北省区面临人才瓶颈。最后，沿线西北省区对外科研交流仍然较少，还未形成一个完整的学术交流平台。

（五）资本环境制约

对外开放经济的发展需要有充足的资金支持、完善的资本市场。就目前来看，沿线西北省区的市场资金吸引能力弱，且政府在经济发展过程中提供的相应的政策扶持尚不能满足产业发展的要求。首先，沿线西北省区的产业市场竞争能力弱，在进行融资时难以获得资金支持，发达地区更具有优势，将会吸引更多的资金投入；而先发地区的经济优势势必会增强对生产要素的吸引，资金将在极化效应下加速外流。其次，沿线西北省区产业的融资方式目前主要是以直接融资为主，银行等金融机构作为主要的融资对象，在进行融资时将在很大程度上受到政府导向的影响。政府对高新技术产业的资金支持不仅能在一定程度上解决资金困境，更重要的是可为这些新生产业提供融资信誉，引导其他金融机构的资金流入。最后，从数据来看，丝绸之路经济带沿线西北省区的国外资金流入较少。沿线西北省区包含我国许多特色的资源密集型产业，但是由于品牌效应不足，没有形成国际知名度，因此，在吸引外资上并没有优势，应该利用好丝绸之路经济带建设背景下形成的国际化的资本市场。

（六）国际竞争制约

对外开放发展，积极推动国际产能合作，促进各类创新要素向新经济领域集聚，为经济高质量发展提供条件。沿线西北省区是"一带一路"连接中国与其他国家的重要枢纽，更应当抓住机遇，继续扩大对外开放，从而带动经济增长。① 然而，对前文中的数据进行分析可知，现阶段，沿线西北省区的对外开放程度并不高，尤其是青海、宁夏等省区对外贸易活动很少。新疆地处我国最西北处，与多个国家接壤，具有与周边国家语言相通、道路相通、习俗相近和经济互补等优势，但就目前的数据来看，新疆的对外经贸合作还一直处于较低层次。在新一轮的国际竞争浪潮中，技术含量低的产业将无力同发达地区进行竞争，只好处于劣势的垂直分工状态。因此，在国际竞争如此激烈的今天，沿线西北省区必须面对激烈的国际竞争环境，促进传统产业优化升级，提升各自具备比较优势的特色产业，培育新兴产业。

---

① 程云洁：《"丝绸之路经济带"建设给我国对外贸易带来的新机遇与挑战》，《经济纵横》2014 年第 6 期。

第八章
丝绸之路经济带沿线西南省区市经济发展绩效的评价与制约因素分析

一 引言

2013 年 9～10 月，习近平主席在访问中亚和东南亚国家时提出了共建"丝绸之路经济带"和"21 世纪海上丝绸之路"的重大倡议。为推进实施这一重大倡议，2015 年 3 月，国家发改委、外交部、商务部联合发布了《推动共建丝绸之路经济带和 21 世纪海上丝绸之路的愿景与行动》（以下简称《愿景与行动》）。"一带一路"倡议既是我国进一步参与经济全球化的重要举措，也是我国国内区域发展的重要机遇，同时成为中国西南地区经济增长的一个重要动力因素。根据《愿景与行动》的规划，丝绸之路经济带在西南地区主要涵盖重庆、四川、云南以及广西，《愿景与行动》提出要将广西打造成为西南、中南地区开放发展新的战略支点，形成 21 世纪海上丝绸之路与丝绸之路经济带有机衔接的重要门户；将云南建设成为面向南亚、东南亚的辐射中心；

将重庆打造成为西部开发开放的重要支撑；将成都打造成为内陆开放型经济高地。但由于经济发展基础较为薄弱、综合交通及基础设施不足等的限制，西南地区经济发展与中东部地区有一定差距。因此，如何抓住丝绸之路经济带建设的重要机遇，进一步拓展西南地区的经济发展空间，提升西南地区经济发展水平成为研究区域发展的一项重要课题。共建丝绸之路经济带具有重要意义，事关国防安全、经贸安全、能源安全、边疆安全等重要领域的全局性国家安全问题，[1] 同时成为中国西南地区经济增长的一大动力。

胡剑波、张强在研究中指出经济基础是影响西南地区经济发展的重要因素。[2] 还有学者提出地理位置、[3] 贸易及产业政策、[4] 产业结构、[5] 基础设施在西南地区经济发展中具有重要影响。程艺、刘慧等认为经济发展水平、综合交通和基础设施、国家政策以及国际政治经济环境综合作用于西南地区的经济发展。[6] 谢婷婷、马洁则具体从开放环境、开放规模、开放潜力等维度构建指标体系对西部 10 省开放型经济发展水平进行测度，并指出重庆、

---

① 胡鞍钢、马伟、鄢一龙：《"丝绸之路经济带"：战略内涵、定位和实现路径》，《新疆师范大学学报》（哲学社会科学版）2014 年第 2 期。

② 胡剑波、张强：《"丝绸之路经济带"西南四省区对外贸易竞争力研究》，《国际贸易论坛》2015 年第 4 期。

③ 孟飞：《论西部地区对外贸易的发展策略》，《现代经济信息》2013 年第 1 期。

④ 尚庆梅、马进、蒋俊海：《中国西南发展对外贸易的比较优势和竞争优势》，《计划与市场探索》2003 年第 11 期。

⑤ 袁伟彦、杨柳：《2011 年以来中国西南地区与东北地区经济增速分化研究》，《经济研究参考》2019 年第 13 期。

⑥ 程艺等：《中国西南地区对外经济发展的时空格局及驱动因素》，《世界地理研究》2018 年第 4 期。

四川属于发达开放区，广西、云南属于中等发达开放区。[①] 谢心庆、许英在研究中则指出重庆、四川是西南地区乃至西部地区对外经济发展的核心。[②] 目前已有的研究多集中于从不同角度探讨西南或西部地区的经济发展，"一带一路"倡议与西南或西部地区发展结合的研究多为背景或经济发展机遇方面，本章则具体从"一带一路"倡议中"五通"即政策沟通、设施联通、贸易畅通、资金融通、民心相通维度出发构建指标体系。在围绕指标体系对西南地区进行具体评价的基础上进一步采用主成分分析法对其经济发展绩效进行测度评价，进而分析得出影响其经济发展的制约因素。

二　评价方法与评价指标体系的构建

（一）评价方法

对经济发展绩效的评价涉及经济发展的各个方面，考虑到西南地区当前经济发展中重要且独特的发展背景，即位于丝绸之路经济带沿线，本章具体以"五通"即政策沟通、设施联通、贸易畅通、资金融通、民心相通作为评价标准，先构建由多方面指数构成的综合评价指标体系，再进行指数合成对其进行测度与评价。当前学界常用的方法主要囊括了相对指数法、层次分析法、熵值法、因子分析法以及主成分分析法等。每种方法各有优劣，其中

---

① 谢婷婷、马洁：《丝绸之路经济带西部 10 省开放型经济发展水平评价》，《新疆农垦经济》2017 年第 2 期。

② 谢心庆、许英：《丝绸之路经济带下各省对外经济贸易发展综合评价研究》，《新疆职业大学学报》2014 年第 6 期。

相对指数法简单易操作，但其缺陷也相对明显，对指数化指标进行简单加总或者加权加总难以有足够的说服力，且加权结构也不易确定。层次分析法则是主观性太强，指标权重取决于研究人员，这极大地减弱了其精确度。熵值法进行的是客观加权，一定程度上解决了层次分析法主观性太强的问题，但这一方法难以反映关联指标。因子分析法与主成分分析法均是利用对指标降维进而实现对综合指标的合成，但与因子分析法相比，主成分分析法能够更好地反映各个维度指标的具体变化。故而综合考虑之下，本章选取主成分分析法对丝绸之路经济带沿线西南省区市的经济发展绩效进行测度评价。

（二）评价指标体系的构建

本章参考第五章构建的丝绸之路经济带沿线西部省区经济发展绩效的指标体系，并充分考虑丝绸之路经济带沿线西南省区市，即重庆、四川、云南、广西等的经济发展实况，具体对政策沟通、设施联通、贸易畅通、资金融通和民心相通等五大维度下的三级指标做出相应的调整，在确保指标数据可以有效获取的同时保证指标体系能够有效反映沿线西南省区市经济发展绩效，进而构建以下评价的指标体系（见表 8 - 1）。本章数据主要来自中国经济与社会发展统计数据库、《中国金融年鉴》、《中国统计年鉴》以及重庆、四川、云南、广西各地的统计年鉴。由于选取的基础数据是截面数据，且不存在缺失值，在此基础上进行测算分析将具有较高的准确度和可信度，能够真实反映丝绸之路经济带背景下沿线西南省区市的经济发展状况，有效分析沿线西南省区市经济发展的制约因素，并为提升经济发展绩效提供借鉴与参考。

表 8 - 1　丝绸之路经济带沿线西南省区市经济发展绩效的指标体系构建

一级指标	二级指标	三级指标	指标单位	指标属性
政策沟通	合作基础	当前实际利用外资金额	万美元	正 指 标
	合作成果	对外承包工程新签合同额	万美元	正 指 标
设施联通	交通设施	客运量	万人	正 指 标
		货运量	万吨	正 指 标
		铁路营业里程	万公里	正 指 标
	通信设施	邮电业务总量	亿元	正 指 标
		互联网宽带接入用户	万户	正 指 标
	能源设施	电力消费总量	亿千瓦时	逆 指 标
		城市燃气普及率	%	正 指 标
贸易畅通	对外贸易	进出口总额	千美元	正 指 标
		外商投资企业投资总额	百万美元	正 指 标
	经济合作	外商投资企业数	户	正 指 标
资金融通	市场价格	居民消费价格指数	—	适度指标
		工业生产者出厂价格指数	—	适度指标
	金融储备	金融机构本外币存款余额	亿美元	正 指 标
		金融机构本外币贷款余额	亿美元	正 指 标
民心相通	旅游活动	国际旅游外汇收入	百万美元	正 指 标
		接待国际游客人数	百万人次	正 指 标
	科研交流	外国留学生授予学位数	人	正 指 标
	运输服务	旅客周转量	亿人	正 指 标
		交通运输、仓储及邮政业从业人员	万人	正 指 标
		信息传输、计算机服务和软件业从业人员	万人	正 指 标

三　丝绸之路经济带沿线西南省区市经济发展具体评价

（一）政策沟通

丝绸之路经济带建设以政策沟通为重要保障。推进政策沟通就是要加强政府间的合作，积极构建政府间多层次的宏观政策沟通交流机制，深化相互间的利益融合，增强政治互信，达成合作的新共识。沿线地区要在经济发展战略及其对策方面进行充分交流对接，共同制定推进区域合作的规划和措施，协商解决合作中出现的问题，共同为推进大型项目合作的落实与实施提供政策支持。评价丝绸之路经济带沿线西南省区市的政策沟通具体从合作基础与合作成果两个维度着手，选取当年实际利用外资金额来测度评价合作基础，合作成果则以对外承包工程新签合同额进行测度评价（见表8-2）。

表8-2　丝绸之路经济带沿线西南省区市"政策沟通"指标数据

一级指标	二级指标	三级指标	地区	2017 年	2016 年	2015 年	2014 年	2013 年
政策沟通	合作基础	当年实际利用外资金额（万美元）	重庆	1018255	1134190	1076505	1062946	1059715
			四川	869862	854381	1043681	1065328	1057481
			云南	9630	8670	29920	27060	25150
			广西	82272	88845	172208	100119	70008
	合作成果	对外承包工程新签合同额（万美元）	重庆	211179	275360	136003	117065	111288
			四川	791610	700000	453003	362002	356017
			云南	13630	19190	12860	13440	12810
			广西	519301	231861	335668	191691	215771

资料来源：《中国统计年鉴》《重庆统计年鉴》《四川统计年鉴》《云南统计年鉴》《广西统计年鉴》。

从表8-2可以看出，2013年以来重庆、四川、云南以及广西等地当年实际利用外资金额、对外承包工程新签合同额均呈波动变化。其中，在合作基础方面重庆、四川优势明显，其次是广西，云南相对较低；合作成果方面四川、广西相对靠前，其次是重庆，云南依旧在四地中处于较低水平。整体看来，四川在政策沟通方面发展靠前且较为均衡，重庆和广西需要在发挥本地优势的同时补齐短板，云南在政策沟通方面要进一步加快发展，加强政策沟通，为经济发展提供有利的政策环境。

（二）设施联通

丝绸之路经济带建设以设施联通为优先领域。推进设施联通就是要在尊重相关国家主权的基础上，加强沿线国家基础设施建设规划以及技术标准体系的对接，共同推进国际骨干通道的建设，抓住交通基础设施的关键节点、关键通道和重点工程，优先打通缺失路段，畅通瓶颈路段，逐步形成连接亚洲各国以及亚欧非之间的基础设施网络。与此同时，还要进一步加强能源基础设施的互联互通合作，共同维护输油、输气管道等运输通道的安全，积极推进跨境电力与输电通道建设，开展区域电网升级改造合作。评价丝绸之路经济带沿线西南省区市的设施联通具体从交通设施、通信设施以及能源设施三个维度着手，选取客运量、货运量以及铁路营业里程指标来衡量交通设施的发展，选取邮电业务总量和互联网宽带接入用户指标来衡量通信设施的发展，选取电力消费总量和城市燃气普及率指标来衡量能源设施的发展（见表8－3）。

表8－3　丝绸之路经济带沿线西南省区市"设施联通"指标数据

一级指标	二级指标	三级指标	地区	2017 年	2016 年	2015 年	2014 年	2013 年
设施联通	交通设施	客运量（万人）	重庆	60522	61255	62282	68399	65183
			四川	109093	123746	135969	138274	134775
			云南	44622	46519	48794	49080	47626
			广西	48578	48699	49101	51904	49275

续表

一级指标	二级指标	三级指标	地区	2017 年	2016 年	2015 年	2014 年	2013 年
设施联通	交通设施	货运量 （万吨）	重庆	115536	107966	103833	97377	87241
			四川	172922	160970	154597	159034	167759
			云南	129298	115505	107608	108544	104329
			广西	174642	160761	149714	163023	151143
		铁路营业 里程 （万公里）	重庆	0.22	0.21	0.19	0.18	0.17
			四川	0.48	0.46	0.44	0.40	0.35
			云南	0.37	0.37	0.29	0.29	0.26
			广西	0.52	0.52	0.51	0.47	0.40
	通信设施	邮电业务 总量 （亿元）	重庆	711.43	428.23	554.56	417.90	357.59
			四川	1515.25	913.97	1297.59	1026.97	842.83
			云南	1209.71	551.03	792.58	566.85	452.75
			广西	799.69	452.66	651.53	502.10	435.26
		互联网宽带 接入用户 （万户）	重庆	866.9	704.7	602.7	475.4	438.8
			四川	2167.5	1851.2	1424.0	883.1	835.2
			云南	812.6	655.3	537.3	424.9	404.7
			广西	968.0	790.0	715.8	592.4	559.6
	能源设施	电力消费 总量 （亿千瓦时）	重庆	996.55	924.89	875.37	867.24	813.30
			四川	2205.18	2101.02	1992.40	2014.79	1949.00
			云南	1538.10	1410.52	1438.61	1529.38	1459.80
			广西	1444.95	1359.65	1334.32	1307.99	1237.70
		城市燃气 普及率 （%）	重庆	96.37	96.11	95.34	94.27	93.09
			四川	91.22	91.78	92.46	90.89	89.68
			云南	75.93	78.78	76.79	76.18	71.53
			广西	97.80	95.85	94.46	92.99	93.58

资料来源：《中国统计年鉴》《重庆统计年鉴》《四川统计年鉴》《云南统计年鉴》《广西统计年鉴》。

从表 8-3 可以看出，2013 年以来，重庆、四川、云南、广西等地在交通设施、通信设施以及能源设施方面均整体呈上升趋势。

其中，交通设施方面，四川整体处于优势地位，但在货运量以及铁路营业里程等具体方面广西处于领先地位，可见广西充分发挥了其地缘优势，抓住机遇，推动本地经济发展。重庆和云南在交通设施方面有待进一步完善发展。通信设施方面，不论是邮电业务总量，还是互联网宽带接入用户，四川优势均较为明显，重庆、云南、广西等地的发展则相对欠缺。最后，能源设施方面，就城市燃气普及率而言，重庆发展相对靠前，四川和广西居中，云南发展相对落后。总之，重庆、四川、云南、广西等地都要完善当地的综合交通运输基础设施建设，推动设施联通这一优先领域的发展，充分发挥利用"一带一路"倡议带来的经济发展便利与机遇。

（三）贸易畅通

丝绸之路经济带建设以贸易畅通为重点内容。推进贸易畅通一方面要着力研究解决投资程度不高，消除投资和贸易壁垒，营造良好的营商环境，积极同沿线国家和地区共建自由贸易区，激发合作潜力。与此同时，沿线国家应加强信息互换、监管互认、执法互助的海关合作，以及检验检疫、认证认可、标准计量、统计信息等方面的双边或多边合作，推动《贸易便利化协定》在区域内的生效和实施。降低非关税壁垒，共同提高技术性贸易措施透明度，推动贸易自由化、便利化发展。另一方面要进一步拓宽贸易领域，优化贸易结构，挖掘贸易往来中新的增长点，促进贸易平衡发展。在巩固和扩大传统贸易的同时，大力发展现代服务贸易，创新贸易方式，利用现有的信息技术和平台，开拓发展跨境电子商务等新的商业业态。把投资和贸易有机结合起来，以投资带动贸易发展。拓展相互投资领域，在农林牧渔业、农机及农产品生

产加工业以及煤炭、油气、金属矿产等传统能源资源勘探领域深
度合作。积极推动清洁、可再生能源合作，推进能源资源就地、就
近加工转化合作，形成能源资源合作上下游一体化产业链。推动
新兴产业合作，按照优势互补、互利共赢的原则，促进沿线国家
加强在新一代信息技术、生物、新能源、新材料等新兴产业领域
的深入合作。评价丝绸之路经济带沿线西南省区市的贸易畅通具
体从对外贸易与经济合作两个维度着手，选取进出口总额和外商
投资企业投资总额来测度评价对外贸易，经济合作则以外商投资
企业数进行测度评价（见表8-4）。

表8-4　丝绸之路经济带沿线西南省区市"贸易畅通"指标数据

一级指标	二级指标	三级指标	地区	2017 年	2016 年	2015 年	2014 年	2013 年
贸易畅通	对外贸易	进出口总额 （千美元）	重庆	66601107	62753637	74466845	95431578	68692163
			四川	68106058	49306252	51188560	70202970	64574658
			云南	23451109	19902360	24491279	29607422	25303558
			广西	57878659	47627431	51090547	40548851	32827499
		外商投资 企业投资 总额 （百万美元）	重庆	94558	88065	78845	67517	58841
			四川	112797	94193	88409	82752	72490
			云南	37382	33005	32720	25253	24097
			广西	56200	43720	42529	37396	31927
	经济合作	外商投资 企业数 （户）	重庆	5739	5555	5009	5147	5397
			四川	11462	10370	10594	10253	9147
			云南	4366	4087	3901	4046	4262
			广西	4872	4485	4215	3949	3756

资料来源：《中国统计年鉴》《重庆统计年鉴》《四川统计年鉴》《云南统计年鉴》
《广西统计年鉴》。

从表8-4可以看出，2013年以来，重庆、四川、云南、广西
等地在进出口总额方面波动变化比较大，在外商投资企业投资总

额和外商投资企业数方面整体呈持续上升趋势。不论是对外贸易还是经济合作,四川、重庆均发展相对较快,云南和广西发展较慢,有待进一步激发发展潜力,尤其是云南在对外贸易方面与其他三地差距较大,需要积极改善本地的营商环境,扩大招商引资规模,加强对外经济合作。

(四) 资金融通

丝绸之路经济带建设以资金融通为重要支撑。推进资金融通一方面要深化金融合作,推进亚洲货币稳定体系、投融资体系以及信用体系的建设,加快丝路基金的组建和运营,充分发挥丝路基金以及各国主权基金的作用,引导商业性股权投资基金和社会资金共同参与"一带一路"重点项目建设。与此同时,既要支持沿线国家政府和信用等级较高的企业以及金融机构在中国境内发行人民币债券,也要推动实现符合条件的中国境内金融机构和企业可以在境外发行人民币债券和外币债券,鼓励在沿线国家使用所筹资金。另一方面要加强金融监管合作,加强征信管理部门、征信机构和评级机构之间的跨境交流与合作,积极推动签署双边监管合作谅解备忘录,逐步在区域内建立高效监管协调机制。完善风险应对和危机处置的制度安排,构建区域性金融风险预警系统,形成应对跨境风险和危机处置的交流合作机制。评价丝绸之路经济带沿线西南省区市的资金融通具体从市场价格与金融储备两个维度着手,选取居民消费价格指数和工业生产者出厂价格指数来测度评价市场价格,金融储备则以金融机构本外币存款余额和贷款余额进行测度评价 (见表 8 - 5)。

表 8 – 5　丝绸之路经济带沿线西南省区市"资金融通"指标数据

一级指标	二级指标	三级指标	地区	2017 年	2016 年	2015 年	2014 年	2013 年
资金融通	市场价格	居民消费价格指数	重庆	101.0	101.8	101.3	101.8	102.7
			四川	101.4	101.9	101.5	101.6	102.8
			云南	100.9	101.5	101.9	102.4	103.1
			广西	101.6	101.6	101.5	102.1	102.2
		工业生产者出厂价格指数	重庆	104.1	98.6	97.2	98.3	98.0
			四川	106.5	98.9	96.4	98.7	98.7
			云南	105.2	97.6	94.9	97.8	97.5
			广西	107.6	99.1	97.0	98.4	98.2
	金融储备	金融机构本外币存款余额（亿美元）	重庆	34853.53	32160.09	28778.80	25160.11	22789.17
			四川	73079.41	66892.42	60118.00	53936.00	48122.05
			云南	29963.85	27726.10	25035.09	22338.00	20691.55
			广西	27714.24	25477.80	22793.54	20298.54	18400.48
		金融机构本外币贷款余额（亿美元）	重庆	28417.46	25524.17	22955.21	20630.69	18005.69
			四川	49144.09	43543.00	38704.00	34751.00	30298.85
			云南	25398.93	23056.28	20842.86	17978.74	15782.46
			广西	22781.81	20640.54	18119.30	16070.69	18005.69

　　资料来源：《中国统计年鉴》《重庆统计年鉴》《四川统计年鉴》《云南统计年鉴》《广西统计年鉴》。

　　从表 8 – 5 可以看出，2013 年以来，重庆、四川、云南、广西等地在市场价格方面呈波动变化但都波动不大。相较而言，重庆在工业生产者出厂价格指数方面有微弱优势，四川、云南、广西之间相差不多。在金融储备方面整体呈上升趋势，且四地均是金融机构本外币存款余额大于贷款余额。其中，重庆、四川金融储备相对充足，广西和云南在资金融通方面也有待进一步发展、提高，为当地经济发展提供有力的资金支持。

（五）民心相通

丝绸之路经济带建设以民心相通为社会根基。推进民心相通就要传承和弘扬丝绸之路友好合作精神，广泛开展文化交流、学术往来、人才交流合作、媒体合作、志愿者服务等，为深化双边或多边合作奠定坚实的民意基础。要充分发挥政党、议会交往的桥梁作用，加强沿线国家之间立法机构、主要党派和政治组织间的友好往来。积极开展城市交流合作，欢迎沿线国家重要城市之间互结友好城市，以人文交流为重点，突出务实合作，形成更多鲜活的有代表性的合作范例。加强文化传媒的国际交流合作，积极利用网络平台，运用新媒体工具，营造和谐友好的文化生态和舆论环境。加强沿线国家民间组织间的交流合作，重点面向基层民众，广泛开展教育医疗、减贫开发、生物多样性保护和生态环保等各类公益慈善活动。积极开展合作办学，扩大相互间的留学规模。加强旅游合作，扩大旅游规模，联合打造具有丝绸之路特色的国际精品旅游线路和旅游产品。加强与沿线国家的互动往来，积极推进民心相通。评价丝绸之路经济带沿线西南省区市的民心相通具体从旅游活动、科研交流以及运输服务三个维度着手，选取国际旅游外汇收入以及接待国际游客人数等指标来衡量旅游活动的发展，选取外国留学生授予学位数这一指标来衡量科研交流的发展，选取旅客周转量，交通运输、仓储及邮政从业人员以及信息传输、计算机服务和软件从业人员等指标来衡量运输服务的发展（见表8-6）。

从表8-6可以看出，2013年以来，重庆、四川、云南、广西等地在旅游活动和科研交流方面整体呈上升趋势，在运输服务方

表8-6　丝绸之路经济带沿线西南省区市"民心相通"指标数据

一级指标	二级指标	三级指标	地区	2017 年	2016 年	2015 年	2014 年	2013 年
民心相通	旅游活动	国际旅游外汇收入（百万美元）	重庆	1947.59	1686.82	1468.57	1354.44	1268.31
			四川	1446.54	1581.68	1180.87	857.68	764.76
			云南	3550.33	3074.77	2875.50	2420.65	2418.18
			广西	2395.63	2164.27	1916.86	1572.07	1547.30
		接待国际游客人数（百万人次）	重庆	1.36	1.19	0.99	0.81	0.77
			四川	2.41	2.19	1.93	1.70	1.47
			云南	5.08	4.51	4.20	2.06	2.13
			广西	2.55	2.52	2.39	1.47	1.51
	科研交流	外国留学生授予学位数（人）	重庆	587	431	409	477	308
			四川	631	461	345	295	328
			云南	745	471	515	465	538
			广西	595	563	627	632	789
	运输服务	旅客周转量（亿人公里）	重庆	496.34	506.29	533.55	507.13	465.43
			四川	881.52	941.60	987.76	954.66	912.12
			云南	453.39	446.06	456.58	437.32	431.85
			广西	778.31	743.83	731.75	652.68	611.33
		交通运输、仓储及邮政业从业人员（万人）	重庆	27.01	26.49	27.12	27.28	26.08
			四川	38.91	40.43	40.71	41.33	39.39
			云南	17.86	17.31	17.13	17.11	16.8
			广西	19.02	19.43	20.03	20.91	21.24
		信息传输、计算机服务和软件业从业人员（万人）	重庆	4.78	4.58	4.67	4.65	4.89
			四川	20.14	18.41	18.25	16.29	15.62
			云南	5.21	5.00	4.89	5.25	6.65
			广西	4.02	4.23	4.35	4.46	5.24

　　资料来源：中经网统计数据库、《中国统计年鉴》《重庆统计年鉴》《四川统计年鉴》《云南统计年鉴》《广西统计年鉴》。

面波动变化。其中，旅游活动方面，云南发展居于领先地位，广西次之，可见两地充分发挥了当地独特的旅游资源和地缘优势，有效将当地资源优势转化成为经济发展的增长点。科研交流方面，云南的优势也较为明显，四川、重庆和广西也在不断发展。一方面推进了当地科研文化的丰富发展，另一方面在推动当地文化向外拓展的同时加深了人民情感。交通服务方面，四川居于领先地位，重庆、云南、广西等地的发展各有优劣，有待相互取长补短，完善基础交通设施配置，促进各地协调发展。

四 丝绸之路经济带沿线西南省区市经济发展绩效分析

主成分分析法的主要思想是降维，具体是指在损失较少的信息的前提下把多个指标转化为少数几个综合指标。在进行主成分分析之前，我们采用求倒数的方法对逆向指标进行处理，参考王信东（2001）[1]、王秀芳（2008）[2] 的研究成果对适度指标进行处理，即 $X = 1 / |$ 原始值 − 适度值 $|$，其中居民消费者价格指数和工业生产者出厂价格指数均采用 100 为适度值。在此基础上进一步采用均值化的方法对原始数据进行无量纲化处理，并以协方差矩阵作为主成分分析的输入。当主成分的累计贡献率达到 80% 以上时，才包含了原始数据的大部分综合信息。因此，根据累计贡献率提取各方面主成分。本章具体在政策沟通、设施联通、贸易畅通、资金融通及民心相通等方面提取主成分情况（见表 8 – 7）。

---

[1] 王信东：《关于现代化的思考——兼论衡量现代化水平的指标体系及模型》，《数量经济技术经济研究》2001 年第 3 期。

[2] 王秀芳：《适度外贸依存度的再探讨》，《经济内题探索》2008 年第 4 期。

表 8 - 7　2017 年各级指标的统计特征

维度	成分	特征根	方差贡献率	累计方差贡献率
政策沟通	1	1.319	69.052	69.052
	2	0.591	30.948	100.000
设施联通	1	0.669	75.170	75.170
	2	0.149	16.685	91.855
贸易畅通	1	0.514	84.706	84.706
资金融通	1	0.427	76.574	76.574
	2	0.117	20.940	97.514
民心相通	1	1.107	71.969	71.969
	2	0.377	24.502	96.470

注：由于篇幅限制，表中只列出了所选择的主成分特征根和贡献率。

由表 8 - 7 可见，政策沟通、设施联通、贸易畅通、资金融通以及民心相通等各方面指数的累计方差贡献率均大于 80%，即主成分分析反映原始数据信息的能力较强，包含了原始数据的大部分综合信息。因此，运用 SPSS 17.0 进行基于协方差输入的主成分分析，得到各基础指标的变量系数以及各级主成分的特征根信息。我们采用各级主成分系数除以其特征根的开方，并且以各级主成分系数占总贡献率的百分比作为权重，赋权相加得到各基础指标相应的权重。在各基础指标的权重确定之后，求得各方面指数值，进而采用主成分分析获得各方面指数的权重（见表 8 - 8、表 8 - 9）。

表 8 - 8　2017 年各基础指标综合主成分权重

基础指标	综合主成分权重	基础指标	综合主成分权重
当年实际利用外资金额	0.680	居民消费价格指数	- 0.112
对外承包工程新签合同额	0.357	工业生产者出厂价格指数	- 0.084

续表

基础指标	综合主成分权重	基础指标	综合主成分权重
进出口总额	0.342	金融机构本外币存款余额	0.948
外商投资企业投资总额	0.559	金融机构本外币贷款余额	0.519
外商投资企业数	0.612	客运量	0.022
国际旅游外汇收入	0.016	货运量	0.108
接待国际游客人数	0.220	铁路营业里程	0.349
外国留学生授予学位数	0.011	邮电业务总量	0.175
旅客周转量	0.039	互联网宽带接入用户	0.252
交通运输、仓储及邮政业从业人员	0.068	电力消费总量	-0.273
信息传输、计算机服务和软件业从业人员	0.721	城市燃气普及率	-0.008

表 8 - 9　2017 年各方面指数综合主成分权重

方面指数	综合主成分权重	方面指数	综合主成分权重
政策沟通	0.362	设施联通	0.155
资金融通	0.103	贸易畅通	0.098
民心相通	0.282		

由表 8 - 9 可见，首先，政策沟通在综合主成分权重中的数值最高，为 0.362，这意味着 2017 年重庆、四川、云南、广西等地经济发展绩效的差异更多地源于政策沟通的效果，即合作基础、合作成果等方面的因素，政策沟通的差异很大程度上造成各地区之间经济发展绩效的不同。其次，民心相通层面的权重也相对较高，达到了 0.282，这意味着 2017 年重庆、四川、云南、广西等地经济发展绩效高低不同很大一部分也受到旅游活动、科研交流以及运输服务等方面因素的影响。之后是设施联通、资金融通、

贸易畅通，权重分别为 0.155、0.103、0.098。其中，五个维度即政策沟通、设施联通、贸易畅通、资金融通、民心相通的权重均大于 0，这意味着丝绸之路经济带沿线西南省区市经济发展绩效五个维度指标都对经济发展绩效的提高有正向影响。

在此基础上，进一步根据各基础指标的相应权重得到各方面指数值，然后根据各方面指数的权重得到经济发展绩效指数值，进而对重庆、四川、云南、广西等地经济发展绩效进行综合评价（见表 8 - 10）。

表 8 - 10　2017 年经济发展绩效及各方面指数

年份	地区	政策沟通	设施联通	贸易畅通	资金融通	民心相通	经济发展
2017	重庆	1.5959	0.1962	1.6559	1.0238	0.6327	1.3752
	四川	1.9319	1.5333	2.3311	2.3204	2.0624	1.9858
	云南	0.0259	0.5429	0.8307	0.8717	0.9433	0.5303
	广西	0.5961	0.6555	1.2353	0.8683	0.6593	0.7136

由表 8 - 10 可见，2017 年四川不论是整体经济发展绩效指数还是政策沟通、设施联通、贸易畅通、资金融通以及民心相通等各方面指数在四地中均位列第一，可见四川发展水平相对较高，且注重均衡发展。从整体经济发展绩效来看重庆在四地中位列第二，其次是广西，最后是云南。云南虽然整体经济发展绩效水平相对较低，但在民心相通层面在四地中位列第二，在目前的发展中奠定了较好的群众基础。重庆和广西在四地中处于中间位置，但两地在发展过程中也各有长处和短板。重庆在设施联通和民心相通方面有待进一步加快发展，广西则是资金融通与设施联通等方面发展相对落后，需要着重提高。

重复前面过程，进一步计算得出 2013 ~ 2016 年重庆、四川、云南、广西等地政策沟通、设施联通、贸易畅通、资金融通、民心相通等各方面指数及经济发展绩效指数（见表 8 – 11）。

表 8 – 11　2013 ~ 2017 年经济发展绩效及各方面指数

年份	地区	政策沟通	设施联通	贸易畅通	资金融通	民心相通	经济发展
2013	重庆	1.4342	0.8491	1.7107	1.3159	0.6479	1.1711
	四川	1.8910	1.6880	2.0874	2.5170	1.6683	1.8845
	云南	0.0531	0.6605	0.8149	1.1590	0.8650	0.5397
	广西	0.4860	0.6510	0.9426	1.1927	0.7974	0.7052
2014	重庆	1.3476	0.1837	1.7820	1.3221	0.5893	1.0080
	四川	1.8626	1.0344	2.1424	2.4534	1.7801	1.7847
	云南	0.0562	0.5128	0.7880	1.1410	0.8406	0.5197
	广西	0.5050	0.7618	0.9808	1.0893	0.6533	0.7006
2015	重庆	1.7257	0.2620	0.8890	0.5388	0.6029	1.9749
	四川	2.3512	0.1440	1.2127	1.0548	1.8938	2.3478
	云南	0.0671	0.5037	0.4632	0.4788	0.8506	0.8522
	广西	0.9390	0.7777	0.6035	0.4250	0.6840	1.0906
2016	重庆	1.4375	0.2736	1.9673	1.4024	0.6847	1.0713
	四川	1.6528	1.2036	2.3806	2.6639	2.0958	1.8771
	云南	0.0308	0.5205	0.8990	1.1762	1.0090	0.6090
	广西	0.3559	1.3052	1.2770	1.2185	0.7840	0.8517
2017	重庆	1.5959	0.1962	1.6559	1.0238	0.6327	1.3752
	四川	1.9319	1.5333	2.3311	2.3204	2.0624	1.9858
	云南	0.0259	0.5429	0.8307	0.8717	0.9433	0.5303
	广西	0.5961	0.6555	1.2353	0.8683	0.6593	0.7136

由表 8 – 11 可以看出，2013 ~ 2017 年，重庆、四川、云南、广西各地经济发展绩效及各方面指数均呈波动变化，但各地指数位次变化不大，五年来四川发展位于前列，重庆、广西次之，云南有待进一步发展。

　　政策沟通方面，2013～2017 年，重庆、四川、云南、广西各地的该方面指数数值呈波动变化，但位次上没有变化，均为先是四川，重庆紧随其后，其次是广西，云南位列最后，且差距较大。可见，政策沟通在四川、重庆等地的经济发展中发挥了较大的推动作用。这可能是由于四川、重庆位于西部内陆地区，"一带一路"倡议及相关政策与合作协议有效打开了四川、重庆经济对外发展的大门，为其经济发展提供了新的增长点。而云南则由于地理位置，对外贸易往来已是当地经济发展的一项重要内容，且云南受周边地区政治环境波动的影响最大也最为直接，故政策沟通在云南发挥的作用有待进一步探究。

　　设施联通方面，2013～2017 年，重庆、四川、云南、广西各地的该方面指数数值呈波动变化，且位次各年也不尽相同。但可以看出，设施联通方面发展相对靠前的是四川和广西，云南、重庆发展相对靠后，但四地整体发展水平都有待进一步提高。西南地区山区偏多，地势不平，这一定程度上加大了设施联通的发展难度。但当前中欧班列规模的持续扩大以及西部航空新航线——重庆新航线的开通等已经显示出西南地区在设施联通方面发展的空间与潜力。可见，西南地区终会突破环境限制，为经济发展创造畅通航道。

　　贸易畅通方面，2013～2017 年，重庆、四川、云南、广西各地的该方面指数数值呈波动变化。发展水平是四川、重庆位于前列，广西、云南发展相对靠后，但近年来各地发展均呈整体上升趋势，其中涨幅最大的是广西。可见，丝绸之路经济带的建设为西南地区带来了更多贸易往来的机遇与便利，西南地区与沿线国家的贸易通道逐渐被打通，贸易便利化水平提高，贸易规模逐步扩大。

资金融通方面，2013～2017年，重庆、四川、云南、广西各地的该方面指数数值呈波动变化。四川、重庆的发展水平领先于云南、广西，但各地差距较其他方面相对较小。中国为推进资金融通在签署金融合作协议、建立合作发展的投资平台和专项基金以及推进金融机构合作等各方面做出了许多努力，[①] 有效提升了丝绸之路经济带建设中整体资金融通的发展水平，西南地区也从中获得发展的机遇与便利，有效推动了当地发展。

民心相通方面，2013～2017年，重庆、四川、云南、广西各地的该方面指数数值呈波动变化，位次上没有明显变化。四川发展靠前，云南次之，广西、重庆有待进一步发展。云南得以充分发挥地缘优势，与沿线周边国家积极开展文化交流活动，且云南丰富独特的旅游资源也对外国游客具有极强的吸引力。与此同时，随着"一带一路"的建设中国加大了向相关国家的民生投入，积极开展对外援助和文教合作。沿线国家也对中国居民进一步放宽了签证政策，积极推动了旅游业发展，进一步增进了对彼此的了解。

五 丝绸之路经济带沿线西南省区市经济发展的制约因素分析与路径选择

（一）丝绸之路经济带沿线西南省区市经济发展的制约因素分析

随着"一带一路"的建设，沿线西南省区市经济发展得到了

---

① 李兴：《丝绸之路经济带："五通"进程与未来展望》，《贵州省党校学报》2017年第5期。

新的动力与活力，经济发展取得一定成效，2013 年以来沿线西南省区市经济发展平均增速高于全国平均增速。但不可忽视的是其在发展过程中依旧存在以下制约因素，妨碍了地区经济发展绩效的提高。

第一，经济发展较为落后，工业基础薄弱。沿线西南各省区市均处于中国内陆偏西南边界的位置，是国家减贫工程的重点区域之一，尤其与东部地区省份相比经济发展相对落后，市场化程度较低，工业化发展不够充分，工业化体系不够健全。这一定程度上导致在"一带一路"建设的过程中，沿线西南省区市受自身发展基础的限制未能充分发挥利用新机遇带来的经济发展动力，进而阻碍了当地经济发展。

第二，综合交通基础设施不健全。沿线西南省区市山区遍布，地势多崎岖不平，交通运输基础设施发展缓慢，导致长期对外交通运输不便利，这极大地阻碍了生产要素的流动和产品的运输，制约了对外贸易的发展，也对人们往来交流造成诸多不便。"一带一路"建设以来，中欧班列的开通、新航线的开设以及海铁联运的创新很大程度上改善了沿线西南省区市的对外交通条件，但在地区发展中交通运输方面的短板依旧存在，同时面临新的挑战：一方面要加强对已有新路线、新方式在经济发展过程中的运用；另一方面则要继续完善地区的交通运输基础设施网络，为经济发展、文化交流创造畅通的航道。

第三，国际政治经济环境的影响。随着经济全球化的发展，中国参与全球经济发展的程度日渐加深，与此同时，中国经济发展受国际政治经济局势的影响也逐渐扩大。其中，沿线西南省区市有部分地处中国与邻国的交界位置，其经济发展受到邻国政治局势的影响更为直接。以缅甸为例，随着其国内边境战事的升级，对其投资的风险急剧加大，必然会导致贸易规模缩小，进而影响地区经济发展。

第四，金融发展不充分，金融体系不健全。沿线西南省区市长期受经济发展相对落后、市场化程度较低的影响，金融行业的发展不充分，金融机构相对较少，已有的金融机构业务也不完善，金融行业缺乏健全的市场体系，金融交易不规范。但"一带一路"的建设推进带来的经济发展机遇对金融发展提出了新要求，沿线西南省区市的金融行业发展相对落后，难以满足推进经济对外发展的需求，妨碍了沿线西南省区市经济的对外拓展。

第五，思想文化方面的局限。沿线西南省区市由于经济发展长期较为落后，交通又相对闭塞，当地人民对外交流认识也相对较少。这一方面致使当地人民对中国国内的相关政策以及关系国计民生的大事了解相对较少，一定程度上会影响政策措施的基层落实力度，进而妨碍经济的发展；另一方面沿线西南省区市人民对丝绸之路经济带沿线国家的文化民情也不甚了解，这一定程度上加大了沿线西南省区市推进民心相通的难度，进而影响沿线西南省区市的对外经济文化交流。

（二）丝绸之路经济带沿线西南省区市经济发展的路径选择

"一带一路"建设推进以来，沿线西南省区市积极抓住机遇，充分发挥地缘优势，为当地经济发展创造了新活力。但在政策沟通、设施联通、贸易畅通、资金融通以及民心相通等各方面都需要进一步加强或完善，进一步推动各地经济高质量发展。

第一，积极推进政策沟通，为经济发展奠定政策保障。"一带一路"建设推进以来，我国发布了众多相关政策文件，积极向外展示我国关于"一带一路"建设的政策走向。与此同时，积极与沿线国家就相关经济、外交政策进行对接，并与众多沿线国家及国际组织签署了合作文件，为沿线中国省份对外开展经济文化合作创造了和谐有利的环境。新时代，沿线西南省区市要积极贯彻落实相关政策文件，善于利用有利条件，充分发挥地方优势和特色，在地方具体落实与沿线国家的各项合作，推动地区经济发展。

第二，积极推进设施联通，为经济发展提供设施支持。"一带一路"建设推进以来，我国就设施联通与沿线国家签署了众多合作协议，从海、陆、空以及信息传输等各个层面推进丝绸之路经济走廊交通设施建设的落实，改善了沿线众多国家的交通基础设施，进一步打通了沿线地区向外发展的通道。新时代，沿线西南省区市一方面要完善本地区的综合交通运输基础设施建设，为经济发展提供有力保障；另一方面要充分利用已经开拓的新航道、新航线，积极开展对外贸易经济往来，让设施联通充分发挥价值。

第三，积极推进贸易畅通，为经济发展创收。"一带一路"建设推进以来，我国与沿线国家签署了大量经贸合作文件，达成合作共识，并与沿线国家政府通力合作，为经贸合作的开展创造便利条件。新时代，沿线西南省区市要进一步巩固已有的贸易合作成果，总结积累经验，根据当地发展的实际情况变化，及时调整贸易合作内容，优化贸易合作结构，推进贸易合作规模的扩大及质量的提升，推动实现更长久、更稳定的贸易畅通，形成可持续的经济增长点。

第四，积极推进资金融通，为经济发展提供资金支持。"一带一路"建设推进以来，我国已与多个沿线国家及金融机构签署了相关金融合作协议，建立合作发展的投资平台和专项基金，积极推进金融机构的合作。新时代，沿线西南省区市要根据各地发展的具体情况，充分利用已有的平台和资金，解决好"向哪些领域投资""怎样用好资金"等问题，推动资金使用的透明化、规范化、具体化，实现资金最大效用的发挥，带动地区经贸发展。

第五，积极推进民心相通，为经济发展提供群众基础。"一带一路"推进建设以来，中国在教育领域重点加强语言互通，开展合作办学，扩大相互留学规模，积极与沿线国家合作举办电影节、研讨会，推进民间相互了解；在旅游行业积极开发独具丝路特色的旅游线路和旅游产品，积极推进沿线国家人民互动往来。新时代，沿线西南省区市要充分挖掘利用当地的科教文旅资源，在吸引沿线国家人民"走进来"的同时，也积极"走出去"，领略各地文化习俗特色，增强互通了解、情感交流，为经济发展争取有力的群众支持。

第九章
丝绸之路经济带沿线西北主要城市经济发展绩效的评价与制约因素分析

一 引言

2013 年 9 月习近平总书记在哈萨克斯坦纳扎尔巴耶夫大学演讲时，首次提出共建丝绸之路经济带的构想，并提出通过加强政策沟通、设施联通、贸易畅通、资金融通、民心相通来逐步实现，这五个方面的联通是建设丝绸之路经济带的关键途径，也是检验其发展成果的重要指标，是中国向西开放的重要举措。作为古丝绸之路的"老成员"，西北地区各沿线省区作为丝绸之路经济带的前沿阵地在其中受益匪浅。① 各省区在近年来的发展中逐渐明确了各自的定位，陕西省提出构建丝绸之路经济带"新起点"、甘肃省提出了"黄金段"的概念、宁夏回族自治区和青海省则将自身作

① 杨军：《携手合作 凝聚智慧 共同推进丝绸之路经济带建设——2014 西北五省区社科院丝绸之路经济带建设研讨会综述》，《青海社会科学》2014 年第 2 期。

为"战略支点"、新疆维吾尔自治区则提出建设成为丝绸之路经济带的"核心区"。总而言之，丝绸之路经济带的发展重点在西北地区。西部大开发战略实施以来没有什么抓手，丝绸之路经济带的构建便为西部大开发提供了重要的抓手，借助经济带向西开放的力量，以加快西部大开发的步伐和进程。在 2014 年度《甘肃蓝皮书》中就有专家指出："丝绸之路经济带为沿线国家和地区经济社会发展创造新引擎，华夏文明传承创新区为文化发展和经济转型提供新模式，多种机制平台为西北地区发展带来了新一轮发展机遇。"在共建丝绸之路经济带提出以来的六年时间里，沿线西北各城市在经济各个领域的发展中均取得了不同程度的成效，然而发展并不是一帆风顺的，构筑丝绸之路经济带的过程中，其在"五通"方面存在一定的硬条件和软环境的制约，[①] 政府的过度竞争、沿线西北地区脆弱的生态环境等因素都在一定程度上制约了当地的经济发展。本章通过以"五通"作为五个维度进行分析，发现在政策创新、运输联合、金融支持、地理区位、社会和文化等方面都存在制约西北地区各沿线城市经济发展的因素。

二 相关指标体系的构建

依照第五章针对沿线西部城市所构建的指标体系，我们从政策沟通、设施联通、贸易畅通、资金融通、民心相通五个维度所涉及的23 个三级指标中，根据数据的可获得性和不同指标对经济发展绩效反映程度的高低，选取了以下 15 个三级指标。由于贸易畅通中合同利用

---

① 周宇：《构筑丝绸之路经济带的现实意义与实施困境》，《延安大学学报》（社会科学版）2015 年第 1 期。

外资项目数的数据不全,故更换为实际利用外资金额作为经济合作的代表指标。二级指标数量保持不变,以对各城市的经济发展形成全方位的分析,也便于之后对结果进行比较(见表9-1)。

表9-1 丝绸之路经济带沿线西部城市经济发展绩效评价指标体系的构建

一级指标	二级指标	三级指标	指标单位	指标属性
政策沟通	合作基础	一般公共预算收入	亿元	正 指 标
	合作成果	当年对外新签项目(合同)个数	个	正 指 标
设施联通	交通设施	客运量	万人	正 指 标
		货运量	万吨	正 指 标
	通信设施	邮电业务总量	万元	正 指 标
		电信业务总量	万元	正 指 标
	能源设施	全社会供水量/GDP	—	逆 指 标
		全社会用电量/GDP	—	逆 指 标
贸易畅通	对外贸易	进出口总额	万美元	正 指 标
	经济合作	实际利用外资金额	亿美元	正 指 标
资金融通	市场价格	各市居民消费价格指数	—	适度指标
	金融储备	金融机构人民币各项存款余额	万元	正 指 标
民心相通	旅游活动	国际旅游外汇收入	万美元	正 指 标
		接待入境游客人数	万人次	正 指 标
	运输服务	交通运输、仓储及邮政业从业人员	万人	正 指 标

三 评价思路及具体评价

在丝绸之路经济带的节点城市中,我们选取了位于西北地区的十个主要城市,分别是西安市、宝鸡市、安康市、兰州市、酒泉市、武威市、乌鲁木齐市、哈密市、银川市、西宁市。本章旨在以"五通"作为五个维度来分析丝绸之路经济带经过的西北地区这十个主要节点城市的经济发展绩效,以及制约其向前发展的因素。

考虑到丝绸之路经济带构建的时间和不同城市数据的共同可得性，我们选取 2013～2017 年作为时间序列，测度十个城市五年来经济发展绩效的变化情况。相关数据主要来源于国家统计数据库、中国经济与社会发展统计数据库、中经网统计数据库等。主要的基础数据如表 9－2 至表 9－6 所示，之后基于基础数据的类型，根据正向指标、逆向指标、适度指标的性质，利用极值化的方法分别得到去量纲标准化后的数据，并以此为依据结合可消除评价指标之间的相关影响的主成分分析法进行后续分析。

正向指标极值化的方法：

$$\frac{x_{ij} - \min\limits_{1 \leqslant i \leqslant n} x_{ij}}{\max\limits_{1 \leqslant i \leqslant n} x_{ij} - \min\limits_{1 \leqslant i \leqslant n} x_{ij}} \tag{9.1}$$

逆向指标极值化的方法：

$$\frac{\max\limits_{1 \leqslant i \leqslant n} xij - xij}{\max\limits_{1 \leqslant i \leqslant n} x_{ij} - \min\limits_{1 \leqslant i \leqslant n} x_{ij}} \tag{9.2}$$

适度指标极值化的方法：

$$\frac{\max\limits_{1 \leqslant i \leqslant n} \left| x_{ij} - x_j \right| - \left| x_{ij} - x_j \right|}{\max\limits_{1 \leqslant i \leqslant n} \left| x_{ij} - x_j \right| \min\limits_{1 \leqslant i \leqslant n} \left| x_{ij} - x_j \right|} \tag{9.3}$$

其中 x_j 为第 j 个指标的适度数值，本章中的适度指标将适度数值取为 100。

（一）政策沟通

"五通"中，政策沟通作为首要步骤，在共建丝绸之路经济带的过程中起着至关重要的作用。在这一维度下，我们选取了两个三级指标，即一般公共预算收入和当年对外新签项目（合同）个数。以这两个指标为依据，通过对下述相关数据进行分析可以看出，西安市和乌鲁木齐市在两个方面的排名均位居前列，银川市和兰州市紧随其后，这说明陕西、新疆、宁夏、甘肃这四个省区的省会（首府）城市有着较好的对外合作基础，同时在对外合作方面也取得了较好的成果。以2013～2017年的时间序列为维度，可以看出五年来十个城市在两个指标上大体呈现逐年增加的趋势，仅在个别年份出现小幅下降，这说明丝绸之路经济带的建立促进了各市的发展。

表 9-2　　"政策沟通"维度的相关指标

二级指标	三级指标	城　　市	2013 年	2014 年	2015 年	2016 年	2017 年
合作基础	一般公共预算收入（亿元）	西　　安	502.0	583.8	651.0	641.1	654.5
		宝　　鸡	72.0	78.1	83.8	84.5	87.8
		安　　康	25.3	28.1	30.9	30.1	31.8
		兰　　州	124.5	152.3	185.2	215.5	236.4
		酒　　泉	26.7	32.2	33.4	36.2	34.5
		武　　威	18.4	22.2	26.8	31.1	28.6
		乌鲁木齐	301.9	340.6	368.7	369.7	400.8
		哈　　密	28.9	49.5	41.9	56.7	49.8
		银　　川	134.6	153.6	171.3	173.2	177.5
		西　　宁	67.1	83.9	94.8	75.2	79.2
合作成果	当年对外新签项目（合同）个数（个）	西　　安	152	103	73	72	143
		宝　　鸡	5	13	3	3	8
		安　　康	2	1	1	0	4
		兰　　州	8	5	11	26	7
		酒　　泉	3	0	5	0	1
		武　　威	0	1	2	2	0
		乌鲁木齐	32	32	22	24	50
		哈　　密	0	0	1	0	1
		银　　川	14	14	2	18	21
		西　　宁	9	6	7	6	10

资料来源：2014～2018 年《陕西省统计年鉴》《甘肃省统计年鉴》《新疆统计年鉴》《宁夏统计年鉴》《青海省统计年鉴》。

（二）设施联通

在"五通"中，设施联通起着保障发展的基础作用，在这一维度下，我们选取了六个三级指标，即客运量、货运量、邮电业务总量、全社会用电量/GDP、电信业务总量、全社会供水量/GDP。以这六个指标为依据，通过表9－3的数据分析可以看出，西安市的客运量和货运量一直位居前列，说明其在交通设施建设方面较为完善；乌鲁木齐市的邮电业务总量和电信业务总量排名一直比较靠前，说明其在通信设施方面做得较好；酒泉市的全社会用电量和供水量与GDP的比值一直相对较低，说明其在能源设施方面的表现优于其他几个城市。以2013～2017年的时间序列为维度，可以看出五年来十个城市在四个正向指标上大体呈现逐年增加的趋势，个别城市仅在个别年份出现下降，说明各市的设施联通水平不断提高。但在两个逆指标上，大多数城市的表现都还不尽如人意，这说明各城市在能源消耗方面仍需要提高重视程度。

表9－3　"设施联通"维度的相关指标

二级指标	三级指标	城　市	2013 年	2014 年	2015 年	2016 年	2017 年
交通设施	客运量（万人）	西　安	32614	19282	15813	15773	15601
		宝　鸡	10458	7939	9525	9505	9434
		安　康	8250	5160	3380	3371	3416
		兰　州	4837	5673	5238	7685	8329
		酒　泉	7687	8029	8096	8540	9072
		武　威	4864	5036	4892	4779	4231
		乌鲁木齐	5427	3030	2012	1805	1467
		哈　密	551	737	690	718	769
		银　川	4041	4063	3602	3447	2862
		西　宁	5402	2232	1709	1950	2112

二级指标	三级指标	城　市	2013 年	2014 年	2015 年	2016 年	2017 年
交通设施	货运量 （万吨）	西　安	49243	41120	21867	23011	24477
		宝　鸡	9946	10055	11234	11819	12956
		安　康	7502	6712	3476	3657	4050
		兰　州	10531	11147	11737	12882	13519
		酒　泉	2896	3090	3204	3476	3858
		武　威	2853	4004	4680	5179	5790
		乌鲁木齐	20135	13688	14793	14938	17145
		哈　密	2711	4846	3727	4596	5464
		银　川	15277	15711	10656	8779	7797
		西　宁	3273	6219	6583	6642	6893
通信设施	邮电业务 总量 （万元）	西　安	165802	226679	40081	531260	669765
		宝　鸡	35571	37592	4566	62543	76058
		安　康	18552	22080	2148	31101	36308
		兰　州	600864	810083	1044151	742776	1438029
		酒　泉	116989	187882	202156	143454	255480
		武　威	117878	154405	199442	139218	260760
		乌鲁木齐	639013	631600	638800	671375	686510
		哈　密	68232	79732	66623	80305	83213
		银　川	366108	365423	460883	348253	347126
		西　宁	276251	358554	460214	644700	715736
	电信业务 总量 （万元）	西　安	1596316	2244643	2948173	4850113	3560822
		宝　鸡	265801	365080	517125	759534	609390
		安　康	162851	239503	346423	365261	393244
		兰　州	563593	761700	984614	657899	1338124
		酒　泉	110778	180808	194254	133369	10871
		武　威	111294	147654	191544	129712	249853
		乌鲁木齐	599623	587300	590100	622991	632498
		哈　密	61918	69834	60704	68233	69937
		银　川	352844	322591	447429	327739	326715
		西　宁	263966	331007	437714	615100	677641

续表

二级指标	三级指标	城　市	2013 年	2014 年	2015 年	2016 年	2017 年
能源设施	全社会用电量/GDP	西　安	443.98	429.03	419.73	427.92	430.16
		宝　鸡	244.06	255.06	229.62	222.32	402.21
		安　康	273.58	247.98	237.56	231.78	448.50
		兰　州	771.83	698.01	627.63	527.83	1207.15
		酒　泉	177.74	177.77	214.21	201.95	516.15
		武　威	368.38	114.62	301.30	303.31	1187.02
		乌鲁木齐	856.92	608.73	613.72	873.77	1182.28
		哈　密	1058.38	1032.09	1204.26	1492.13	1485.30
		银　川	1118.04	1095.00	951.76	872.57	1713.21
		西　宁	817.21	718.09	943.06	616.61	3340.27
	全社会供水量/GDP	西　安	9.84	9.24	9.18	8.99	11.74
		宝　鸡	4.23	3.95	3.99	3.87	3.40
		安　康	2.56	2.28	2.50	2.81	2.45
		兰　州	15.07	13.11	12.77	11.34	10.55
		酒　泉	3.39	3.67	3.62	3.54	4.41
		武　威	4.51	4.26	4.47	4.76	5.91
		乌鲁木齐	13.99	12.13	11.33	12.06	11.12
		哈　密	9.90	8.56	9.13	10.10	8.48
		银　川	9.18	8.94	8.98	8.38	8.58
		西　宁	15.58	14.35	13.69	12.56	12.25

资料来源：2014～2018 年《陕西省统计年鉴》《甘肃省统计年鉴》《新疆统计年鉴》《宁夏统计年鉴》《青海省统计年鉴》《中国城市统计年鉴》《中国城市建设统计年鉴》。

（三）贸易畅通

在丝绸之路经济带的构建与发展中，贸易畅通是最能体现各城市发展成效的维度，在这一维度下，我们选取了两个三级指标，即进出口总额和实际利用外资金额。以这两个指标为依据，通过表 9 - 4 内数据的分析可以看出，西安市和乌鲁木齐市的进出口总额和实际利用外资金额均位居前列，这说明这两个城市在对外贸易和经济合作方面成效相比于其他几个城市来说较为显著，也说明两个城市的对外开放程度较大，政府给予的重视和支持较多。以 2013～2017 年的时间序列为维度，可以看出五年来大多数城市在两个指标上呈现波动下降的趋势，仅有个别城市保持增长趋势，这说明很多城市在对外开放方面的努力程度和重视程度还有待加强，应善于抓住机遇。

表 9 - 4　"贸易畅通"维度的相关指标

二级指标	三级指标	城　　市	2013 年	2014 年	2015 年	2016 年	2017 年
对外贸易	进出口总额（万美元）	西　　安	1798224	2498297	2526000	2754991	3769978
		宝　　鸡	88740	85836	86303	95678	88454
		安　　康	2925	3538	4767	3061	4462
		兰　　州	405671	455649	505860	407435	185301
		酒　　泉	10711	7621	7567	7246	7706
		武　　威	2340	3968	10212	3211	1896
		乌鲁木齐	779766	828458	584311	490258	680712
		哈　　密	8159	40469	43345	54593	16748
		银　　川	241065	450000	326672	249000	397985
		西　　宁	124115	159674	1141038	850826	48554
经济合作	实际利用外资金额（万美元）	西　　安	312994	370310	400833	450466	530681
		宝　　鸡	7006	80028	560	572	7227
		安　　康	3002	3000	103	0	1563
		兰　　州	2132	5447	13600	33753	10035
		酒　　泉	510	4260	3989	5989	1326
		武　　威	0	0	350	874	100
		乌鲁木齐	17792	18309	24079	23718	778
		哈　　密	1648	1406	3365	1756	83
		银　　川	12858	6567	16733	3555	3065
		西　　宁	2480	1091	6057	9076	12837

资料来源：2014～2018 年《陕西省统计年鉴》《甘肃省统计年鉴》《新疆统计年鉴》《宁夏统计年鉴》《青海省统计年鉴》《中国城市统计年鉴》。

（四）资金融通

资金融通是建设丝绸之路经济带的基本条件，在这一维度下，我们选取了两个三级指标，即各市居民消费价格指数和金融机构人民币各项存款余额。以这两个指标为依据，通过表9-5中的数据可以看出，五个省区的省会（首府）城市的金融机构人民币各项存款余额的值比较高，西安市位居首位，说明其在金融储备方面的工作做得比较到位；对于各市居民消费价格指数这一指标，由于其反映的是消费品的价格变动水平，从表9-5中可以看出乌鲁木齐市、哈密市、兰州市的价格水平平均变化程度大于其他城市。以2013～2017年的时间序列为维度，可以看出五年来大部分城市的金融机构人民币各项存款余额均在上升，仅个别城市在个别年份有小幅下降，这说明丝绸之路经济带提高了各市金融储备的整体水平。

表9-5 "资金融通"维度的相关指标

二级指标	三级指标	城　　市	2013 年	2014 年	2015 年	2016 年	2017 年
市场价格	各市居民消费价格指数	西　　安	102.7	101.4	100.7	100.9	102.0
		宝　　鸡	102.9	101.9	101.1	102.6	100.9
		安　　康	102.8	101.0	101.5	101.3	102.4
		兰　　州	103.5	102.2	101.3	100.8	101.5
		酒　　泉	103.4	102.4	101.5	102.2	100.8
		武　　威	102.9	101.6	101.5	101.4	100.9
		乌鲁木齐	103.5	102.8	100.7	101.5	102.8
		哈　　密	103.6	101.4	100.9	102.0	102.8
		银　　川	103.5	102.1	101.6	101.7	101.7
		西　　宁	103.8	102.8	102.5	102.1	101.8

续表

二级指标	三级指标	城　　市	2013 年	2014 年	2015 年	2016 年	2017 年
金融储备	金融机构人民币各项存款余额（万元）	西　　安	138927700	153153900	180369000	194883800	203781100
		宝　　鸡	16626516	18393499	21028607	23737999	26089878
		安　　康	7903487	8845109	10327096	11723954	13116976
		兰　　州	54991505	66175146	78031226	86231121	85135926
		酒　　泉	7643501	8376064	9349102	9221030	9018437
		武　　威	6050764	7043375	8155317	8267237	7973315
		乌鲁木齐	56118613	62339725	69846016	74066021	83207145
		哈　　密	4360237	4763321	5200942	5564543	6382613
		银　　川	23409309	26089723	30177702	54606321	35872342
		西　　宁	28224728	31047613	35484270	37560136	38837921

资料来源：2014 ~ 2018 年《陕西省统计年鉴》《甘肃省统计年鉴》《新疆统计年鉴》《宁夏统计年鉴》《青海省统计年鉴》《中国城市统计年鉴》。

（五）民心相通

民心相通代表着共建丝绸之路经济带的社会基础，在这一维度下，我们选取了三个三级指标，即国际旅游外汇收入、接待入境游客人数，以及交通运输、仓储及邮政业从业人员。以这三个指标为依据，通过分析表 9 - 6 中的数据可以看出，西安市的国际旅游外汇收入和接待入境游客人数的排名在十个城市中居于首位，乌鲁木齐市紧随其后，这说明这两个城市在旅游活动方面成效显著，对外交流更多，无形中加深了其城市内部与其他国家的交融互通。在交通运输、仓储及邮政业从业人员数量方面西安市和乌鲁木齐市仍然排在第一和第二的位置上，说明这两个城市在社会服务中提供就业方面做得好于其他几个城市。以 2013 ~ 2017 年的时间序列为维度，可以看出五年来十个城市在三个三级指标上的发展大体均呈上升趋势，发展态势良好，说明丝绸之路经济带的构建为各市的就业、旅游都起到了正向作用。

表 9 - 6 　 "民心相通" 维度的相关指标

二级指标	三级指标	城　市	2013 年	2014 年	2015 年	2016 年	2017 年
旅游活动	国际旅游外汇收入（万美元）	西　安	80200.0	80682.0	91185.0	103075.0	118432.0
		宝　鸡	8685.0	9152.0	9406.0	9514.0	9692.0
		安　康	450.0	532.4	589.5	657.0	758.8
		兰　州	560.9	266.6	446.1	584.7	623.5
		酒　泉	1033.8	531.3	674.3	820.9	834.3
		武　威	57.3	31.3	17.0	22.6	17.9
		乌鲁木齐	21013.0	14015.0	17771.0	38052.0	42951.0
		哈　密	1084.0	616.0	746.0	801.0	837.0
		银　川	875.0	1400.2	1514.4	2849.0	2581.0
		西　宁	1683.0	1517.0	1619.6	2158.6	2823.9
	接待入境游客人数（万人次）	西　安	121.1	124.2	126.5	150.0	175.1
		宝　鸡	30.0	32.0	33.2	33.8	34.0
		安　康	2.2	2.4	2.6	3.0	3.4
		兰　州	2.5	1.3	1.7	2.2	2.2
		酒　泉	4.8	2.4	2.2	2.8	3.0
		武　威	0.3	0.2	0.1	0.1	0.1
		乌鲁木齐	35.0	23.5	28.7	31.8	38.4
		哈　密	2.4	1.4	1.4	0.3	0.4
		银　川	1.8	2.6	2.7	3.6	4.6
		西　宁	3.2	3.2	3.4	3.5	3.8
社会服务	交通运输、仓储及邮政业从业人员（万人）	西　安	12.23	16.41	15.50	16.45	16.48
		宝　鸡	1.81	0.92	0.92	0.95	0.96
		安　康	0.45	0.45	0.52	0.46	0.51
		兰　州	5.32	2.18	2.21	2.48	2.64
		酒　泉	0.43	0.41	0.39	0.45	0.45
		武　威	0.25	0.23	0.26	0.28	0.30
		乌鲁木齐	10.86	10.64	10.12	12.42	9.79

续表

二级指标	三级指标	地　区	2013 年	2014 年	2015 年	2016 年	2017 年
社会服务	交通运输、仓储及邮政业从业人员（万人）	哈　密	0.15	0.15	0.14	0.15	0.70
		银　川	1.10	2.26	1.84	1.24	1.24
		西　宁	3.15	0.88	3.55	3.52	3.99

　　资料来源：2014～2018 年《陕西省统计年鉴》《甘肃省统计年鉴》《新疆统计年鉴》《宁夏统计年鉴》《青海省统计年鉴》《中国城市建设统计年鉴》《中国旅游统计年鉴》。

四　测算过程及结果

　　通过对 2013～2017 年的数据进行主成分分析，根据不同年份的主成分中每个指标所对应的系数，将得到的特征向量与标准化后的数据相乘，以得出不同主成分的表达式。[①] 最后以每个主成分所对应的特征值占所提取主成分总的特征值之和的比例作为权重，并计算出主成分综合模型，根据不同的综合模型再计算各年各城市的综合主成分值，并对该值按从大到小的顺序进行排序，以达到对各地区进行综合评价比较的目的。

　　在提取主成分时，以特征值大于 1 为标准，在不同年份的数据中找到累计方差贡献率超过 80% 的因子，之后将所选取的因子作为主成分，用它们代替评价指标体系中的其他指标，对十个城市的经济发展绩效进行综合评价。以 2013 年为例，通过上述步骤找到了两个主成分，其累计贡献率为 92.33%，这说明新生成的综合指标对原始经济信息具有较为全面的解释能力，可以较好地反映原始信息（见表 9 - 7）。

　　[①]　李光明、刘丹玉：《丝绸之路经济带我国西北地区节点城市竞争力评价——基于因子分析和聚类分析》，《新疆农垦经济》2018 年第 7 期。

表 9 - 7 2013 ~ 2017 年所选取的主成分的相关特征

年份	成分	初始特征值			提取平方和载入		
		合计	方差的%	累计%	合计	方差的%	累计%
2013	1	10.44	69.63	69.63	10.44	69.63	69.63
	2	3.41	22.70	92.33	3.41	22.70	92.33
2014	1	10.25	68.33	68.33	10.25	68.33	68.33
	2	3.04	20.26	88.59	3.04	20.26	88.59
2015	1	10.05	66.99	66.99	10.05	66.99	66.99
	2	2.70	18.00	84.99	2.70	18.00	84.99
2016	1	10.31	68.76	68.76	10.31	68.76	68.76
	2	2.48	16.50	85.26	2.48	16.50	85.26
2017	1	10.26	68.40	68.40	10.26	68.40	68.40
	2	2.40	16.03	84.43	2.40	16.03	84.43
	3	1.29	8.57	93.00	1.29	8.57	93.00

为了分析不同指标对开放水平的解释程度，进一步测算得出成分矩阵，解释五年来各年主成分的不同因子载荷系数，同时把自 2013 年起到 2017 年的成分矩阵表示出来（见表 9 - 8）。

通过表 9 - 8 中的数据可以得到，相较其他主成分来说，主成分 F1 在经济发展绩效中的解释权重较大。同时，由 2013 ~ 2017 年的成分矩阵可以综合看出，在前三年的数据中，政策沟通、贸易畅通两个维度中的当年对外新签项目（合同）个数、进出口总额对第一主成分有较大的正向解释力度，全社会供水量/GDP 对其有较多的负面影响。后两年出现微小变化，资金融通中的金融机构人民币各项存款余额对第一主成分的解释程度变强。在第二主成分中，设施联通维度中的全社会供水量与 GDP 的比值和全社会用电量与 GDP 的比值对其有较大的正向解释力度。在 2017 年的第三主成分中，可以看出资金融通维度中的各市居民消费价格指数对其

表9-8 2013~2017年的成分矩阵

	2013年		2014年		2015年		2016年		2017年		
	1	2	1	2	1	2	1	2	1	2	3
一般公共预算收入	0.966	-0.196	0.958	-0.221	0.965	-0.172	0.972	-0.127	0.962	-0.140	-0.037
当年对外新签项目（合同）个数	0.984	0.073	0.992	0.028	0.989	0.013	0.985	-0.052	0.978	0.028	-0.155
客运量	0.910	0.371	0.857	0.388	0.748	0.517	0.689	0.617	0.678	0.581	0.411
货运量	0.980	-0.006	0.976	-0.023	0.903	-0.190	0.931	-0.066	0.921	-0.049	0.082
邮电业务总量	0.167	-0.863	0.135	-0.874	-0.06	-0.791	0.548	-0.648	0.407	-0.547	0.636
全社会用电量/GDP	0.068	0.846	0.042	0.677	0.129	0.778	0.059	0.772	0.245	0.825	-0.145
电信业务量	0.987	-0.093	0.984	-0.028	0.974	0.012	0.954	0.219	0.960	0.046	0.144
全社会供水量/GDP	-0.252	0.918	-0.248	0.922	-0.277	0.946	-0.362	0.901	-0.556	0.791	-0.158
进出口总额	0.990	-0.124	0.991	-0.091	0.912	-0.215	0.953	0.024	0.972	0.109	-0.100
实际利用外资金额	0.954	0.185	0.955	0.246	0.960	0.128	0.944	0.214	0.934	0.185	-0.061
各市居民消费价格指数	0.415	0.813	0.144	0.746	0.509	0.222	0.562	-0.176	-0.211	0.548	0.728
金融机构人民币各项存款余额	0.974	-0.173	0.961	-0.222	0.969	-0.185	0.984	-0.084	0.985	-0.103	0.096
国际旅游外汇收入	0.983	0.122	0.982	0.151	0.979	0.147	0.958	0.112	0.973	0.082	-0.176
接待入境游客人数	0.970	0.168	0.968	0.195	0.967	0.205	0.938	0.261	0.961	0.206	-0.115
交通运输、仓储及邮政业从业人员	0.874	-0.358	0.935	-0.168	0.933	-0.175	0.914	-0.173	0.955	-0.172	-0.127

解释程度较强。综上可知，政策沟通、设施联通、贸易畅通对城市的经济发展水平有主要的影响，资金融通的影响在近年逐渐加强。通过上述分析，将第一主成分称作政策因子，第二主成分称作设施因子，第三主成分称作资金因子。

为了得到五年来十个城市第一、二主成分和综合主成分的排名情况，我们将所选取的十五个三级指标分别用 $X1$、$X2$、$X3$……$X15$ 代替，按照前述方法，以 2013 年为例，将所选取的主成分 $F1$、$F2$ 的表达式表示如下（其他年份表达方法类似，不再一一列举）：

$$F1 = 0.299 \times X1 + 0.304 \times X2 + 0.282 \times X3 + 0.303 \times X4 +$$
$$0.052 \times X5 + 0.021 \times X6 + 0.035 \times X7 - 0.078 \times X8 +$$
$$0.306 \times X9 + 0.295 \times X10 + 0.128 \times X11 + 0.301 \times$$
$$X12 + 0.304 \times X13 + 0.3 \times X14 + 0.27 \times X15 \tag{9.4}$$

$$F2 = -0.106 \times X1 + 0.04 \times X2 + 0.201 \times X3 - 0.003 \times X4 -$$
$$0.468 \times X5 + 0.458 \times X6 - 0.05 \times X7 + 0.497 \times X8 -$$
$$0.067 \times X9 + 0.1 \times X10 + 0.441 \times X11 - 0.094 \times$$
$$X12 + 0.066 \times X13 + 0.091 \times X14 - 0.194 \times X15 \tag{9.5}$$

根据前述的步骤，将五年来各年不同主成分的表达式代入，经过分析计算后我们将 2013～2017 年十个城市不同类型成分的得分排名情况分别在表 9-9 至表 9-13 中列示。

表 9-9 2013 年经济系统主因子得分即综合得分排名

城　市	第一主成分 $F1$	排名	第二主成分 $F2$	排名	综合主成分 F	排名
西　安	3.39	1	0.86	5	2.77	1
宝　鸡	0.47	4	1.24	2	0.66	3
安　康	0.21	7	1.34	1	0.49	4
兰　州	0.67	3	-0.27	9	0.43	5

续表

城　市	第一主成分 $F1$	排名	第二主成分 $F2$	排名	综合主成分 F	排名
酒　泉	0.12	9	1.05	4	0.35	7
武　威	0.14	8	1.10	3	0.37	6
乌鲁木齐	1.26	2	-0.39	10	0.85	2
哈　密	0.03	10	0.29	6	0.09	10
银　川	0.42	5	0.07	7	0.33	8
西　宁	0.32	6	-0.09	8	0.22	9

表 9 - 10　　2014 年经济系统主因子得分即综合得分排名

城　市	第一主成分 $F1$	排名	第二主成分 $F2$	排名	综合主成分 F	排名
西　安	3.35	1	0.30	5	2.65	1
宝　鸡	0.53	4	0.40	2	0.50	3
安　康	0.20	7	0.48	1	0.26	6
兰　州	0.60	3	-0.07	9	0.45	4
酒　泉	0.18	8	0.33	4	0.21	7
武　威	0.15	9	0.39	3	0.20	8
乌鲁木齐	1.03	2	-0.08	10	0.77	2
哈　密	0.09	10	0.21	6	0.12	10
银　川	0.48	5	0.06	7	0.39	5
西　宁	0.26	6	-0.03	8	0.19	9

表 9 - 11　　2015 年经济系统主因子得分即综合得分排名

城　市	第一主成分 $F1$	排名	第二主成分 $F2$	排名	综合主成分 F	排名
西　安	3.41	1	0.77	5	2.85	1
宝　鸡	0.60	4	1.22	1	0.73	3
安　康	0.15	9	1.16	2	0.37	7
兰　州	0.76	3	-0.13	9	0.57	4
酒　泉	0.22	7	1.13	3	0.42	5
武　威	0.18	8	0.97	4	0.34	8

续表

城　市	第一主成分 $F1$	排名	第二主成分 $F2$	排名	综合主成分 F	排名
乌鲁木齐	1.18	2	0.06	8	0.95	2
哈　密	0.15	9	0.33	6	0.19	10
银　川	0.46	5	0.17	7	0.40	6
西　宁	0.44	6	-0.19	10	0.30	9

表 9 – 12　2016 年经济系统主因子得分即综合得分排名

城　市	第一主成分 $F1$	排名	第二主成分 $F2$	排名	综合主成分 F	排名
西　安	3.44	1	0.82	5	2.94	1
宝　鸡	0.41	6	1.23	1	0.56	4
安　康	0.13	8	1.05	3	0.30	9
兰　州	1.07	3	0.03	8	0.87	3
酒　泉	0.13	8	1.14	2	0.32	7
武　威	0.18	7	0.88	4	0.31	8
乌鲁木齐	1.32	2	-0.24	10	1.02	2
哈　密	0.10	10	0.08	7	0.09	10
银　川	0.55	5	0.27	6	0.49	5
西　宁	0.57	4	-0.03	9	0.46	6

表 9 – 13　2017 年经济系统主因子得分即综合得分排名

城　市	第一主成分 $F1$	排名	第二主成分 $F2$	排名	第三主成分 $F3$	排名	综合主成分 F	排名
西　安	3.31	1	1.03	5	0.34	7	2.64	1
宝　鸡	0.34	4	1.54	1	0.60	5	0.57	4
安　康	-0.01	10	1.17	3	-0.06	9	0.19	9
兰　州	0.77	3	0.47	8	1.12	1	0.75	3
酒　泉	0.03	8	1.43	2	0.70	2	0.33	6
武　威	0.02	9	1.09	4	0.61	4	0.26	8
乌鲁木齐	1.15	2	0.21	9	0.05	8	0.89	2

城 市	第一主成分 $F1$	排名	第二主成分 $F2$	排名	第三主成分 $F3$	排名	综合主成分 F	排名
哈 密	0.04	7	0.52	7	-0.10	10	0.11	10
银 川	0.31	6	0.63	6	0.39	6	0.37	5
西 宁	0.33	5	0.02	10	0.63	3	0.31	7

由 2013～2017 年所示的五个成分得分排名表可知，在 2013～2016 年的四年中，第一主成分得分较高的始终是西安市、乌鲁木齐市，说明这两个城市在政策沟通这一方面取得的成果好于其他几个城市；在第二主成分中得分较高的主要是宝鸡市和安康市，说明这两个城市比较重视各项设施的建设，在设施联通上强于其他几个城市。从综合得分的排名来看，西安市的综合经济发展绩效在沿线西北的十个城市中居于首位，乌鲁木齐市紧随其后，综合来看陕西省的三个城市排名都比较靠前，说明陕西省相对于其他四个省区来说发展得更好，甘肃省的三个城市的发展水平处于中游。银川市和西宁市在近五年的发展中，综合排名逐渐上升，而安康市的综合排名在近五年的发展中逐渐下降，其他城市的发展绩效的综合排名五年来保持得比较稳定。2017 年，西安市和乌鲁木齐市第一主成分得分排名与前四年保持一致，仍然领先；在第二主成分得分排名中酒泉市位次上升，说明酒泉市近年在逐渐加强其设施建设，不断加强其设施联通程度；第三主成分排名靠前的是兰州市和酒泉市，说明这两个城市在资金融通方面的表现优于其他几个城市。总体来说，五年来西北地区十个城市的经济发展整体向好，说明丝绸之路经济带建设为西北地区带来了正向影响和较大的发展机遇，不断地推动着各城市综合发展水平的提高。

五　制约主要城市经济发展的因素

根据前文对丝绸之路经济带沿线西北地区十个城市发展绩效的综合分析对比，本章以此为依据，并从政策沟通、设施联通、资金融通、贸易畅通、民心相通出发，总结出了五类制约各城市经济发展的因素。在今后的发展中，各城市应该对各种制约因素重视起来，及时采取措施高效解决，把握住丝绸之路经济带建设带来的各种机遇，加强联通与合作，不断提高自身及西北地区整体的经济发展水平和质量。

（一）政策与过度竞争的制约

在政策沟通方面，西北地区各沿线城市面临政府政策等方面的影响与城市之间竞争不当的制约。自 2013 年习近平总书记提出丝绸之路经济带的设想后，古丝绸之路沿线的西北地区各省市都争先恐后地希望能在该经济带中占有优势地位，各省市对自身的定位争夺激烈，而丝绸之路经济带的建立是为了将各省市连接起来，形成规模优势，形成互惠共赢的局面，过度的竞争反而与"共建丝绸之路经济带"的目标相悖。同时，政府层面也应加快转变政府职能，减少对市场的直接干预和制约，加快自身转型。丝绸之路经济带自建设以来，经过几年的发展，西北各城市并没有达到预期的发展目标，发展效果还不够好。在竞争日趋激烈的背景下，各省市在政策方面比较缺乏创新，实施的政策几年来变化并不大，要想走在其他城市的前面还需要有足够的胆识，在推行政策上敢想敢做，通过实践创新推动经济发展，以获得先发优势，争取国家最好的优惠政策为自身创造更好的外部发展环境。除了考虑外部政策的大环境，还应注意各城市在金融政策、法律政策、税收政策等方面的阻碍，各城市不应把对方看作单纯的竞争对手，而应秉承互利双赢的发展理念，在各省市之间建立有效的政策沟通机制，加深沟通、加强合作，促进西北地区整体的发展，而不仅仅是单个城市的发展。

（二）设施联合与技术水平的制约

在设施联通方面，西北地区各沿线城市面临设施联合程度不够及技术水平的限制。丝绸之路经济带中最关键的地方就是一个"通"字，而不同区域和地区的运输通道和海、陆、空等不同的运输方式之间的结合仍不充足，运输的足够畅通还无法完全保证。作为丝绸之路经济带西部各沿线城市进行经贸合作的"硬件"装备，目前阶段最重要的就是把经济带沿线的各地区通过铁路、航空等不同的方式连接起来，开通更多的通向沿线城市、沿线国家的航线、车次，用畅通的交通方式构建友谊合作的桥梁，加强运输、物流等设施建设，[①] 增强西北各城市与其他地区的联系，促进友好合作关系向前发展。与此同时，西北地区与外部的沟通联系较为缺乏，导致很多新技术、新设备无法进入，使得很多地区没有把握好最佳时机，错失了很多发展机会。相比于西南地区的各城市，西北地区的各城市资源比较稀缺，在技术创新方面所拥有的技术水平还处于较低阶段，没有大量的科技人才的引入，政府对于科技的投入远远不够，对创新企业的支持和鼓励还不到位，

---

① 白永秀、王颂吉：《丝绸之路经济带的纵深背景与地缘战略》，《改革》2014年第 3 期。

这使得其创新成果较少，所生产的产品的科技含量较低，很难走出国门走向世界，最后逐渐落后于其他省市。还有个别省市政府对科技不重视、不作为都会成为其经济发展的绊脚石。在当今新一轮科技革命的发展潮流中，西北各城市应顺应大趋势，搭乘丝绸之路经济带的便车，[①] 内外发力来提高自身的经济发展效率和质量。

（三）所处区位与对外开放水平的制约

在贸易畅通方面，西北地区各沿线城市具有地理区位方面的劣势，西北各省区深居内陆，地形和地貌较为复杂，沙漠居多，水资源较少，气候多变，生态环境较为脆弱且承载能力较低，[②] 在进行经济发展时需要权衡的因素更多。除此之外，为了加快当地的经济社会发展，有的地区人为地对自然进行改造，忽视了对生态环境的负面影响，导致个别城市在之后反而需要更多的资金和时间进行生态恢复，有的地方甚至难以恢复到原来的模样，这从反面说明西北地区各城市需要更加关注人与自然的和谐发展，加快探索科学的发展路径。由于地理位置上的劣势，各城市经济发展受限，无法与更多的国家实现联通与合作，这在一定程度上限制了其对外开放的程度、减少了其与外部世界的交流机会，成为其在对外贸易、对外投资方面的阻碍，减少了大量外部资金的流入。除此之外，通过前文的数据分析可以发现，个别城市对开放的重

---

① 杨利红、任琳霞、顾李：《丝绸之路经济带区域协调与发展问题研究》，《全国商情》2016 年第 11 期。

② 邵波、陈兴鹏：《中国西北地区经济与生态环境协调发展现状研究》，《干旱区地理》2005 年第 1 期。

视程度还不够，省会（首府）城市相对其他城市做得要更好。由此可见，除了自身的限制，各城市的政府应对开放重视起来，想办法提高自身的开放水平，通过建立自贸区，把握贸易投资的便利化和自由化这一经济带建设的基本方向，[①] 将外部的力量与自身相结合，切实落实国家"走出去"的战略，获得贸易畅通的优势，提高竞争力和发展水平。

（四）资金融资的制约

不管进行哪方面的建设和发展都离不开充足的资金，金融支持是发展建设的基本保障，是推动各省市向前发展的力量源泉，是丝绸之路经济带沿线各城市实现全面发展所必备的硬件条件，解决了资金的"硬件"问题，才能更好地为其他"软件"提供服务。目前各地金融机构所提供的资金还无法满足各地的发展需求，在融资方面除了间接融资外，直接融资的比重还远远不够。[②] 对新兴的、有较大发展潜力的中小企业的金融支持还不够，仍存在融资难等方面的问题，这在一定程度上制约了各城市金融业的发展。同时，各地的金融机构仍局限于传统的银行类机构，而缺乏国家型跨区域的期货、保险、证券等大型机构，业务范围仅局限于小块区域，尚未形成范围更大的区域型、国际型的金融经济，这对于丝绸之路经济带沿线西部的各城市来说，无疑是一个劣势，使之缺少了一个直接实现金融内部交流、降低金融往来成本的系统。

---

① 刘华芹、李钢：《建设"丝绸之路经济带"的总体战略与基本架构》，《国际贸易》2014 年第 3 期。

② 杨巧红、田晓娟：《丝绸之路经济带建设背景下的西北地区经济转型研究》，《开发研究》2015 年第 2 期。

各地面临的一个共同的问题就是融资渠道过少，除了传统的融资方式以外，新的融资方式还没有被开放和采用。因此，各地应加快实现多样化融资方式的步伐，鼓励使用社会融资，克服融资渠道的局限性，① 并加大对创新型中小企业的重视程度和支持力度，形成良好的金融环境，为其发展保驾护航，加快实现资金融通的进程。

（五）社会文化差异的制约

在民心相通方面，作为丝绸之路经济带沿线西北各城市的一大"软件"，社会的民意基础起着关键的作用。沿线西北各城市与俄罗斯、哈萨克斯坦、蒙古等十余个国家接壤，居住着很多少数民族人口，民族关系比较复杂。各个民族有着不同的宗教信仰，由此会产生错综复杂的民族与宗教问题，从而引发社会的不稳定。西北地区在民意畅通的构建中更应该关注民族问题、文化差异等问题，通过大力发展物质经济，为社会稳定与营造良好的人文环境夯实物质基础。从丝绸之路经济带目前发展过程中面临的现实情况来看，由于我国与其他国家在政治、文化、宗教、信仰等方面存在很大的差异，在贸易等领域合作的过程中，难免会出现各种各样的阻碍和挑战。在合作交往中，应秉承互相尊重、求同存异、互利共赢的理念，构建共同发展的大环境，为多边、跨区域的合作交流打下坚实的基础。沿线西北各城市的人民群众是经济发展之本，但由于个别城市政府的忽视，人民内部对跨国贸易、经济合作交流等产生抵触，这在一定程度上限制了经济合作的畅通性。

---

① 白鹤祥：《西北地区丝绸之路经济带建设》，《中国金融》2017 年第 9 期。

由此，沿线西北各城市应该加强对丝绸之路经济带国际合作的宣传，积极召开各种合作会议，通过媒体的方式向人民展示其将会带来的益处，为各地未来的发展打下良好的民意基础。

综上所述，在丝绸之路经济带构建以来的发展过程中，从政策沟通、设施联通、贸易畅通、资金融通、民心相通来看，沿线西北各城市虽然在一定程度上获得了成效，但是其中的制约因素也不可忽视。构建一个繁荣可持续的西北发展大格局，是一个不断发现和解决问题的过程。不仅需要各省会（首府）城市的重视和努力，还需要各县级城市响应号召，做出应有的贡献，制订长期的发展计划和决策，借助国家对西北地区的各种优惠政策，在西部大开发战略的实施背景下，抓住黄金发展机遇，早日实现国家对西部地区发展的愿景。

第十章
丝绸之路经济带沿线西南主要城市经济发展绩效的评价与制约因素分析

一 引言

构筑丝绸之路经济带是我国提出的重大倡议。丝绸之路经济带沿线西南城市的经济在机遇与挑战并存的丝绸之路经济带建设背景下，实现了稳定的增长。2015年中国政府公布《推动共建丝绸之路经济带和21世纪海上丝绸之路的愿景与行动》文件，文件对丝绸之路经济带所包括的省级行政区进行了界定，西南省区市包括重庆市、四川省、云南省和广西壮族自治区。在丝绸之路经济带的背景下，沿线我国西南主要城市面临全新的发展机会与挑战。习近平总书记指出，丝绸之路经济带的建设需要新的合作模式，加强"五通"即政策沟通、设施联通、贸易畅通、资金融通和民心相通，[①] 用重点地区带动整体，从沿线扩散至片区，逐渐实

---

① 程中海、罗超：《丝绸之路经济带贸易便利化：理论、实践与推进》，《石河子大学学报》（哲学社会科学版）2015年第2期。

现区域互联互通的大合作局面。本书第五章认为要从政策沟通、设施联通、贸易畅通、资金融通和民心相通五大维度构建评价指标体系。因此，面对丝绸之路经济带倡议的提出，研究沿线西南主要城市的发展绩效，可以推进西南地区"一带一路"的构建并为该地的发展提供决策建议。基于此，本章选取了重庆市、成都市、南充市、宜宾市、昆明市、曲靖市、玉溪市、南宁市、柳州市、桂林市 10 个城市进行分析。

二　评价的思路与方法

根据第五章建立的经济发展绩效评价的指标体系，本章从政策沟通、设施联通、贸易畅通、资金融通和民心相通五个维度对 2013～2017 年丝绸之路经济带沿线西南 10 个主要城市的经济发展绩效进行测算分析，为使测算结果较为直观准确，本章拟采用主成分分析法进行经济绩效的综合测算。主成分分析法能够较好地减少变量的维度，且不易导致信息大量丢失，采用主成分分析法为我们研究这些问题提供了很多便利。本章首先从政策沟通、设施联通、贸易畅通、资金融通和民心相通五个维度对沿线西南十个主要城市的经济发展状况进行具体的分析，清晰把握沿线西南各重点市的经济发展特征;[①] 其次通过主成分分析法对数据进行处理，从五个维度各自的测算结果和经济发展绩效的综合测算结果两个视角出发对 2013～2017 年丝绸之路经济带沿线西南十个主要城市的经济发展绩效进行比较分析;最后在经济绩效测算结

---

① 陈栋生:《西部大开发的战略布局与城镇化》,《技术经济与管理研究》2002
年第 2 期。

果的分析基础上，分析沿线西南 10 个主要城市的经济发展制约因素，以期为沿线西南主要城市的经济稳步发展提供相关政策制定的参考。

三　丝绸之路经济带沿线西南重点城市经济发展绩效评价指标体系的构建

为了对丝绸之路经济带沿线西南重点城市经济发展绩效做出一个具有全面性、系统性且简要明了的分析,[①] 我们首先应当明确在构建该指标体系的进程中应当遵循以下基本准则。

其一，科学和实用同时注重。丝绸之路经济带沿线西南重点城市经济发展绩效评价指标体系的构建需要较好地展示各城市的实际经济发展状态，以科学视角系统准确地评判。评价指标体系需要有能力体现事物的主要特征，数据的获取应当精准、构建方法应当科学，以保证评价结果的真实和客观。

其二，系统和层次同时注重。丝绸之路经济带沿线西南重点城市经济发展绩效评价指标体系必须要满足可以整体地展现经济发展的主要方面，要具备立足顶层、覆盖广泛、严谨有序的特征。作为一个复杂的系统，经济发展绩效评价指标体系包含许多子系统，每个子系统都需要与之对应的指标，从而帮助政府决策者对不同子系统的经济发展加强宏观调控，使资源尽可能地实现最优配置，并使外部环境得到改善。

其三，动态和稳定同时注重。评价指标体系中的指标需要相

---

① 张晓莉、杨近娇:《丝绸之路经济带沿线区域经济发展能力综合评价——以我国西部 10 个城市为例》,《石河子大学学报》(哲学社会科学版) 2017 年第 4 期。

对平稳地维持在同一时间段上，从而我们才能够比较不同城市的不同。建设丝绸之路经济带本就需要由表及里逐步进行，因此指标体系也要充分考虑整个评价体系的变动情况，可以分析各个时期的发展状态，构建不同的指标并进行测量，这样就可以在显示可持续发展阶段性发展特征的同时，又可以整体展现发展历程与发展的未来趋势，对未来的估计与统筹规划也会有利。

其四，可测和可靠同时注重。在构建这个体系时应当考虑具体指标是否容易获得且是否可以将其数值化，将定量和定性充分综合。丝绸之路经济带沿线西南重点城市评价体系中的数值要满足可以用具体数值表示的要求，如果在这一方面出现困难，且出现困难的指标对评价体系有着非常重要的影响，那么应当适当放宽，采用以定性代替的策略。这些定性的部分需要保证与之对接的数值及处理手段。同时，在决定哪些指标入选时，要精确定义其内涵，使用相应的单位，符合国际国内规定，从而使数据更为可靠。

其五，时间可比和区域可比同时注重。设计丝绸之路经济带沿线西南重点城市经济发展绩效评价指标体系并进行比较时，选取的指标要在内涵、覆盖领域、手段等方面相同，以保证评价结果具有可比性。在时间维度可以比较更加精确的定义是各城市经济发展水平在时间序列上比较；在空间维度可以比较是指当时间一定时，可以对指标数据进行各城市横向的对比，可以分析不同城市经济发展的绝对水准与相对低位。

其六，静态指标和动态指标同时注重。丝绸之路经济带沿线西南重点城市经济发展绩效评价指标体系以衡量各个城市的经济发展现状为目标的同时，还注重对丝绸之路经济带沿线西南重点城市经济发展未来走向的思考与预期值的测度。① 所以，在这一体系中既应包含评估当前经济水平的指标，还应包含可以展现这些城市经济发展未来走向的指标。

　　丝绸之路经济带沿线西南重点城市经济发展绩效评价指标体系在构建中首要任务是寻找相应的指标并分析指标的相互作用。这一过程非常复杂，应充分考察指标体系是否可以实施以及相关指标是否有存在的必要等。本章的丝绸之路经济带沿线西南重点城市经济发展绩效评价指标体系，汲取了高校、科研机构和政府同类型科研的优秀思想，对这些城市经济发展绩效进行系统分析，抓住经济评价的关键内容，使评价指标体系的框架更加完善。

　　同时，因为丝绸之路经济带沿线西南重点城市对其自身经济水平的相关指标数值的统计可能存在口径不一致、数据类型不同等问题，故本章对相关的指标进行了合理的修改与删减，并据此形成了从政策沟通、设施联通、贸易畅通、资金融通、民心相通五大维度构建的，② 包含 11 个二级指标、15 个三级指标的评价指标体系。评价指标体系基本框架见表 10 – 1。

表 10 – 1　丝绸之路经济带沿线西南重点城市经济
发展绩效评价指标体系的构建

一级指标	二级指标	三级指标	指标单位	指标属性
政策沟通	合作基础	一般公共预算收入	亿元	正 指 标
	合作成果	当年对外新签项目（合同）个数	个	正 指 标

① 魏丽莉、张利敏：《丝绸之路经济带西部城市群金融发展的空间差异研究》，《石河子大学学报》（哲学社会科学版）2017 年第 4 期。

② 李子先、孙文娟、何伦志：《推动"上合组织"区域经济一体化，夯实"丝绸之路经济带"基础》，《开发研究》2014 年第 1 期。

一级指标	二级指标	三级指标	指标单位	指标属性
设施联通	交通设施	客运量	万人	正指标
		货运量	万吨	正指标
	通信设施	邮电业务总量	万元	正指标
		国际互联网用户数	万户	正指标
	能源设施	全社会用电量/GDP	—	逆指标
贸易畅通	对外贸易	进出口总额	万美元	正指标
	经济合作	规模以上工业企业外商投资企业数	个	正指标
		合同利用外资项目数	个	正指标
资金融通	市场价格	各市居民消费价格指数	—	适度指标
	金融储备	金融机构人民币各项存款余额	万元	正指标
		金融机构人民币各项贷款余额	万元	正指标
民心相通	旅游活动	国际旅游外汇收入	百万美元	正指标
	运输服务	信息传输、计算机服务和软件业从业人员	万人	正指标

四　具体评价

习近平总书记指出，建设丝绸之路经济带需要新的合作模式，加强"五通"，即政策沟通、设施联通、贸易畅通、资金融通和民心相通。基于对丝绸之路经济带沿线西部省区及主要城市经济发展绩效评价的理论梳理，本章认为要从政策沟通、设施联通、贸易畅通、资金融通和民心相通五大维度构建评价指标体系。根据具体数据与指标的数值大小，具体选用指标如下。

（一）政策沟通

对于政策沟通，我们从丝绸之路经济带沿线西南重点城市的合作基础与合作成果两方面进行考量，在合作基础方面，选取各市一般公共预算收入（亿元）作为评价指标；在合作成果方面，选取当年对外新签项目（合同）个数（个）作为评价指标。从具体数据可以看出，2013～2017 年，重庆市、成都市的一般公共预算收入与当年对外新签项目（合同）个数始终领先于丝绸之路经济带沿线西南地区的其他城市，政策沟通的条件良好（见表 10－2）。

表 10－2　丝绸之路经济带沿线西南重点城市"政策沟通"相关指标

二级指标	三级指标	城市	2013 年	2014 年	2015 年	2016 年	2017 年
合作基础	一般公共预算收入（亿元）	重庆	16932438	19220159	21548276	22279117	22523788
		成都	8985395	10251696	11576393	11754109	12755334
		南充	655666	765568	850746	943388	1032555
		宜宾	1016000	1056118	1149677	1256843	1388196
		昆明	4507534	4779736	5022161	5300026	5608643
		曲靖	1215321	1156724	1180929	1263071	1362125
		玉溪	1059687	1135897	1248167	1541695	1372211
		南宁	2562469	2748517	2970501	3127921	3321500
		柳州	1251211	1331569	1466765	1591642	1797943
		桂林	1110015	1238861	1345258	1453260	1441597
合作成果	当年对外新签项目（合同）个数（个）	重庆	192	203	242	270	289
		成都	201	226	256	268	285
		南充	5	1	4	4	6
		宜宾	3	3	2	2	2
		昆明	56	73	75	70	70
		曲靖	5	6	7	8	7
		玉溪	1	2	3	1	2
		南宁	49	59	69	49	49
		柳州	11	6	5	16	16
		桂林	9	18	15	36	36

（二）设施联通

丝绸之路经济带沿线西南重点城市的发展也离不开基础设施的建设问题，我们主要从交通设施、通信设施、能源设施三个方面来综合考量。在交通设施方面，选取具有代表性的各市客运量（万人）、货运量（万吨）作为评价指标；在通信设施方面，选取邮电业务总量（万元）、国际互联网用户数（万户）作为评价指标；在能源设施方面，选取全社会用电量/GDP作为评价指标。从具体数据来看，虽然重庆市在交通、通信、能源三方面整体上处于丝绸之路经济带沿线西南各城市之首，但从2013年到2017年，各城市之间的差距明显减小，其他城市各项设施的指标增长速度都维持在一个较高的水平（见表10-3）。

表10-3　丝绸之路经济带沿线西南重点城市"设施联通"相关指标

二级指标	三级指标	城市	2013年	2014年	2015年	2016年	2017年
交通设施	客运量（万人）	重庆	171388	70056	60170	58491	56949
		成都	124059	21523	16228	14655	15097
		南充	13385	9465	9296	7785	6327
		宜宾	15498	7417	6669	6129	4949
		昆明	17387	13237	11915	11702	10082
		曲靖	6892	7003	6845	7045	4009
		玉溪	3746	2133	2027	2217	2011
		南宁	8394	8697	6521	6322	6204
		柳州	3298	3553	2666	2365	2317
		桂林	9993	10462	8612	8282	8398
	货运量（万吨）	重庆	97404	97287	223767	240638	246138
		成都	43328	28051	293886	714505	669566
		南充	7102	6789	10095	11271	12209

续表

二级指标	三级指标	城市	2013 年	2014 年	2015 年	2016 年	2017 年
交通设施	货运量 （万吨）	宜宾	7228	7204	8784	9644	9551
		昆明	28173	27703	381579	409002	444985
		曲靖	13147	2293	10300	1502	18519
		玉溪	7467	10473	5381	91027	80973
		南宁	32358	33582	79913	86755	97898
		柳州	13783	14687	17194	15510	20488
		桂林	8600	9173	25364	22440	33584
通信设施	邮政业务 总量 （万元）	重庆	385542	477171	603910	766900	924500
		成都	102673	90961	574900	815600	1013700
		南充	46473	48860	53596	86064	113588
		宜宾	27539	31239	36775	46156	59394
		昆明	42600	169000	200937	256354	303521
		曲靖	15200	15200	20668	21428	31882
		玉溪	6854	7990	7430	9589	18345
		南宁	61421	50771	55204	70365	83477
		柳州	18166	16697	37884	45632	59052
		桂林	24460	24261	46888	56158	67745
	国际互联 网用户数 （万户）	重庆	505	540	697	849	867
		成都	275	288	474	599	678
		南充	55	55	63	101	117
		宜宾	39	42	68	86	104
		昆明	133	132	135	187	212
		曲靖	37	38	54	98	85
		玉溪	27	29	36	63	37
		南宁	156	178	194	201	235
		柳州	65	74	82	91	104
		桂林	68	70	85	89	107

续表

二级指标	三级指标	城市	2013 年	2014 年	2015 年	2016 年	2017 年
能源设施	全社会用电量/GDP	重庆	506.99	498.49	482.96	465.62	559.53
		成都	312.14	231.93	273.28	296.22	517.64
		南充	188.64	178.56	164.63	207.43	981.76
		宜宾	281.19	246.60	215.56	196.00	1060.42
		昆明	303.41	276.64	285.53	477.90	789.76
		曲靖	219.81	225.38	151.35	135.08	3214.65
		玉溪	362.54	340.38	273.08	319.96	1670.12
		南宁	380.89	351.97	342.38	402.00	575.35
		柳州	385.37	389.66	362.27	521.12	794.70
		桂林	160.64	152.44	148.95	202.11	1401.53

（三）贸易畅通

丝绸之路经济带沿线西南重点城市的贸易往来主要体现在对外贸易数额的大小以及进行经济合作的结合度上，在对外贸易方面，可以直接选取进出口总额（万美元）作为评价指标；在经济合作方面，则可选取规模以上工业企业外商投资企业数（个）、合同利用外资项目数（个）作为评价指标。重庆市的进出口总额总体上呈现先增后减的变动轨迹，昆明市在进出口总额、规模以上工业企业外商投资企业数、合同利用外资项目数三个指标上均仅次于重庆市与成都市，表现突出，充分彰显了其在贸易畅通方面的优势地位（见表10-4）。

（四）资金融通

从市场价格角度选取各市居民消费价格指数作为评价指标；而从金融储备角度，我们则主要选取金融机构人民币各项存款余

表 10 − 4　丝绸之路经济带沿线西南重点城市"贸易畅通"相关指标

二级指标	三级指标	城市	2013 年	2014 年	2015 年	2016 年	2017 年
对外贸易	进出口总额（万美元）	重庆	6870410	9545024	7447656	6277125	6660391
		成都	5060000	5584000	3959000	4101000	5634000
		南充	67249	28088	11044	16090	29065
		宜宾	81588	88989	95163	93128	84923
		昆明	1742200	1778700	1236400	668132	781800
		曲靖	37100	44700	56000	63000	87200
		玉溪	71400	96900	189600	201900	210099
		南宁	442117	481400	570700	626640	897800
		柳州	288429	226825	193520	20800	254100
		桂林	92370	94327	88271	89500	104270
经济合作	规模以上工业企业外商投资企业数（个）	重庆	207	224	236	239	241
		成都	210	235	234	224	210
		南充	7	5	6	6	7
		宜宾	3	3	4	3	3
		昆明	51	38	50	44	40
		曲靖	7	7	7	7	7
		玉溪	7	9	9	1	8
		南宁	52	54	43	35	36
		柳州	23	22	19	21	22
		桂林	24	23	23	20	19
	合同利用外资项目数（个）	重庆	192	203	242	260	238
		成都	201	226	256	268	472
		南充	5	1	4	3	4
		宜宾	3	3	2	2	3
		昆明	56	73	75	70	115
		曲靖	5	6	7	8	2
		玉溪	1	2	3	1	4
		南宁	49	59	69	49	72
		柳州	11	6	5	16	54
		桂林	9	18	15	36	21

额（万元）、金融机构人民币各项贷款余额（万元）这两个指标作为衡量标准。从数据角度分析，在居民消费价格指数方面各市相差较小。在金融储备方面，丝绸之路经济带沿线西南重点城市的金融机构人民币各项存款余额（万元）、金融机构人民币各项贷款余额（万元）均有较大幅度的提高，增长态势良好，金融市场资金融通条件改善（见表 10 – 5）。

表 10 – 5　丝绸之路经济带沿线西南重点城市"资金融通"相关指标

二级指标	三级指标	城市	2013 年	2014 年	2015 年	2016 年	2017 年
市场价格	各市居民消费价格指数	重庆	102.7	101.8	101.3	101.8	101.0
		成都	103.1	101.3	101.1	101.2	102.0
		南充	103.2	102.3	101.8	102.0	101.8
		宜宾	102.1	102.0	109.8	101.1	101.3
		昆明	103.9	103.1	102.4	101.7	100.5
		曲靖	101.7	101.5	101.8	101.6	100.6
		玉溪	102.0	101.0	102.0	101.3	101.1
		南宁	102.1	101.6	101.9	101.4	102.3
		柳州	101.9	102.6	101.7	101.8	101.3
		桂林	102.5	102.0	101.9	102.3	101.6
金融储备	金融机构人民币各项存款余额（万元）	重庆	222020988	245015418	280943699	312164546	337189767
		成都	236522059	267975023	294749203	314340000	344232848
		南充	19165639	21544642	25614296	30472987	32160709
		宜宾	15736735	16852277	19112501	23224657	26466365
		昆明	100853599	105822157	118796692	126762402	134665614
		曲靖	14042249	17023400	18333300	20082139	21567888
		玉溪	11310400	11955901	13223266	15156746	17193762
		南宁	64835258	70644876	82577730	89017247	93675341
		柳州	23435779	25536641	28071181	33051421	37005509
		桂林	20670145	22697554	25889935	29610297	32653063

续表

二级指标	三级指标	城市	2013 年	2014 年	2015 年	2016 年	2017 年
金融储备	金融机构人民币各项贷款余额（万元）	重庆	173815529	200114985	223939285	247851923	278718939
		成都	176175139	197789312	219706426	250090000	283593083
		南充	8246563	10380655	12938906	14796819	16843352
		宜宾	7606445	9007879	10544828	12238164	13905996
		昆明	91486301	102013233	119764860	135533348	147893549
		曲靖	10175043	11369900	12625700	12994771	13834027
		玉溪	7084600	7771682	8462349	9035049	9968856
		南宁	61158787	70914611	82286621	94237920	104704409
		柳州	16147403	17702627	20320764	22738976	24594884
		桂林	12257695	13895533	15748899	18595821	21457619

（五）民心相通

民心相通维度需要选取可以反映民众生活条件与状态的重要指标。以国际旅游外汇收入（百万美元）来反映旅游活动；以信息传输、计算机服务和软件业从业人员（万人）来反映社会服务方面的条件。针对国际旅游外汇收入这一指标重庆市、成都市、桂林市遥遥领先，而宜宾市、南充市、玉溪市则一直维持在较低水平，各城市之间差距较大，且出现断层。反观社会服务领域，南宁市、柳州市、桂林市的信息传输、计算机服务和软件业从业人员数量整体呈现减少趋势，应当警惕相关人员的外流问题（见表 10 - 6）。

表 10 - 6　丝绸之路经济带沿线西南重点城市"民心相通"相关指标

二级指标	三级指标	城市	2013 年	2014 年	2015 年	2016 年	2017 年
旅游活动	国际旅游外汇收入（百万美元）	重庆	126831	135444	146857	168682	194759
		成都	73124	74000	92000	149544. 50	130656
		南充	129. 64	71. 07	85. 26	119. 54	129. 64
		宜宾	85. 46	63. 21	45	30. 10	20

二级指标	三级指标	城市	2013 年	2014 年	2015 年	2016 年	2017 年
旅游活动	国际旅游外汇收入（百万美元）	昆明	40338	39729	44000	48200	53222
		曲靖	797.02	851	1100	1300	1654
		玉溪	126.83	154.72	200	200	212
		南宁	13737	18375.76	20498.33	23233	25996
		柳州	5882	6589	7254	7962	9463
		桂林	86950.64	96902.71	118217.80	118217.80	131627
社会服务	信息传输、计算机服务和软件业从业人员（万人）	重庆	139500	150900	160400	45809	47844
		成都	145400	101674	169835	312864	314432
		南充	4800	5300	5227	5005	5721
		宜宾	1900	2146	2432	2450	2476
		昆明	36400	25300	22947	23975	25528
		曲靖	3100	2700	2838	2781	2139
		玉溪	2800	1900	1800	1634	2042
		南宁	18700	15937	16055	14905	14146
		柳州	3500	2996	3196	2872	2739
		桂林	4100	3754	3721	3983	3710

五 经济发展绩效分析

由于本章所涉及的部分指标是逆向指标和适度性指标，所以应当进行初步处理方可引入测算。本章中所有逆向指标处理均取其倒数进行替换，以使指标数值与评价趋势相同，适度性指标是一种需要综合考量的指标，适度性指标的处理依照 $X = 1/\,|\,$原始值 − 适度值$\,|$进行处理。

由于篇幅限制，本章只展示主成分分析过程中的重要表格，省略了 KMO 和 Bartlett 检验结果展示，但 KMO 值和 Bartlett 检验均显示因子分析效果良好，足够为因子分析提供合理的基础。2013 ~

2017 年所选取的主成分分析的相关特征见表 10 - 7。

表 10 - 7　2013 ~ 2017 年所选取的主成分分析的相关特征

年份	成分	初始特征值			提取平方和载入		
		合计	方差的%	累计%	合计	方差的%	累计%
2013	1	12.30	82.00	82.00	12.30	82.00	82.00
	2	1.24	8.28	90.28	1.24	8.28	90.28
2014	1	11.74	78.26	78.26	11.74	78.26	78.26
	2	1.29	8.59	86.85	1.29	8.59	86.85
	3	1.14	7.63	94.47	1.14	7.63	94.47
2015	1	12.25	81.66	81.66	12.25	81.66	81.66
2016	1	10.84	72.24	72.24	10.84	72.24	72.24
	2	2.14	14.27	86.51	2.14	14.27	86.51
2017	1	11.71	78.06	78.06	11.71	78.06	78.06
	2	1.43	9.55	87.61	1.43	9.55	87.61
	3	1.15	7.68	95.28	1.15	7.68	95.28

本章认为当主成分的累计贡献率达到 70% 以上，说明主成分分析结果反映原始数据信息的能力较强，如表 10 - 7 所示，各个成分累计贡献率均达到 70% 以上，表示选取因子包含了原始数据的大部分信息能力，对总体的解释度比较良好。为了分析不同指标的解释程度，本章进一步测算出成分矩阵，解释五年来各年主成分的不同因子载荷系数。2013 ~ 2017 年的成分矩阵如表 10 - 8 所示。

通过表 10 - 8 我们可以发现，相较于其他成分来说，第一主成分在经济发展绩效中的解释权重较大，在 2013 年和 2014 年，进出口总额、一般公共预算收入对第一主成分有着较大的正向解释力度，全社会用电量/GDP 有较多负面影响。2015 ~ 2017 年，规模以

表 10 - 8　2013 ~ 2017 年成分矩阵

	2013 年		2014 年			2015 年	2016 年		2017 年		
	1	2	1	2	3	1	1	2	1	2	3
一般公共预算收入	0.979	-0.084	0.992	-0.057	-0.055	0.968	0.928	-0.342	0.940	0.325	-0.025
当年对外新签项目（合同）个数	0.978	0.043	0.946	0.227	0.158	0.985	0.680	0.680	0.997	0.025	-0.010
客运量	0.973	-0.019	0.923	-0.266	-0.066	0.838	0.762	-0.613	0.785	0.598	-0.138
货运量	0.944	-0.185	0.916	-0.246	-0.260	0.726	0.808	0.489	0.787	-0.387	0.443
邮电业务总量	0.884	-0.171	0.886	0.373	-0.164	0.987	0.992	0.024	0.989	-0.031	0.057
国际互联网用户数	0.975	-0.093	0.985	-0.086	-0.072	0.980	0.964	-0.216	0.981	0.148	-0.084
全社会用电量/GDP	-0.488	0.710	-0.418	-0.030	0.870	-0.552	-0.426	0.118	0.794	-0.220	-0.240
进出口总额	0.994	0.003	0.991	-0.008	-0.012	0.967	0.957	-0.228	0.983	0.097	-0.069
规模以上工业企业外商投资企业数	0.979	0.030	0.949	0.244	0.132	0.988	0.991	-0.054	0.988	0.087	-0.060
合同利用外资项目数	0.978	0.043	0.946	0.227	0.158	0.985	0.997	0	0.928	-0.348	0.096
各市居民消费价格指数	0.401	0.750	0.062	0.865	-0.240	0.709	0.116	0.652	-0.105	0.409	0.900
金融机构人民币各项存款余额	0.974	0.093	0.947	0.198	0.146	0.986	0.997	0.007	0.997	-0.009	0.050
金融机构人民币各项贷款余额	0.969	0.079	0.955	0.140	0.089	0.977	0.978	0.022	0.981	-0.013	0.112
国际旅游外汇收入	0.818	0.267	0.815	-0.183	0.354	0.781	0.871	-0.157	0.829	0.274	-0.118
信息传输、计算机服务和软件业从业人员	0.976	0.064	0.992	0.052	0.025	0.974	0.751	0.617	0.753	-0.606	0.107

上工业企业外商投资企业数、邮电业务总量对第一主成分有着较大的正向解释力度，2015 年和 2016 年的全社会用电量/GDP 对第一主成分有较多的负面影响，2017 年各市居民消费价格指数对第一主成分有较多的负面影响。在第二主成分中，2013～2017 年各市居民消费价格指数对其有着较强的正向解释力度，邮电业务总量对其有较多的负面影响。在 2014 年第三主成分中，全社会用电量和国际旅游外汇收入对其有较强的正向影响，货运量和各市居民消费价格指数对其有较强的负面影响；全社会用电量/GDP 负向影响较为严重。综上说明，政策沟通、设施联通和贸易畅通对城市经济发展水平有着主要影响。通过以上描述，我们将第一主成分叫作政策因子，第二主成分叫作资金因子，第三主成分叫作设施因子。

表 10 - 9 至表 10 - 13 是沿线西南重点城市 2013～2017 年经济系统主因子得分及综合得分情况。

表 10 - 9　2013 年经济系统主因子得分及综合得分排名

城市	第一主成分 Y1	排名	第二主成分 Y2	排名	综合主成分 Y	排名
重庆	12.90	1	- 0.12	5	11.70	1
成都	9.80	2	0.75	2	8.96	2
南充	0.37	7	0.42	4	0.38	7
宜宾	0.27	8	- 0.14	7	0.23	8
昆明	3.41	3	0.45	3	3.14	3
曲靖	0.23	9	- 0.13	6	0.19	9
玉溪	0.13	10	- 0.29	8	0.09	10
南宁	2.39	4	- 0.32	9	2.14	4
柳州	0.66	6	- 0.36	10	0.57	6
桂林	1.03	5	1.18	1	1.05	5

表 10 - 10   2014 年经济系统主因子得分及综合得分排名

城市	第一主成分 Y1	排名	第二主成分 Y2	排名	第三主成分 Y3	排名	综合主成分 Y	排名
重庆	14.34	1	-0.77	10	1.04	3	11.89	1
成都	9.32	2	2.91	1	2.82	1	8.21	2
南充	0.58	7	0.22	7	0.85	5	0.57	7
宜宾	0.51	8	0.40	5	0.53	8	0.50	8
昆明	3.92	3	0.13	8	1.01	4	3.34	3
曲靖	0.46	9	0.76	4	0.66	6	0.50	8
玉溪	0.42	10	1.21	2	0.13	10	0.47	10
南宁	2.82	4	0.88	3	0.56	7	2.46	4
柳州	0.87	6	0.37	6	0.34	9	0.78	6
桂林	1.46	5	0.10	9	2.01	2	1.38	5

表 10 - 11   2015 年经济系统主因子得分及综合得分排名

城市	第一主成分 Y1	排名	综合主成分 Y	排名
重庆	10.19	1	10.19	1
成都	9.21	2	9.21	2
南充	0.63	7	0.63	7
宜宾	0.37	9	0.37	9
昆明	3.62	3	3.62	3
曲靖	0.50	8	0.50	8
玉溪	0.35	10	0.35	10
南宁	2.35	4	2.35	4
柳州	0.78	6	0.78	6
桂林	1.36	5	1.36	5

表 10 - 12   2016 年经济系统主因子得分及综合得分排名

城市	第一主成分 Y1	排名	第二主成分 Y2	排名	综合主成分 Y	排名
重庆	11.62	2	-3.10	10	9.19	2
成都	12.57	1	5.82	1	11.46	1
南充	0.57	7	0.21	8	0.51	7

续表

城市	第一主成分 Y1	排名	第二主成分 Y2	排名	综合主成分 Y	排名
宜宾	0.43	9	0.48	5	0.43	9
昆明	3.92	3	1.32	2	3.49	3
曲靖	0.38	10	0.33	7	0.37	10
玉溪	0.44	8	0.60	4	0.47	8
南宁	2.28	4	0.76	3	2.03	4
柳州	0.78	6	0.41	6	0.72	6
桂林	1.53	5	0.19	9	1.30	5

表 10 – 13　2017 年经济系统主因子得分及综合得分排名

城市	第一主成分 Y1	排名	第二主成分 Y2	排名	第三主成分 Y3	排名	综合主成分 Y	排名
重庆	12.04	2	3.80	1	0.18	9	10.26	1
成都	12.61	1	– 3.85	10	2.32	2	10.13	2
南充	0.88	7	0.32	5	0.29	7	0.78	7
宜宾	0.70	8	0.41	4	0.49	6	0.66	8
昆明	3.95	3	0.19	7	2.67	1	3.47	3
曲靖	0.51	10	0.80	3	1.45	3	0.62	9
玉溪	0.55	9	0.25	6	0.87	4	0.55	10
南宁	2.62	4	0.06	9	0.28	8	2.17	4
柳州	1.17	6	0.17	8	0.50	5	1.02	6
桂林	1.66	5	1.02	2	0.16	10	1.48	5

由表 10 – 9 至表 10 – 13 可知，2013 ~ 2017 年第一主成分得分最高的始终是重庆市和成都市，说明这两个城市在贸易畅通方面取得的成果高于其他八个城市；第二主成分得分较高的是成都市和桂林市，说明这两个城市的资金融通等方面相较于其他城市较为优秀，在资金融通方面做得比较好；第三主成分得分较高的城市是成都市和昆明市，说明这两个城市更加重视基础设施的建设，

在设施联通方面强于其他城市。从综合得分的排名来看,重庆在10个城市中长期居于榜首,成都市、昆明市、南宁市次之,说明直辖市和省会(首府)城市的经济发展绩效较高。从省区市得分来看,重庆市得分最高,四川省次之,广西壮族自治区处于第三位,云南省处于第四位。

根据上面的分析,丝绸之路经济带沿线西南主要城市的经济现状呈现很强的不协调性,各个维度的经济发展均呈现明显的差距,重庆市、成都市、昆明市、南宁市的经济状态处于比较领先的地位,中游城市有柳州市和桂林市,而南充市、宜宾市、曲靖市、玉溪市的经济发展绩效不容乐观。

六 制约因素分析

从前文对丝绸之路经济带沿线西南主要城市经济发展绩效的各个维度进行分析对比的结果来看,丝绸之路经济带沿线西南主要城市在发展过程中不光面临来自其自身先天性的自然环境、自然资源方面的制约,以及后天的社会人文条件发展不足的制约,还面临激烈的国际竞争所带来的发展压力。在未来经济发展的过程中各城市必须正视所面对的各种制约因素,抢抓这一时期的黄金发展机遇,解决好一系列矛盾问题,推进经济合作,达到高质量对外开放发展。

(一)本地区自然环境、自然资源的发展局限性

自然环境是指对人们经济活动产生影响的自然要素和它们所组合而成的自然综合体的合集,涵盖地形、地貌特征、气候特点等各种要素。这些要素是承载区域经济社会的基础条件。丝绸之

路经济带沿线西南重点城市的自然环境对经济进步会产生明显的制约。首先，从地形地貌来看，沿线城市所在的省区市为广西壮族自治区、重庆市、四川省、云南省。这些地区大部分都处于我国的第二阶梯，有利于形成三峡这样的大型水电系统，水力资源丰富。但是，从长期发展来看，很大程度上也使这些地区陷入"资源陷阱"，不利于其转型升级。从地形来看，这些城市主要分布在山地、高原、盆地、丘陵地区，而利于经济建设的平原地形面积狭小且分布零散，这给沿线西南重点城市的交互沟通造成了负效应，严重影响交通、通信基本条件的改善。① 从气候特征来看，虽然这些城市所处的地区大多数是亚热带气候，但是受其喀斯特地貌影响，仍然会遭受干旱、土地荒漠化、水资源匮乏等严重的自然环境问题。更重要的是，粗放的经济增长方式在沿线西南省区市并没有得到改善，甚至一些在东部地区已经被逐步淘汰的增长方式，却在这里找到了新的市场。习近平总书记曾指出"绿水青山就是金山银山"，这充分表现出在经济高质量建设中国家对绿色可持续发展的极高重视。资源密集型产业在沿线城市有着举足轻重的地位，但行业竞争力整体不强，资源利用效率低下，并且作为主要的污染密集型产业，具有高投入、高消耗和高污染的特点，在经济快速发展的条件下，产生的环境污染问题不能被我们忽略不计。能源过量消耗、生态环境恶化违背了绿色发展理念，给沿线西南重点城市的生态环境造成极大的负外部性影响，严重制约了经济可持续发展的实现。经济高质量发展模式要求经济发展符合环保发展

---

① 李立民、杜兴鹏、李冯柳筠：《中国与东盟的互联互通建设：文献综述》，《东南亚纵横》2017 年第 4 期。

要求，注重生态文明建设。如何以节能环保的新能源和新材料替代传统生产要素，在生产过程中实现节能减排，做好废气废水的排放处理，创造更高经济效益的同时实现绿色发展也是亟须解决的一大问题。

（二）本地区社会人文条件后天发展不足

第一，新经济条件下创新能力有限，后期动能供给不足。从我们构建的绩效指标体系的评估成果来看，丝绸之路经济带沿线西南重点城市在创新环境方面仍存在一定的制约因素。科技人才少、科技成果少、科技力量薄弱、科技成果引进吸收能力欠缺、科技普及率低等方面都反映出这些城市科技发展水平仍有待提高。首先，从技术创新能力来看，由于历史条件等客观因素，这些城市普遍集中发展能源资源类产业与重工业，创新型行业与高新技术行业起步晚，因此其科技的创新水平低于全国水平。其次，从科技转化能力来看，这些沿线西南重点城市的现实情况的具体指标表明，这些地区的创新产值的相对规模只占全国较低的比例，科研成果转化成产品的比率低，创新对地区的贡献率体现微弱。最后，从科技市场来看，科技市场交易额相对于全国较低，这反映出这些城市对科技的有效需求低，这一方面是由于丝绸之路经济带沿线西部城市所处地区远离我国东部沿海的创新核心地区，使得这些城市的技术市场总体规模还非常小；另一方面从教育规模和比重来看，这些城市在科研机构与创新性人才供给上存在不足，由此导致技术市场还亟待进一步完善。

第二，体制机制无法适应经济进步的新需要，改革有待加强。丝绸之路经济带沿线西南重点城市多分布于少数民族聚居区，这些城市人文进步程度较低，科学、文化、教育、医疗、卫生进程迟缓，少数民族劳动力在健康、技术等方面的改善受到严重约束。同时，这些城市多种文化同时存在的现象突出，传统和现代文明对峙明显。宗教、风俗习惯、伦理道德等人文因素是影响该地区微观主体生产生活活动和社会交往活动的精神和心理力量，对这些城市的社会经济发展影响深远。

同时，由于历史原因，新中国成立后，我们所研究的这些丝绸之路经济带沿线西南城市大多被定位为重工业城市，依靠政策支持成长起来，而并不是通过产业结构的自然升级，因此这些城市的产业结构存在严重的比例不协调问题，且大量产值较高的企业均为国有企业，后期发展阶段缺乏活力、市场竞争不充分。面对此类问题，政府应加大对企业的支持力度，增强产业竞争力，依托特色优势资源，给予相应的优惠政策，加大对本土产业的支持。各城市将政府支持当成后盾，发展特色工业和支柱行业，推动工业化进程；同时推动交通行业的进步，改善区域合作交流能力，逐步提升城市竞争力。

第三，资本有效供给不足，配套金融体制尚未完善。针对金融机构构成，国家所有的商业银行是丝绸之路经济带沿线城市金融机构的首要组成成分，其他金融机构个数很少，综合评价金融机构构成种类，因为其不足会阻碍该行业的长期发展；针对信贷审批权限，当地的审批需要自下向上逐级申请，这大大降低了工作效率，增加了工作的时间成本；针对存款利用途径，这部分城市的金融机构吸收的存款在一定程度上是增加的，可是大多数没有用到当地的建设中，而是通过"虹吸"效应转而进入东部发达地区，这使这些城市的发展更加缺乏资本支持。

　　所以，政府应格外注重扩大财政投资，提升发展经济实力。丝绸之路经济带沿线西南各城市经济发展的重点应当是政府的推动。[①] 要加大政府财政资本的投入，设立工业园，设置专项资本，给加快工业化升级提供财政支撑；同时，财政投入要向基础设施建设倾斜，逐步改变生产经营条件差、风险大、效益低的弱势状况，推进领头企业的产业化生产经营，促进产业升级，增强城市经济实力。

　　第四，人力资本的数量结构不完善，高新人才亟待培养。丝绸之路经济带沿线西南各城市的人口基数大，增长速度较快，年龄结构也相对合理，但人口素质偏低，人口就业结构、人口城乡结构都明显不完善。从人口素质来看，高学历者比重较低；从劳动人口构成来看，从事第一产业的比重比全国要高，而从事第二产业的比重则比全国要低；从年龄结构来看，西南各城市明显要优于全国。

　　但是，由于长期的历史、地缘等多重因素的影响，丝绸之路经济带沿线西南各城市在人才方面受到严重的制约。一方面这些地区重点人才总量仍然不足，西部地区研究与开发人才的缺乏尤为突出。另一方面这些城市的重点人才主要集中在国有中央、省属工业企业、科研院所、高等院校等企事业单位，总量和结构方面的问题均需改善。

（三）国际环境带来竞争压力

　　2017 年统计数据表明，云南、贵州、重庆、四川等省市经济

---

① 王亚玲：《丝绸之路经济带智慧城市建设路径与对策研究》，《西安交通大学学报》（社会科学版）2015 年第 5 期。

实现快速增长，且增速都高于全国平均水平。随着第三批自贸试验区成立、外资向西部转移和"一带一路"建设的深入发展，西部地区的地位将逐渐提升，在改革开放的进程中将与东部沿海地区并驾齐驱，甚至由于西部地区的地缘优势及其与中亚、东南亚和南亚国家的边境贸易，西部地区的发展潜力和劲头将逐渐超越东部地区，为我国全面深化改革取得成功再添强劲推力，实行更加积极的人才政策将引领西部地区发展成为我国全面深化改革的桥头堡。

但是，也不能否认，丝绸之路经济带沿线西南各城市也面临国际竞争环境带来的压力。从地理位置来看，这些城市紧邻东南亚，与南亚地区距离也较近，相比之下，我国的人口红利在逐年消失，而东南亚等地在廉价劳动力这一要素上明显具有更大优势。

第十一章
丝绸之路经济带建设背景下形成西部大开发新格局的路径与政策

2013 年 9 月，习近平总书记在访问哈萨克斯坦期间，首次提出了共同建设"丝绸之路经济带"的伟大构想，2014 年 11 月，在中央财经领导小组第八次会议上，习近平总书记指出，要加快推进丝绸之路经济带的建设。至今，丝绸之路经济带的建设已有六年之久，其沿线西部地区经济发展在丝绸之路经济带建设的推动下，取得了显著的成果。丝绸之路经济带的建设，顺应了新时代的要求，更是各国加快经济发展，融入世界经济潮流的共同愿景。自我国进入经济新时代，新发展理念要求着力于加强开放发展，而"一带一路"倡议加快了沿线各国之间的经济合作，推动了我国进一步深化对外开放，有利于我国形成西部大开发的新格局。基于对西部省区及主要城市经济发展绩效的评价与制约因素分析，本章重点研究丝绸之路经济带建设背景下形成西部大开发新格局的路径与政策。其一，分析丝绸之路经济带建设背景下形成西部大开发新格局的内容与目的；其二，研究丝绸之路经济带建设背景下形成西部大开发新格局的路径；其三，提出丝绸之路经济带建设背景下形成西部大开发新格局的支持政策。

一　丝绸之路经济带建设背景下形成西部大开发新格局的内容

自丝绸之路经济带建设以来，西部地区致力于培育经济新动能，转变经济增长方式，逐步建设自贸区，加强区域之间的经济合作和沟通。不仅如此，西部地区着力加快推进交通、电力、通信等基础设施建设，促进贸易便利化，并高度关注民生项目，开展沿线教育、旅游、学术、文化等人文活动，进而推动我国加快构建西部大开发新格局。具体来说，丝绸之路经济带建设背景下，形成西部大开发新格局的内容包括五个部分——加强政策沟通，打造设施联通，推动贸易畅通，优化资金融通以及协调民心相通，即"五通"建设。

（一）加强政策沟通

丝绸之路经济带建设背景下西部大开发新格局的内容之一，是要加强西部地区的政策沟通，政策沟通作为西部地区丝绸之路经济带建设的重要保障，对地区深化对外开放、加强经济治理具有举足轻重的作用。加强政策沟通，通过完善制度体系，统筹规则标准，一方面，可以发挥政策的激励机制，协调区域产业的优势互补，促进经济的协同发展；另一方面，可以平衡经济带建设中的利益冲突，规范经济行为，避免政策碎片化，保障丝绸之路经济带建设顺利实施，为合作贸易、经济开放提供制度支持。加强政策沟通，形成西部大开发新格局，包括三个方面。其一，把握地区优势，统筹规划地区交通网络建设。为改善西部地区经济发展落后、对外开放参与度低的现状，地方政府之间要加强政策沟通，根据地域优势和地理特征，规划省份交通干道和国际运输线。设施的联通是开放的前提，也是难点，而公路、铁路、机场是西部地区需要着力扩建的核心工程，这需要地方政府之间进行沟通、统筹和政策安排。其二，合理规划建设自由贸易试验区、经济合作区以及国际港务区，拉紧贸易纽带。地方政府通过政策沟通，因地制宜、合理规划地区自贸区、合作区、港务区的建设，出台相应的激励政策和开放政策，鼓励沿线地区的经贸投资合作，围绕自贸区打造产业集群，以点带面、以面带片，促进产业链的延伸。其三，搭建政策沟通平台机制，深化政策沟通与组织协调。丝绸之路经济带的建设，需要沿线各省区市的共同努力，地区之间通过战略政策与发展规划的制定沟通，能够统一目标、统一规划、统一策略，统筹"两个资源""两个市场"，协调政府和市场间的关系。通过沟通平台机制的建设，建立多边合作机制、互信合作机制等，能够加强地区之间的分工合作与优势互补，形成合力，齐头并进。

（二）打造设施联通

丝绸之路经济带建设背景下西部大开发新格局的内容之二，是要打造西部地区的设施联通。西部地区基础设施建设较为落后，主要表现在港口、机场、公路、铁路、水利、通信、电力等领域。基础设施建设，是丝绸之路经济带发展的设施基础，无论是贸易合作，还是产业集聚，都离不开基础设施的载体与运输功能。打造设施联通，需要以道路联动为纽带，打破交通瓶颈，促进商品要素、资源要素以及人力资本的自由流通，推进贸易便利化、设施新型化、经济智能化，进而由单一经济生产向多元经济发展转向，以形成全方位互联互通的区域合作模式。打造设施联通，形成西部大开发新格局，包括三个方面的内容。其一，建立国际化交通运输系统，充分整合资源优势，带动区域深度合作。丝绸之路经济带建设，要打通交通运输大道，形成系统化的公路、铁路、航空港运输体系，在核心位置设置物流枢纽基地和中转基站，促进贸易与投资便利化。其二，重点建设国际通信与信息网络体系，打破电子商务地域壁垒。随着信息化的发展，新经济、数字经济、互联网经济在经济发展中占据了重要地位，互联网的快速发展，跨越了时间和空间的阻碍，促进了国际贸易合作、区域信息沟通的高速化和便利化。在丝绸之路经济带的建设中，西部地区需要重点建设国际化通信设施和信息网络体系，建设光缆干线通信设施，打造信息高速公路、网上丝绸之路以及"云"商务模式，重视虚拟经济与实体经济并驾齐驱。通信设施建设越完备，信息化程度越高，在全球化竞争中的经济份额就会越多。其三，优化能源设施建设，提高资源利用率，注重生产的清洁型和循环型。西部地区能源设施建设，不是指西部地区需要扩大能源产业规模，而是要优化能源设施结构，集约型经济发展与可持续增长才是能源开发的核心、要义。优化能源基础设施建设，意味着提高能源生产效率，优化资源配置效率，能源的使用和消费要侧重于清洁型能源，完善资源的循环机制和废气物的治理机制。

（三）推动贸易畅通

丝绸之路经济带建设背景下西部大开发新格局的内容之三，

是要推动西部地区的贸易畅通。西部大开发战略提出后，西部地区后发优势突出，西部省区市经济发展迅速，取得了瞩目的成就。而丝绸之路经济带的建设，给西部地区带来了前所未有的对外经贸机遇，将西部省区市地域区位界限打破，在沿线各国、各地区之间形成了紧密的经济圈和经济带，以重点城市为枢纽，通过辐射作用和扩散作用，形成城市群和产业群，进而实现贸易自由。西部地区贸易畅通，意味着要充分重视"引进来"和"走出去"并重，贸易畅通能够促进沿线国家的贸易合作和经济繁荣。推动贸易畅通，形成西部大开发新格局，包含了三个方面的内容。其一，沿线区域和城市间建立良好的长期贸易合作关系，搭建丝绸之路经济合作机制与平台。丝绸之路经济带沿线国家和地区要深化开放经济，本着互利共赢的目的，包容、尊重地区差异，建立良好的、长期的经贸合作关系；开展丝绸之路经济论坛、贸易论坛，组织国际博览会、洽谈会等，共同搭建合作机制和互助平台，形成利益共同体，打造区域经济一体化。其二，加强贸易合作模式创新，推进新型工业产业协作和共建。西部地区区域之间要强化产业链协作，推进工业新型化，实现以制造业新型化为基础的跨区域产业布局，推进地区具有比较优势的产业，形成产业链分工与整合，探索并创新多元合作模式。其三，加强创新发展，以创新驱动引领沿线经贸格局。纵观我国古丝绸之路的发展经验，取得了如此辉煌的经济成就，源自贸易扩张，但是归结其因离不开创新发展，中国的技术创新使丝绸制品、墨汁、瓷器、茶叶等出口贸易繁荣。生产高质量的产品，注重创新驱动，才能引领沿线经济贸易的发展。这意味着在丝绸之路经济带建设中，地区不能以清除产能过剩为目的，而是要转变产业结构和生产模式，加强创新发展，发展高端化产业，生产高质量产品，再创丝绸之路经贸辉煌。

（四）优化资金融通

丝绸之路经济带建设背景下西部大开发新格局的内容之四，是要优化西部地区的资金融通。西部地区金融经济效益普遍低下，企业净资产较少，这源自西部地区金融体系不健全、金融作用发挥不充分、金融政策不完善等。对于西部省区市丝绸之路经济带的建设而言，毋庸置疑需要充裕的资金支持，尤其对于基础设施的建设，由于基础设施特殊的性质，其建设是一项周期长、范围广的项目工程，资金投入量大，资金回流时间长，经济效益滞后，因此，对于资金融通有着较高的要求。这就需要政府和市场共同作用，优化资金融通，助力地区丝绸之路经济带建设。西部省区市优化资金融通，形成西部大开发新格局，具体包含三个方面的内容。其一，增强金融资本服务制造业、实体经济发展能力。金融资本的主要功能，在于对制造业、实体经济的服务作用，这意味着投资融资的根本目的是服务于实体经济建设，政府应该加强引导，优化资金投向和融资模式。其二，打破融资壁垒，构建多元融资机制。地区在丝绸之路经济带的建设中，要从传统的单一融资结构向多元融资方式转型。基础设施建设，自贸区、港务区建设对于资金的需求大、周期长，不仅需要政府财政支出的支持，还需要社会资本集聚、民间投资、基金筹募、融资租赁等多元融资渠道助力，才能解决长期资金供给不足的制约。其三，完善资金风险预警和评估机制。丝绸之路经济带的建设，在加强区域合作、深度开放经济的同时，也会加大金融风险。区域一体化的形成，意味着一荣俱荣、一损俱损，消除经济不确定性，弱化金融风险，增强经济稳定性，才能应对世界贸易的挑战。因此，地区要完善资金风险预警和评估机制，加强金融防控和风险处置机制，全方位把控和规避融资风险，熨平经济波动，以提高地区经济发展的稳定性。

（五）协调民心相通

丝绸之路经济带建设背景下西部大开发新格局的内容之五，是要协调西部地区的民心相通。在丝绸之路经济带建设中，需要民心相通的基础保证，只有地区人民民心相通，才能实现开放与包容并重、责任与力量共担，从而更好地促进经济互动和贸易合作。民心相通是文化的互联互通，是心意的互联互通，需要架起沟通的桥梁，建设心意相通、人人参与的新驿路。西部省区市协调民心相通，形成西部大开发新格局，具体包含三个方面的内容。其一，大力推进文化产业发展，构建特色文化旅游基地。文化产品是一种珍贵的经济资源，大力创造和充分挖掘文化资源，将它合并、嫁接于生产，就能促进经济增长和财富增值。而丝绸之路经济带具有古老的中原文明，是中华民族文化的聚焦之处，将多样的民族文化、历史沉淀合为一体，激发丝绸之路经济带的文化优势，构建特色文化旅游基地，形成丝路品牌文旅连廊，再现丝绸之路往日荣光，不仅能够促进地区服务业的发展，更能够传播博大精深的中华文化，促进各国人民的互动与交往。其二，发展民生项目，注重人文关怀。无论是经济发展，还是社会建设，宗旨和目的在于以人为本，西部地区丝绸之路经济带建设需要协调经济发展与民生保障，从民众实际需求出发，发展民生公益项目，坚持经济发展普惠于民的目标，进而加强民心相通，共创人民美好生活。其三，广泛开展学术文化交流活动，增进国际人民间的深厚友谊。合作贸易的基础在于信任和尊重、包容与理解，加强国与国之间的经济合作，实质需要各国人民之间的深厚友谊与民心相通。通过开展学术交流、文化融合、教育学习，来促进不同民族之间的互动和沟通，尤其是开展形式多样、领域广泛的民间团体会议，能够消除文化障碍，增进外国友人同我国人民的美好情谊。

二 丝绸之路经济带建设背景下形成西部大开发新格局的实现目标

习近平总书记指出，中国和中亚国家都处在关键发展阶段，为了使欧亚各国经济联系更加紧密、相互合作更加深入、发展空间更加广阔，我们可以用创新的合作模式，共同建设丝绸之路经济带。这充分意味着，丝绸之路经济带的建设为各国发展带来前所未有的机遇，而对于我国西部地区来说，丝绸之路经济带的建设，能够促进西部地区的经济发展，加强区域之间的经贸合作，进而形成西部大开发的新格局。基于丝绸之路经济带建设背景下形成西部大开发新格局的"五通"内容，进一步归纳丝绸之路经济带建设背景下形成西部大开发新格局的实现目标。

（一）深化改革，扩大开放，促进区域一体化

长期以来，西部地区经济发展水平、城市化进程都相对于东部地区滞后，自 2000 年党中央高瞻远瞩提出西部大开发战略以来，历经 20 年的发展，西部地区发生了翻天覆地的变化，西部地区经济总量增加了近 12 倍，城市化已粗具规模。而丝绸之路经济带的

建设，升级了西部大开发战略，这意味着我国要坚持共建"丝绸之路经济带"与推进"西部大开发"并举。① 可以说，丝绸之路经济带的建设，升级了西部大开发的战略，铸造了高端的西部大开发。党的十六大以来，我国经历了从提出积极推进西部大开发，到深入推进西部大开发，再到要优先推进西部大开发的过程。党的十九大报告明确指出要强化举措推进西部大开发形成新格局，西部大开发战略在持续深化，这充分彰显了西部大开发建设的重要性和方向性。西部地区深度参与"一带一路"建设，要以丝绸之路经济带建设为背景，以西部大开发为战略，全面推进西部特色经济带的建设，带动区域长足发展、持续繁荣。西部地区近年来，经济发展较快，效果较好，存在的主要问题已从发展落后转向地区发展不平衡，新动能尚未构建，现代化产业体系并未形成。在丝绸之路经济带建设的背景下形成西部大开发新格局，西部地区要实现深化改革，扩大开放，促进区域一体化的发展目标。

其一，西部地区未来需要产业结构调整与加大改革开放力度提供发展动力。② 以丝绸之路经济带建设为重点，深化改革，扩大开放，推动区域协调发展。为实现这一目标，需要积极推进供给侧改革，优化开放布局，加大西部地区开放力度。

其二，西部地区进一步提升区位优势，建立自由贸易试验区、开放新区、高新技术试验区等。我国丝绸之路经济带建设需要进一步扩展开放空间，在市场经济制度下，提高自身竞争力和创新

---

① 任保平、周志龙：《丝绸之路经济带建设中打造西部大开发升级版的战略选择》，《兰州大学学报》（社会科学版）2015 年第 6 期。

② 任保平、张倩：《西部大开发 20 年西部地区经济发展的成就、经验与转型》，《陕西师范大学学报》（哲学社会科学版）2019 年第 4 期。

力，建设自由贸易试验区、开放新区、高新技术试验区等经济试验开放平台，这能够促进贸易便利化，加深对外合作，进而实现区域经济一体化的发展目标。

（二）增进区域互联互通，加快形成西部陆海新通道

随着西部大开发战略和丝绸之路经济带建设的开展，西部地区基础设施建设正在全面推进，我国西部大开发新格局战略生成，明确规划了三个发展目标。其一，到 2020 年，一批重大铁路、物流枢纽等项目开工建设；其二，到 2025 年，基本建成西部陆海新通道；其三，到 2035 年，西部陆海新通道全面建设。由于西部大开发任务依然艰巨，任重而道远，在丝绸之路经济带建设的推动下，致力于优化空间区域布局，扩大对外开放，首要目标就是推进基础设施建设，实现互联互通的西部陆海新通道。设施联通与贸易畅通对沿线各国贸易联系有正向影响。[①] 丝绸之路经济带建设，通过打通丝绸经贸之路，联通沿线各国，进而促进贸易便利化，降低贸易成本，打破贸易壁垒，形成全方位开放格局。这意味着设施建设、道路联通先行，这是丝绸之路经济带沿线各国深度合作的基础和保障。因此，在丝绸之路经济带建设的背景下形成西部大开发新格局，西部地区要实现增进区域互联互通，加快形成西部陆海新通道的发展目标。

其一，根据地区区位优势，合理规划地区空间布局。位于丝绸之路经济带沿线核心中转点的城市，建设物流通道和运输组织

---

① 马远、雷会妨：《丝绸之路经济带沿线国家能源贸易网络演化及互联互通效应模拟》，《统计与信息论坛》2019 年第 9 期。

中心；位于门户港口、河海交汇点的城市，要充分发挥枢纽港作用，提升进出海口的功能；而处于丝绸之路沿线重要节点的城市，则要加强与主干道的联系和衔接，注重提高通道运行与物流效率。其二，推进基础设施建设，加快开展西部陆海新通道主干道建设。西部陆海联动主干通道是一个综合运输通道，作为物流网络、经贸合作的重要载体，对产业发展、贸易合作能够起到关键性带动作用。要加快开展西部陆海新通道主干道的建设，通过发展多方式联动，发挥经济连廊作用，释放最大开放红利，并在此基础上，构建沿线城市核心覆盖区、辐射延展带，促进西部地区形成内外联动、双向开放的新格局。

（三）创新驱动发展方式，推动产业高端化发展

无论是丝绸之路经济带的建设，还是西部大开发战略的实施，都是为了推进西部地区的经济发展，而西部地区经济发展需要充分重视创新发展的核心动力，以创新驱动发展方式。这是因为西部省区长期以来以能源产业、资源产业拉动地方经济增长，粗放型经济增长模式造成西部地区生态环境危机加剧，而且西部地区作为我国传统的老工业基地，经济结构不合理，产能过剩严重，经济发展动能弱化。此时，就需要创新驱动发展方式，因为其能够实现新动能的培育和构建。丝绸之路经济带的建设，不能理解为清除西部地区过剩产能，不能依赖于将低端产品向中亚国家输送，而是要大力推进创新驱动，只有生产高质量、高层次的产品，才能占据制高点，引领丝绸之路经济带沿线各国经济发展方向。改革开放40多年的发展经验告诉我们，只有创新才能促进经济的持续发展，尤其是我国已进入经济增长新时代，已朝向高质量发

展，而创新是经济高质量发展的核心动力，只有坚持创新发展，才能激发西部地区新的经济增长点。因此，在丝绸之路经济带建设的背景下形成西部大开发新格局，西部地区要实现创新驱动发展方式，推动产业高端化发展的目标。其一，促进老工业基地和资源驱动产业转型。西部地区要想解决长期的经济结构性矛盾，需要推进传统产业转型，嵌入创新技术，优化资源配置，实现经济集约化和可持续增长。其二，加快发展先进制造业和现代服务业。加快推进制造业高端化、智能化、绿色化，构建现代化服务体系，全面促进制造业、服务业转型升级。其三，推进新型工业化建设；推进战略性新兴产业发展。西部地区要坚持以信息化带动工业化，促进产业智能化，加快培育和发展战略性新兴产业，推动产业高端化发展，以形成西部大开发新格局。

（四）增强区域互动，决胜全面建成小康社会

中国特色社会主义建设是以共同富裕为目标，以"以人为本"为基本宗旨，这要求经济生产创造要与人的全面发展相辅相成，注重经济的积累与经济社会的发展、人的发展之间的协调关系，将先进生产力与可持续发展、创新力相结合，推动经济社会的高质量发展。而西部地区经济发展存在城乡差距较大、地区发展不平衡等矛盾，社会发展水平较低，人民福利机制、分配机制尚未完善；与此同时，西部地区是我国脱贫攻坚的主战场，是全国贫困人口最多的地区，亟须解决贫困问题，打好脱贫攻坚战。西部地区要坚持共同富裕，注重人民的发展和人民福利的提高，而西部地区现阶段服务基础设施建设的层次较低，现代化、科技化服务基础设施建设体系尚未形成，这成为西部地区基础设施建设高

质量推进的攻坚重点和难点，而且西部地区现代化、科技化服务基础设施建设体系尚未形成，影响了西部地区扩大对外开放。因此，在丝绸之路经济带建设的背景下形成西部大开发新格局，西部地区要实现增强区域互动，决胜全面建成小康社会的发展目标。

其一，西部地区要大力推进基本公共服务建设。缩小城乡差异，需要提高教育、医疗、社会保障、基础设施建设四大公共性服务供给质量，并促进基本公共服务均等化，提高人民福祉。

其二，推进新资金、新项目、新产业向西部贫困地区倾斜。带动西部贫困地区脱贫攻坚，需要在农村当地形成特色产业，建设新农村，提供更多的就业机会，激发新动能，激励并引导贫困人民主动致富的积极性和创造性。

其三，增强区域互动，缩小城乡差距，全面决胜小康社会。丝绸之路经济带的建设，可以推动区域一体化的发展，在此基础上，要建立区域协调机制，增强区域互动，促进区域合作，优化区域分工，缩小城乡差异，以实现西部地区全面决胜小康社会的新格局。

（五）整合优势资源，建设美丽新西部

丝绸之路经济带沿线西部地区具有丰富多样的自然资源和能源禀赋，而西部地区已经出现生态赤字，生态承载力低下、生态系统不稳定等问题加剧。在我国经济增长转向高质量发展阶段，地区经济发展以及对外开放也有了新的要求。在对外开放的经济发展中，要想规避粗放型、污染型产业发展模式，需要坚定不移地走可持续发展和包容性经济之路，整合优势资源，形成具有比较优势的产业，在参与世界经济市场中拔得头筹。因此，在丝绸之路经济带建设的背景下形成西部大开发新格局，西部地区要实现整合优势资源，建设美丽新西部的发展目标。

其一，需要重视创新技术、科技在生产领域的贡献。绿色创新是绿色发展的核心推动力。[①] 要重视通过科技嵌入提高生产的效率与集约性，通过科技的突破提高资源配置效率，在生产端注重资源的投入产出比例，提高资源的利用率。

其二，西部地区需要提高供给产品与服务的质量。西部地区要消除过剩低端产能，通过供给侧推进产品和服务的质量提升，一方面生产科技产品、生态产品等高端产品，提高产品的质量与效益；另一方面深化服务业结构性改革，提高服务业竞争能力和现代化水平，扩大服务贸易出口，使西部地区具有参与国际竞争的独特优势，这样才能提高西部地区在丝绸之路经济带外部市场中的分工地位，增加国际市场份额。

其三，生产环节资源使用的清洁性、排放的无污染性以及生产资料的循环性。要充分整合西部地区优势资源，发展绿色经济，倡导绿色生活方式，在生产、分配交换与消费各个环节注重资源节约和生态保护。生态环境保护与治理，不仅有利于人们的身心健康，还能实现经济长期可持续的良性发展，推进西部经济发展实现生态性和绿色性，以形成美丽新西部的发展新格局。

三　丝绸之路经济带建设背景下形成西部大开发新格局的路径

我国西部省区地域辽阔，资源、能源丰富，拥有我国 60% 以

---

① 李梦欣、任保平：《中国特色绿色发展道路的阶段性特征及其实现的路径选择》，《经济问题》2019 年第 10 期。

上的矿产储量，与此同时，煤矿、油田、水资源等充沛，资源优势显著。然而，由于我国西部省区长期以来处于内陆地区，开放经济难以形成，所以相对而言经济发展较为缓慢，现代化产业体系尚未健全。西部地区长期以来实施资源拉动型经济增长模式，使得生态环境恶化，资源过度开发，水土流失严重，生态系统脆弱。为破解西部地区经济桎梏，加快丝绸之路经济带建设，下面提出在这一背景下形成西部大开发新格局的适应性路径选择。

（一）培育经济发展新动能，建立创新试验区

在丝绸之路经济带的建设背景下，西部地区为形成西部大开发的新格局，需要培育经济发展新动能，建立创新试验区。西部地区传统经济发展模式是资源拉动型，造成了资源浪费、生态污染，而在新时代高质量发展的要求和丝绸之路经济带建设的背景下，西部地区需要推进产业结构升级，培育经济发展新动能。

其一，平滑产学研机制，创新发展方式。丝绸之路经济带建设的新动能是创新发展，我国西部地区在经济发展中要加强创新实力和创新能力，只有处在创新链的高端位置，才能以创新引领世界经济发展。西部地区虽然具有充足的科教优势和高校资源，但是科技创新输出能力依然较低，这是因为西部地区的科教资源没有很好地向生产领域转移，科教与产品研发、企业生产脱节，科教成果转化为实际生产力的能力极低。因此，需要平滑产学研机制，形成高校、研发机构与企业传导互动机制，将科研成果迅速向生产领域转移，进而创新发展方式，培育经济新动能。

其二，要构建集思想创新、理论创新、文化创新、制度创新、产业创新、产品创新、实践创新于一体的创新体系。丝绸之路经

济带沿线西部地区要建立创新链，创新是新动能的核心和关键，构建思想创新、理论创新，为西部地区新动能的培育提供理论基础；构建文化创新、制度创新，为西部地区新动能的培育提供价值支撑；构建产业创新、产品创新，为西部地区经济新动能的培育提供经济增长点；而实践创新则是要在实践中将发展经验上升为理论，重视实践和理论创新的统一。

其三，建立创新试验区。西部地区在丝绸之路经济带建设中，需要靠创新引领对外经贸，建立创新试验区和高新技术发展区，能够着力培育高新产业，建设一批带动地区经济增长的高新产业与战略性新兴产业，以形成西部大开发的新局面，进而更好地参与世界经济合作、深化开放新布局。

（二）合理布局优势产业，构建现代化产业体系

在丝绸之路经济带的建设背景下，西部地区为形成西部大开发的新格局，需要合理布局优势产业，构建现代化产业体系。

其一，西部地区要走新型工业化道路。西部地区是传统的老工业基地，存在产业结构不合理问题，其产业结构困境源自长期依赖资源利用开发的经济增长模式，产业结构单一、不协调，高度倚重资源能源型、重型装备业，产业结构链条短，分工合作机制不健全，使得专业化、高端化、现代化产业体系尚未建立。而在丝绸之路经济带建设的背景下，为形成西部大开发新格局，需要走新型工业化道路。首先，工业化需要加强，工业化是原因，城市化是结果，在产业结构向高级化转变的同时，不能忽视工业化的重要作用。其次，西部地区高质量发展的核心之一是实现制造业和实体经济高质量发展，加强装备制造业，大力发展战略性新兴

产业，构建国家能源基地、资源深加工基地，推进西部地区产业结构转型与升级。

其二，推动西部地区新经济的发展。数字经济是利用数字进行生产、分配、交换、消费，可以建立一个数字平台，将线上、线下进行连接和整合。西部地区长期以来高新技术发展层次较低，新经济体系尚未构建。新经济的发展需要以新型经济设施建设为依托，加快 5G 网络建设，加强通信技术发展，将人工智能技术、大数据平台、云服务深度应用于生产，提高西部地区生产力，促进西部地区经济发展。

其三，坚持市场经济，构建现代化产业体系。党的十九届四中全会正式将社会主义市场经济体制上升为我国的基本经济制度，给予市场经济充分的重视。坚持市场经济，深度参与国内、国外两个市场，能够在市场经济的配置机制和竞争机制中，寻找具有比较优势的产业，激发我国经济发展潜力，促进我国更快更好地构建现代化产业体系。

（三）加强基础设施建设，推进城市现代化和国际化

在丝绸之路经济带的建设背景下，西部地区为形成西部大开发的新格局，需要加强基础设施建设，推进城市现代化和国际化。西部地区基础设施建设水平低，城乡差距较大，地区内存在经济发展不平衡、不充分现象。为改善这一现状，西部地区需要加强基础设施建设，促进城市互联互通。

其一，加快形成全方位交通网络布局和体系。加强丝绸之路经济带沿线道路联通，能够推进沿线各国之间的贸易和投资便利化，消除贸易壁垒，降低贸易和投资成本，进而实现互利共赢，共

同繁荣。因此，西部地区要加快建设大机场、港务区，建设并完善铁路、公路交通设施，并且在重点城市建立交通枢纽点和中转基地，以形成全方位、广范围的交通网络体系。

其二，加强新型基础设施建设。西部地区新型基础设施建设主要包括移动互联网、高新技术产业、大数据、信息化等新领域，一方面可以推进线下多媒体业务、移动通信产业的快速发展，云端信息化、网络信息化以及移动设备的相互融合持续改进着人们的认知行为和生产活动；另一方面在国家军队高速运转、国防建设的稳固保障等方面具有不可估量的价值。因此，推动新型基础设施建设朝信息高级化、网络先进化模式转型成为西部地区基础设施建设的重要方面。

其三，平衡内部发展，推进城市现代化和国际化。西部大开发新格局的形成，需要充分化解内部矛盾，缩小地区经济差异，重点攻克经济发展水平低下的乡镇，发展特色农业，构建地方具有比较优势的制造业，平衡内部矛盾。与此同时，西部地区丝绸之路经济带的建设，需要着力于推进城市发展现代化和国际化。现代化和国际化的建设，一方面需要形成现代化的基础设施布局、现代化的物流工业基地；另一方面需要合理布局城市公共服务，提高城市的集聚和辐射带动能力，进而促进西部大开发新格局的生成。

（四）发挥文化资源优势，构筑特色文化旅游产业连廊

在丝绸之路经济带的建设背景下，西部地区为形成西部大开发的新格局，需要发挥文化资源优势，构筑特色文化旅游产业连廊。西部大开发战略实施以来，西部地区经济发展成果显著，旅

游业、服务业的发展起到了重要的推动作用。西部地区具有优势旅游资源，尤其是丝绸之路经济带沿线具有深厚的历史文化和人文情怀，而西部地区长期以来旅游文化产业存在资源分散化、供给碎片化等问题，亟须提高服务业质量，优化旅游产业模式。

其一，整合文化资源，形成系统全面的丝路文旅连廊（"丝绸之路文化旅游连廊"）。西部地区要加快开发具有地域特色的主题旅游产品，在丝绸之路经济带沿线，结合地域独特的文化，形成地方特色丝路主题，在沿线各地区综合形成系统全面的丝路文旅连廊。

其二，发展文化生产力，促进旅游业与多种业态形式融合。文化生产力指生产文化产品、提供文化服务的能力。文化产品具有二重性，即商品性和意识形态性，其商品性在于文化精神活动可以转化为经济生产，文化产品提升产品的使用价值功能，文化与生产相嫁接创造附加值功能，文化作为一种生产力与经济产生互动关系。发展文化生产力，要促进旅游业与多种业态形式融合，旅游业可与农业风情相融合，可以与科技园区体验相结合，也可以与服务业融合形成研学旅游、康养旅游，将旅游产业链延伸，激活更多旅游新业态形式。

其三，提高服务供给质量，形成特色文旅品牌效应。随着时代的发展和社会的进步，人的需要更向深层次发展，而服务业的本质是为了满足人的需要，提供生活便利，提高生活质量，所以服务产品的结构、功能、形态、效果也在不断变化。而西部地区在丝绸之路经济带的推动下，要从供给端优化服务供给，加快旅游企业品牌化、国际化的发展进程，以提高西部地区旅游业对外开放的质量和层次。

（五）建设生态功能区，优化区域发展格局

在丝绸之路经济带的建设背景下，西部地区为形成西部大开发的新格局，需要建设生态功能区，优化区域发展格局。西部地区生态破坏严重，环境问题积重难返，生态治理难度大。尤其是21世纪以来，环境问题成为全世界共同面对的难题，所以西部地区在丝绸之路经济带的建设与深度参与中，要充分重视生态保护与治理，将地区可持续发展作为长期经济发展与开放合作的基本前提。因此，需要加快推动生态产业发展。

其一，落实生态补偿机制，加强生态环境治理。西部地区常年以来的粗放型经济发展模式，导致环境污染严重，生态危机加剧，环境治理难度大，任务重，亟须落实生态补偿机制，修复生态系统的自愈性和稳定性，加大生态环境治理力度。

其二，建设生态功能区，大力发展绿色生态产业。绿色发展，不单单强调"绿色性"，也不仅仅强调保护自然资源、保护生态环境，还包含了"发展"，这意味着要在保护环境的同时，注重绿色生态带来的经济增长，即生态效益。因此，要大力发展绿色生态产业，生产绿色生态产品，实现生态价值。

其三，嵌入绿色科技，提高生态供给质量和效率。绿色发展，需要加强生态技术的研发与应用，创新绿色技术。一是在生产过程中，提高资源、能源利用率，注重清洁能源的生产与开发；二是通过核心技术突破，提高废弃物的净化能力；三是绿色技术的发展，能够综合提高生态产品供给质量和效率，进而实现西部地区生态产业的高质量发展。

其四，保护生产力，优化丝绸之路发展格局。发展绿色经

济，要在解放生产力、发展生产力的同时，注重保护生产力，注重绿色生产力以及绿色生产方式，强调经济的生态性和绿色性，促进经济的良性发展。要加快丝绸之路沿线生态产业的构建与发展，优化丝绸之路发展格局，以推动地区经济高质量发展。

四　丝绸之路经济带建设背景下形成西部大开发新格局的支持政策

西部地区经济发展，在丝绸之路经济带的倡议下，将面对更多的机遇，也将面临更大的挑战。西部地区区位优势长足，资源能源富饶。21 世纪以来，西部地区在西部大开发战略下取得了突出的经济硕果。随着丝绸之路经济带的建设，西部地区需要加强自身发展，优化产业结构，推进现代化经济体系的构建，促进可持续增长，实现高质量发展。由于新时代我国高质量开放型经济发展的路径是以开放发展的新理念统领高质量的对外开放，发展更高层次的开放型经济，积极参与全球经济治理，内外联动促进高质量开放型经济的发展。[①] 因此，只有提高西部地区创新发展能力，激发地区优势与活力，才能在经贸合作、深度融合中创造新机遇。基于对丝绸之路经济带建设背景下形成西部大开发新格局的内容、发展目标以及路径的分析，下面进一步研究丝绸之路经济带建设背景下形成西部大开发新格局的支持政策，并提出相应的政策建议。

---

① 任保平、赵通：《新时代我国发展高质量开放型经济的挑战与路径》，《山东财经大学学报》2019 年第 5 期。

（一）深化供给侧改革，引导产业结构调整

我国已进入经济高质量发展阶段，西部地区企业生产规模数量优势已经退去，全要素增长率降低，规模报酬递减，经济增长动能不足，规模报酬递增产业尚未建立，致使经济增速放缓。供给侧结构性改革既是高质量发展的主线，也是高质量发展的抓手，① 西部地区要以供给侧为抓手，实现内部均衡、外部协同。尤其是在西部大开发进程中，西部地区要以丝绸之路经济带为依托，加强与沿线中亚、欧洲等国之间的经贸合作，带动经济向西开放。为了更好地适应经济全球化、区域一体化，西部地区要通过深化供给侧结构性改革，着力调整西部地区产业布局，激发企业新活力。深化供给侧改革要从以下五个方面着手：其一，加大先进资本、绿色资本的投入。西部地区经济增长已经不再是需要扩大规模的外延扩大再生产阶段了，而是需要适应新形势，加大先进资本、绿色资本的投资，发展建设优质项目。其二，人力资本的投入。加大人力资本的投入，培育高层次技术人才，提高人力资本的质量，可促进创新发展和技术提高的进一步实现，是地区新动能培育的重要方面。其三，金融资本的投入。要充分激发金融资本的活力，通过多元融资形式，更好地服务于实体经济的发展。其四，高新技术的发展。技术的进步，作为一个复杂的动态过程，需要持续推进，尤其是在全球化的大市场中，技术实力的竞争成为关键。与此同时，新兴技术具有快速变化的特征，一个新技术

---

① 任保平：《供给侧改革是高质量发展的主线和抓手》，《经济参考报》2019 年 8 月 21 日。

的兴起，就成为原有技术的变革方向，会挑战原有技术的路径和轨迹，实现新的结构重组，进而推动产业结构升级与配置。因此，加强技术创新，推动高新技术发展成为核心动力。其五，积极参与国际经济治理。西部地区经济发展离不开对市场的高度适应性，在对外开放的国外市场中，要深化供给侧改革，积极参与全球经济治理，形成全方位开放的新格局。

（二）激发制度优势，创新经济合作模式

地方政府在西部地区经济发展中扮演着重要的作用，在对西部大开发的建设中，地方政府要优化制度供给、创新制度供给。通过制度优势供给，优化动力机制，激励创新优势产业的大力发展，激活经济主体功能性，带动创新发展积极性，进一步激发市场活力。与此同时，通过政策安排和制度设定，能够加快构建现代化服务体系，建立健全公平和效率的分配体制，协调社会发展和人民福利配置。因此，西部地区要完善制度供给，激发制度优势，创新经济合作模式，推进对外开放的进一步深化。

其一，优化制度供给。政府的大力支持、制度的充分供给对于新时代西部地区基础设施建设的实现具有重要的影响。一方面，西部地方政府牵头基础设施建设，可以明确基础设施建设的分工和责任，协调沟通运营商之间的合作共建；另一方面，西部地方政府的积极引导，可以保障基础设施建设的运营顺畅，提高系统管理效率。

其二，政府引导金融资本服务于实体经济。西部地区要促进多层次资本市场的构建，西部地区产业的发展、制造业的升级、新型工业化的推进，都需要大量的金融资本支撑，而政府的公共

财政有限。此时，需要政策和制度的积极引导，实行补贴制度、减税制度，并通过多元融资方式，积聚社会资本，促进金融资本向实体经济倾斜。

其三，建立健全社会保障机制、优化分配机制和完善共享机制。西部地区城乡差距较大，社会福利水平较低，这就需要地方政府建立健全社会保障机制、优化分配机制和完善共享机制，脱贫攻坚，提高人民福祉。

其四，统筹规划与布局，创新经济合作模式。西部地方政府在推进丝绸之路经济带的建设中，要统筹规划与布局，在沿线枢纽城市、中转节点城市建立自贸区、合作区、高新区以及生态园区，创新经济合作模式，创新投资模式，促进对外开放高质量发展。

（三）优化城市空间布局，促进基础设施互联互通

西部地区地方政府在丝绸之路经济带的建设中，要围绕优势产业的高质量发展，科学地规划城市空间布局，纵观全局，整体规划；要突出区位优势，立足资源禀赋、能源基础，考虑交通区位、环境生态、城市容量等情况，综合发挥产业比较优势，并完善产业周边基础配套，在城市不同经济板块发展特色优势产业，促进板块联动、区域协调模式的生成。具体来看，西部地区政府需要统筹规划城市空间布局，进而促进城市互联互通。

其一，加强基础设施建设。丝绸之路经济带建设需要基础设施互联互通作为基本保障，西部地区现阶段基础设施依然存在条件差、水平低的矛盾，在西部大开发的战略下，为推动西部地区发展，深化对外开放，需要打造经济、高效、便捷、绿色安全的西

部陆海新通道，构建与高质量发展相匹配的基建配套。

其二，构建新型基础设施建设。随着新一轮科技革命的到来，信息化、数字化成为未来传统基础设施建设的根本转型方向。新型基础设施建设的推进，对于优化城市空间，提高产业结构具有深刻影响。在新型基础设施建设的模式下，西部地区将会打造一批互联互通的现代化国际大都市，并形成具有示范性的5G通信产业园区，以构筑丝绸之路科技中心与新兴产业生态园区。这一转型，有利于促进西部地区经济增长新动能对旧动能的接续，全面实现西部地区产业结构升级，助力开放发展。

其三，政府需要高瞻远瞩，谋划布局新兴产业，前瞻判断优势产业布局。新时代的中国，要积极顺应科技革命的大趋势。随着第四次科技革命的到来，以智能制造为主的科学技术席卷了产业变革，地方政府在推进传统产业转型与升级的同时更要培育地区经济发展新动能，前瞻性地发展未来产业、战略性新兴产业，在世界经济分工中占据制高点。

（四）推进民生项目建设，完备民心相通支撑机制

自中国进入经济新时代，为实现高质量的经济发展，中央政府提出五大发展理念，即创新发展、协调发展、绿色发展、开放发展和共享发展。其中，共享发展是高质量发展的价值导向，意味着我国要坚持共同富裕，一切经济硕果属于人民、经济成果惠于民。[①] 在丝绸之路经济带建设中，西部地区要充分重视民心相通

---

① 李梦欣、任保平：《新时代中国高质量发展的综合评价及其路径选择》，《财经科学》2019年第5期。

的重要作用。西部地区社会福利水平较低，城乡二元分化严重，增强西部地区社会综合福利，能够提高人民生活水平，加快西部地区社会进程。与此同时，在丝绸之路经济带的建设中，要加强各国人民互学互鉴，促进各国之间的历史了解、文化沟通，形成信任相惜的深厚友谊。只有国家人民相互了解，才能巩固丝绸之路经济带的民心基础。因此，为推动西部地区高质量发展，促进共享互惠福利机制的实现，需要加快推进民生项目建设，为形成各国人民友好往来的新格局，完备民心相通的支撑机制。

其一，加快推进民生项目建设。民生项目包含教育、基建、医疗、社保、公共卫生、住房、社区服务等领域，民生项目的稳步推进，是政府"立党为公，执政为民"的具体体现，更有利于加强民众幸福感，不断增进人民福祉，使人民向美好生活迈进。

其二，加强交流，互学互鉴，增强民心相通。地方政府通过鼓励并引导丝绸之路经济带内各国开展学术活动、人文交流活动，加强沿线地区、国家之间的民心民意相通。通过相关活动的开展，强有力的增进各个国家民众之间的友好情谊，夯实民意基础。与此同时，民间力量要充分整合，以丝路文化、丝路历史为依托，组织民间分享交流活动，通过文化沟通、学术交流、艺术学习，更深刻地增进人文了解，从而包容文化差异，尊重民族差异。因此，西部地区政府需要构建文化交流机制，完备民心相通支撑机制，以促进丝绸之路经济带背景下西部大开发新格局的形成。

第十二章
结论与展望

本书旨在研究丝绸之路经济带建设以来对沿线西部省区及主要城市的经济发展绩效的影响。作为总结部分，本章主要总结研究的结论及对未来的展望。

一 研究结论

通过研究可以发现，丝绸之路经济带在推动西部地区的开放开发向更大范围、更高水平、更深层次、更多领域发展起到了积极作用。研究结论如下。

（一）沿线西北地区经济发展资源利用率低，民心相通差距较大

在丝绸之路经济带背景下沿线西北地区的经济发展绩效确实迎来了新的发展机遇，但各个省区的经济发展还很不协调，部分省区还未能抓住这一机遇加速经济发展，同时在维持长期的高质量经济发展方面还需要做出努力。一方面，丝绸之路经济带沿线

西北省区的经济发展呈现很强的不协调性，各个维度的经济发展均呈现明显的差距，粗放型的经济增长方式在沿线西北省区并没有转变。资源密集型产业在沿线西北地区有着举足轻重的地位，但产业竞争力整体不强，资源的利用效率低下，具有高投入、高消耗和高污染的特点，在经济快速增长的同时所带来的环境污染问题不容忽视。另一方面，丝绸之路经济带背景下沿线西北省区的民心相通程度差距较大，在经济的未来发展过程中，需注重奠定坚实的民意基础，加强旅游合作，深化沿线国家间人才交流合作，加强科技合作，共同提升科技创新能力，提升运输服务能力，保证对外开放交流畅通。

（二）沿线西南地区综合交通基础设施不完善，金融体系不健全

"一带一路"倡议及相关政策与合作协议有效打开了西南省区市经济对外发展的大门，为其经济发展提供了新的增长点。随着"一带一路"的建设，西南省区市与沿线国家的贸易通道逐渐打通，贸易便利化水平提高，贸易规模逐步扩大，经济发展得到了新的动力与活力，经济发展取得一定成效。但是，与东部地区省份相比，西南地区经济发展相对落后，市场化程度较低，工业化发展不够充分，工业化体系不够健全，依然存在经济发展较为落后、工业基础薄弱的问题。与此同时，沿线西南省区市山区遍布，地势多崎岖不平，交通运输基础设施发展缓慢，导致长期对外交通运输不便利，这极大地阻碍了生产要素的流动和产品的运输，制约了对外贸易的发展，也对人们往来交流造成诸多不便。不仅如此，沿线西南省区市受长期经济发展相对落后、市场化程度较

低的影响，金融行业的发展不充分，金融机构相对较少，已有的金融机构业务也不完善，金融行业缺乏健全的市场体系，金融交易不规范。

（三）沿线西北地区重点城市技术创新较为落后，金融融资程度较低

六年来西北地区的十个城市的经济发展整体向好，丝绸之路经济带构建以来为西北各城市带来了正向影响和较大的发展机遇，不断地推动着各城市综合发展水平的提高。西北地区的各城市在技术创新方面所拥有的技术水平还处于较低阶段，没有大量的科技人才的引入，政府对于科技的投入远远不够，对创新企业的支持和鼓励还不到位，这使得其创新成果较少，所生产的产品的科技含量较低，很难走出国门走向世界，最后逐渐落后于其他地区的城市。目前各地金融机构所提供的资金还无法满足各地的发展需求，在融资方面除了间接融资外，直接融资的比重还远远不够，对于新兴的、有较大发展潜力的中小企业的金融支持还不够，仍存在融资难等方面的问题，这在一定程度上制约了各城市金融业的发展。同时，各地的金融机构仍局限于传统的银行类机构，而缺乏国家型跨区域的期货、保险、证券等大型机构，业务范围仅局限于小块区域，尚未形成范围更大的区域型、国际型的金融经济，缺少了一个直接实现金融内部交流、降低金融往来成本的系统。

（四）沿线西南地区重点城市经济分化严重，产业结构层次较低

2017 年西南地区重点城市经济实现快速上长，且增速高于全

国平均水平。西南地区的地位将逐渐提升，在改革开放的进程中将与东部沿海地区并驾齐驱，甚至由于西南地区的地缘优势及其与中亚、东南亚和南亚国家的边境贸易，其发展潜力和劲头将逐渐超越东部地区。但是，不容忽视的是，丝绸之路经济带沿线西南主要城市的经济现状呈现很强的不协调性，各个维度的经济发展均呈现明显的差距。一方面，西南地区创新产值的相对规模只占全国较低的比例，科研成果转化成产品的比率低，创新对地区的贡献率体现微弱，城市的技术市场总体规模还非常小。另一方面，丝绸之路经济带沿线西南地区重点城市大多被定位为重工业城市，依靠政策支持成长起来，而并不是通过产业结构的自然升级。因此，其产业结构存在严重的比例不协调问题，且大量产值较高的企业均为国有企业，后期发展阶段缺乏活力，市场竞争不充分，这些矛盾制约了西南地区城市经济的高质量发展。

二　未来展望

新时代新一轮的西部大开发要与国家"一带一路"倡议相配合，以新发展理念为指导，以高质量发展为目标，在加强对外开放、与外商深入合作的同时，实现西部地区经济发展的转型。

（一）以高质量发展为统领，构建新时代西部现代化的经济体系

在新一轮的西部大开发中，西部地区应以高质量发展为目标，以新发展理念作为指导，对西部地区目前的市场经济进行进一步完善与优化，为西部地区企业发展营造良好、公平的市场环境，进一步深化供给侧改革，以市场需求为导向，通过构建现代化的

经济体系激发西部地区企业的发展活力,从而促进西部经济的进一步发展。

(二) 实现创新发展,促进西部创新型经济的发展

在新一轮西部大开发中,将西部发展的重心由开发建设逐渐转向创新型经济的发展,积极推动西部地区新产业的发展。大力发展数字经济、智能制造、网络经济等新业态经济,积极培育西部经济发展的新动能。区域进行创新发展的前提是提高本地区的创新能力,而在这一过程中,提升本地区的科研水平与教育能力则是政府的应尽之责。在新一轮的西部大开发中,西部地区各级政府应重视科研院所与高校机构在创新发展领域的重要性,提高高校机构与科研院所的自主性,完善制度体系,简化科研项目的流程,强化成果导向,鼓励新动能的转变,同时通过区域优惠政策加强人才队伍建设,减少人才的流出,从培育本地区的自我创新能力和吸引外部创新人才流入两个方面提高本地区的创新能力,从而实现西部地区新动能的转变。

(三) 实现协调发展,促进西部经济结构的转型升级

一是产业结构的协调发展。在新一轮的西部大开发中,西部地区应促进产业结构的调整与优化,发挥自身资源特点,利用比较优势走以创新为核心的新型工业化路线。二是推进城镇化与工业化的协调发展。工业化是城镇化的前提条件,或者说,正是工业化直接导致了人才的聚集从而推进了城镇的发展壮大,而城市化同样从提高社会需求等角度反作用于工业化的发展,工业化与城镇化的相互促进、不断发展使得我国的社会经济持续发展、人

民生活水平逐渐提高。因此，在新一轮的西部大开发中，西部地区应发挥工业化与城镇化的共同促进作用，从而推动西部地区经济的高质量发展。

（四）实现西部地区的绿色发展，促进西部地区人与自然的和谐发展

在西部大开发的初期，各级政府在追求西部经济增长时，关注点集中于经济增长的数量而非质量，由于对自然生态的重视程度不足，在过去的 20 年里，在经济快速增长的同时，也对生态环境造成了一些压力。目前我国经济已经进入了转型期，习近平总书记提出的新发展理念表明了绿色发展对我国社会发展的重要性，绿色发展是人类可持续发展的重要前提，更与人们的日常生活息息相关。在中央全面深化改革委员会第七次会议上，习近平总书记指出，在新时代推进西部大开发形成新格局的政策中，政府要从中华民族的长远利益角度出发，把生态环境保护放到重要位置。因此，在新一轮的西部大开发中，政府应以高质量发展为纲领，坚持生态优先、绿色发展的道路，不断推进生态环境保护修复和生态文明试点示范，启动实施新一轮退耕还林工程，巩固和扩大退耕还林成果，强化对生态环境的治理与污染的防治，推动形成全方位、多层次的生态文明示范建设格局。

（五）实现西部地区的共享发展，促进西部地区人民富裕

提高人民的生活水平，缩小城乡差距，实现西部地区的共同富裕。目前我国存在区域之间、城乡之间的不平衡问题，在新一轮的西部大开发过程中，应将协调区域与城乡发展作为重要目标，

鼓励先富带动后富,逐步推进共同富裕,从而促使区域协调快速发展。同时应该加强覆盖城乡的设施建设与制度完善,提高服务质量,促进地区的城市化与现代化,对满足人民日益增长的美好生活需求发挥积极作用。

（六）实现西部地区的开放发展,促进西部改革开放新高地建设

全面深化西部地区的改革和扩大开放,构建西部地区改革开放新格局。推动部分重点领域改革在西部地区先行先试,贯彻落实"一带一路"即"丝绸之路经济带"和"21世纪海上丝绸之路"构想,着力支持开放试验区的开发建设,增加西部地区对外交流的渠道,加深西部地区与外商交流与合作的程度,提高西部地区吸收外商直接投资的水平,使西部地区焕发新的生机,从而缩小西部地区与东部地区的经济差距,进而协调我国不平衡的区域发展现状。

（七）以新发展理念为指导,培育西部经济发展新动能

要实现高质量发展,意味着西部地区要积极培育新动能,实现新旧动能的高效转换,以信息化培育新动能,用新动能推动新发展。一是培育西部地区新兴产业新动能。需要在西部地区搭建新兴产业核心生产技术的实验平台,将生产出的新科技理念和核心技术,迅速地转化为生产力,实现产学研机制的快速转化,使研发成果产业化进程加快,提高新兴产业市场竞争力。二是培育西部地区绿色生产力新动能。改革开放以来,西部地区传统产业结构不合理,重化工业比重过高,对环境污染重视不够,因而在

新旧动能转换中其应克服这一缺陷，积极构建以战略性新兴产业和现代服务业为主导、以科技进步为主要动力的绿色、低碳、循环的现代产业体系，更需要深度培育绿色生产力新动能。三是培育西部地区经济增长创新新动能。加快科技成果向生产力的转化效率和转化能力，需要平滑产学研机制，实现创新技术在上游、中游以及下游之间的充分对接和有效耦合。同时西部地区要加快推进现代教育体系的建设步伐，在培育高层次、高质量人才的基础上，重视高素质人才向创新型人才的转化，增加科研创新领域的人力资本积累。

参考文献

［1］〔英〕吴芳思:《丝绸之路 2000 年》，赵学工译，山东画报出版社，2008。

［2］王保忠、何炼成、李忠民:《"新丝绸之路经济带"一体化战略路径与实施对策》，《经济纵横》2013 年第 11 期。

［3］胡鞍钢、马伟、鄢一龙:《"丝绸之路经济带":战略内涵、定位和实现路径》，《新疆师范大学学报》（哲学社会科学版）2014 年第 2 期。

［4］清华大学中国与世界经济研究中心:《丝绸之路经济带——发展前景及政策建议》，中国经济网，http：//intl. ce. cn/specials/zxxx/201405/26/P020140526516141532455. pdf。

［5］朱显平、邹向阳:《中国—中亚新丝绸之路经济发展带构想》，《东北亚论坛》2006 年第 5 期。

［6］王沛:《中亚四国概况》，新疆人民出版社，1993。

［7］丁晓星:《丝绸之路经济带的战略性与可行性分析——兼谈推动中国与中亚国家的全面合作》，《学术前沿》2014 年第 4 期。

［8］郭爱君、毛锦凰:《丝绸之路经济带:优势产业空间差异与产

业空间布局战略研究》,《兰州大学学报》(社会科学版)2014
年第 1 期。

[9] 李琪:《"丝绸之路"的新使命:能源战略通道——我国西北
与中亚国家的能源合作与安全》,《西安交通大学学报》(社
会科学版)2007 年第 2 期。

[10] 孙壮志:《中亚五国的地缘战略地位》,《东欧中亚研究》
2000 年第 4 期。

[11] 丁兴安:《丝绸之路经济带建设中的中亚因素探析》,《新疆
社科论坛》2013 年第 6 期。

[12] 杨恕、王术森:《丝绸之路经济带:战略构想及其挑战》,
《兰州大学学报》(社会科学版)2014 年第 1 期。

[13] 王金照:《构建现代产业体系:新一轮西部大开发的重中之
重》,《中国发展观察》2010 年第 8 期。

[14] 刘卫东:《"一带一路"战略的科学内涵与科学问题》,《地
理科学进展》2015 年第 5 期。

[15] 刚翠翠、任保平:《丝绸之路经济带背景的中亚五国发展模
式》,《改革》2015 年第 1 期。

[16] Ashenfelter O., Card D. E., "Using the Longitudinal Structure
of Earnings to Estimate the Effect of Training Programs," *Review
of Economics and Statistics* (1985).

[17] Gruber J., Poterba J., "Tax Incentives and the Decision to Pur-
chase Health Insurance: Evidence from the Self – Employed,"
Working Papers 3 (1994).

[18] 周黎安、陈烨:《中国农村税费改革的政策效果:基于双重
差分模型的估计》,《经济研究》2005 年第 8 期。

［19］ Heckman J. J., Ichimura H., and Todd P. E., "Matching as an Econometric Evaluation Estimator: Evidence from Evaluating a Job Training Programme," *Review of Economic Studies* 4（1997）.

［20］ Heckman J. J., Ichimura H., and Todd P. E., "Matching as an Econometric Estimator Evaluation," *Review of Economic Studies* 2（1998）.

［21］ 刘生龙、胡鞍钢：《基础设施的外部性在中国的检验：1988—2007》，《经济研究》2010 年第 3 期。

［22］ 谢家智、刘思亚、李后建：《政治关联、融资约束与企业研发投入》，《财经研究》2014 年第 8 期。

［23］ 邓可斌、曾海舰：《中国企业的融资约束：特征现象与成因检验》，《经济研究》2014 年第 2 期。

［24］ 寇宗来、刘学悦：《中国城市与产业创新力报告 2017》，复旦大学产业发展研究中心等发布，2017。

［25］ 任保平、魏婕、郭晗：《中国经济增长质量发展报告 2018》，中国经济出版社，2018。

［26］ 任保平、张倩：《新中国成立 70 年中国经济发展道路的政治经济学阐释》，《西北大学学报》（哲学社会科学版）2019 年第 4 期。

［27］《以质量创新促进中国制造向中国创造转变》，《中国质量报》2014 年 5 月 21 日。

［28］ 何茂春、张冀兵：《新丝绸之路经济带的国家战略分析——中国的历史机遇、潜在挑战与应对策略》，《学术前沿》2013 年第 23 期。

［29］ 钞小静、任保平：《中国经济增长质量的时序变化与地区差

异分析》,《经济研究》2011 年第 4 期。

[30] 姬迎博、余洁:《"一带一路"背景下西北地区旅游非均衡发展因素及对策研究》,《金融经济》2018 年第 22 期。

[31] 程广斌、陈曦、蓝庆新:《丝绸之路经济带中国西北地区经济发展与生态环境耦合协调度分析——基于 DEA - 熵权 TOPSIS 模型的实证研究》,《国际商务》(《对外经济贸易大学学报》) 2018 年第 5 期。

[32] 马莉:《西北地区科技人力资源与区域经济发展的关联关系研究》,《中国商论》2019 年第 3 期。

[33] 程云洁:《"丝绸之路经济带"建设给我国对外贸易带来的新机遇与挑战》,《经济纵横》2014 年第 6 期。

[34] 胡剑波、张强:《"丝绸之路经济带"西南四省区对外贸易竞争力研究》,《国际贸易论坛》2015 年第 4 期。

[35] 孟飞:《论西部地区对外贸易的发展策略》,《现代经济信息》2003 年第 1 期。

[36] 尚庆梅、马进、蒋俊海:《中国西南发展对外贸易的比较优势和竞争优势》,《计划与市场探索》2013 年第 11 期。

[37] 袁伟彦、杨柳:《2011 年以来中国西南地区与东北地区经济增速分化研究》,《经济研究参考》2019 年第 13 期。

[38] 程艺等:《中国西南地区对外经济发展的时空格局及驱动因素》,《世界地理研究》2018 年第 4 期。

[39] 谢婷婷、马洁:《丝绸之路经济带西部 10 省开放型经济发展水平评价》,《新疆农垦经济》2017 年第 2 期。

[40] 谢心庆、许英:《丝绸之路经济带下各省对外经济贸易发展综合评价研究》,《新疆职业大学学报》2014 年第 6 期。

［41］李兴：《丝绸之路经济带："五通"进程与未来展望》，《贵州省党校学报》2017 年第 5 期。

［42］杨军：《携手合作　凝聚智慧　共同推进丝绸之路经济带建设——2014 西北五省区社科院丝绸之路经济带建设研讨会综述》，《青海社会科学》2014 年第 2 期。

［43］周宇：《构筑丝绸之路经济带的现实意义与实施困境》，《延安大学学报》（社会科学版）2015 年第 1 期。

［44］李光明、刘丹玉：《丝绸之路经济带我国西北地区节点城市竞争力评价——基于因子分析和聚类分析》，《新疆农垦经济》2018 年第 7 期。

［45］白永秀、王颂吉：《丝绸之路经济带的纵深背景与地缘战略》，《改革》2014 年第 3 期。

［46］杨利红、任琳霞、顾李：《丝绸之路经济带区域协调与发展问题研究》，《全国商情》2016 年第 11 期。

［47］邵波、陈兴鹏：《中国西北地区经济与生态环境协调发展现状研究》，《干旱区地理》2005 年第 1 期。

［48］刘华芹、李钢：《建设"丝绸之路经济带"的总体战略与基本架构》，《国际贸易》2014 年第 3 期。

［49］杨巧红、田晓娟：《丝绸之路经济带建设背景下的西北地区经济转型研究》，《开发研究》2015 年第 2 期。

［50］白鹤祥：《西北地区丝绸之路经济带建设》，《中国金融》2017 年第 9 期。

［51］程中海、罗超：《丝绸之路经济带贸易便利化：理论、实践与推进》，《石河子大学学报》（哲学社会科学版）2015 年第 2 期。

［52］ 陈栋生：《西部大开发的战略布局与城镇化》，《技术经济与管理研究》2002 年第 2 期。

［53］ 张晓莉、杨近娇：《丝绸之路经济带沿线区域经济发展能力综合评价——以我国西部 10 个城市为例》，《石河子大学学报》（哲学社会科学版）2017 年第 4 期。

［54］ 魏丽莉、张利敏：《丝绸之路经济带西部城市群金融发展的空间差异研究》，《石河子大学学报》（哲学社会科学版）2017 年第 4 期。

［55］ 李子先、孙文娟、何伦志：《推动"上合组织"区域经济一体化，夯实"丝绸之路经济带"基础》，《开发研究》2014 年第 1 期。

［56］ 李立民、杜兴鹏、李冯柳筠：《中国与东盟的互联互通建设：文献综述》，《东南亚纵横》2017 年第 4 期。

［57］ 王亚玲：《丝绸之路经济带智慧城市建设路径与对策研究》，《西安交通大学学报》（社会科学版）2015 年第 5 期。

［58］ 任保平、周志龙：《丝绸之路经济带建设中打造西部大开发升级版的战略选择》，《兰州大学学报》（社会科学版）2015 年第 6 期。

［59］ 任保平、张倩：《西部大开发 20 年西部地区经济发展的成就、经验与转型》，《陕西师范大学学报》（哲学社会科学版）2019 年第 4 期。

［60］ 马远、雷会妨：《丝绸之路经济带沿线国家能源贸易网络演化及互联互通效应模拟》，《统计与信息论坛》2019 年第 9 期。

［61］ 李梦欣、任保平：《中国特色绿色发展道路的阶段性特征及其实现的路径选择》，《经济问题》2019 年第 10 期。

［62］ 任保平、赵通：《新时代我国发展高质量开放型经济的挑战与路径》，《山东财经大学学报》2019 年第 5 期。

［63］ 任保平：《供给侧改革是高质量发展的主线和抓手》，《经济参考报》2019 年 8 月 21 日。

［64］ 李梦欣、任保平：《新时代中国高质量发展的综合评价及其路径选择》，《财经科学》2019 年第 5 期。

后　记

　　本书是教育部人文社会科学重点研究基地重大项目"丝绸之路经济带战略背景下西部省区与城市经济发展绩效评价研究"（19JJD790007）的最终成果，也是该基地"十三五"重大项目总体规划的子课题之一。

　　本课题与基地"十三五"重大项目总体规划主攻方向的关系在于：本课题研究为总体规划主攻方向的研究提供基础和客观依据。首先，在基地规划主攻方向下，本课题是从总体上对丝绸之路经济带背景下西部省区及主要城市发展绩效进行全面评估，是总体性的研究。其次，在基地规划主攻方向下，本课题是基础性的研究，为其他课题提供客观依据和参考，其他规划方向下的课题都是基于本课题研究的结果，分别从西部地区经济增长潜力开发、产业转型升级、金融资源配置和体制机制创新等方向研究西部地区提升经济发展绩效的路径和对策。最后，在基地规划主攻方向下，本课题主要强调的是实证计算，主要对西部地区经济发展的绩效进行科学的测度，所以本课题主要承担了总体规划主攻

279

方向下的实证部分研究。因此，在基地规划主攻方向下，本课题具备总体性、基础性和实证性三个特征，是基地规划主攻方向下其他课题研究的客观依据和实践参考。

本课题立项之后，由我拟定研究大纲，组织课题组讨论，然后分工完成，各部分分工如下：导论任保平教授，第一章王津津博士，第二章任保平教授，第三章王思琛博士，第四章李娟伟博士，第五章李梦欣博士，第六章张倩硕士，第七章何苗硕士，第八章张星星硕士，第九章宋雪纯硕士，第十章李佩硕士，第十一章李梦欣博士，第十二章为任保平教授。初稿形成以后李梦欣博士进行了初步统稿，最后由我统一加工润色。

对于本课题的研究，课题组成员给予了大力支持，大家克服困难认真完成初稿，感谢课题组成员的积极努力。感谢西北大学社科处、经济管理学院、中国西部经济发展研究院在课题研究中给予的大力支持。"丝绸之路经济带战略背景下西部省区与城市经济发展绩效评价研究"课题虽然完成了，但是西北大学中国西部经济发展研究院将会继续关注丝绸之路经济带建设的绩效，期望通过丝绸之路经济带的建设带动西部地区走向高水平的开放之路。

教育部人文社会科学重点研究基地
——西北大学中国西部经济发展研究院院长　任保平
2019 年 11 月 18 日

图书在版编目（CIP）数据

丝绸之路经济带沿线西部省区和主要城市经济发展绩效评价研究 / 任保平等著. -- 北京：社会科学文献出版社，2020.6

（丝绸之路经济带与西部大开发新格局 . 中国西部经济发展研究文库）

ISBN 978 - 7 - 5201 - 6779 - 6

Ⅰ . ①丝…　　Ⅱ . ①任…　　Ⅲ . ①城市经济 - 经济发展 - 研究 - 西北地区 ②城市经济 - 经济发展 - 研究 - 西南地区

Ⅳ . ①F299. 27

中国版本图书馆 CIP 数据核字（2020）第 100572 号

· 丝绸之路经济带与西部大开发新格局 ·

丝绸之路经济带沿线西部省区和主要城市经济发展绩效评价研究

著　　者 / 任保平　李梦欣　王思琛 等

出 版 人 / 谢寿光
责任编辑 / 丁　凡
文稿编辑 / 王　娇

出　　版 / 社会科学文献出版社 · 城市和绿色发展分社（010）59367143
　　　　　　 地址：北京市北三环中路甲 29 号院华龙大厦　邮编：100029
　　　　　　 网址：www. ssap. com. cn
发　　行 / 市场营销中心（010）59367081　59367083
印　　装 / 三河市东方印刷有限公司

规　　格 / 开　本：787mm × 1092mm　1/16
　　　　　　 本册印张：18.5　本册字数：213 千字
版　　次 / 2020 年 6 月第 1 版　2020 年 6 月第 1 次印刷
书　　号 / ISBN 978 - 7 - 5201 - 6779 - 6
定　　价 / 298.00 元